等云到

完全版

[日] 野上照代 著

吴菲 张嫣雯 译

北京联合出版公司

雅众文化 出品

目 录

第一部 再一次，等云到（张嫣雯 译）

第一章 三船敏郎与黑泽明 3
"三船敏郎，真的表演得很棒！"出自黑泽明之口 5
父亲的血脉，铸就了三船的人生 16
明星诞生 19
黑泽作品中的三船敏郎 23
信赖与忠诚——《蜘蛛巢城》 39
向制片时代迈进 44
走向海外的两人 49
《电车狂》与《德尔苏·乌扎拉》 53
直到最后依然是明星的三船敏郎 60
《红胡子》之后的黑泽与三船（来自英文版《等云到》）65

第二章 仲代达矢与三船敏郎 77
共同出演黑泽作品 79
《用心棒》（一九六一） 79
《椿三十郎》（一九六二） 84

I

《天国与地狱》（一九六三）　　　　　　　92
　　　　最后一个场景　　　　　　　　　　　94
　《御用金》（一九六五）——仲代、三船的诀别　96
　仲代与胜新太郎　　　　　　　　　　　　103
　仲代与黑泽电影　　　　　　　　　　　　112

第三章　传说中的黑泽电影　　　　　　　　119
其一　我的回忆　　　　　　　　　　　　121
《七武士》（一九五四）　　　　　　　　　　121
　宫口精二的久藏　　　　　　　　　　　　123
　稻叶义男的五郎兵卫　　　　　　　　　　128
　"浴风园"的阿菊女士　　　　　　　　　　131
《用心棒》（一九六一）　　　　　　　　　　134
　口中叼着人手腕的狗　　　　　　　　　　134
《天国与地狱》（一九六三）　　　　　　　　138
　特快列车"回声号"疾驰　　　　　　　　　138
　突如其来的紧迫　正式开机！　　　　　　140
　犯人登场　　　　　　　　　　　　　　　143
　司机青木的眼泪　　　　　　　　　　　　144
　最后一个场景　　　　　　　　　　　　　146

其二　黑泽明这位电影导演　　　　　　　148
美食家　　　　　　　　　　　　　　　　　148

II

酒・宴会・酒		152
专注力！比什么都重要		155
《袅袅夕阳情》的下一部作品是？		158

第二部　等云到（吴菲　译）

第一章	**第一个师父・伊丹万作**		165
	信		167
	听来的回忆		172
	女无法松		178
	断章		183
	《巨人传》		188
	面对死亡		193
第二章	**盆景人生・大映京都制片厂**		199
	在狭小的区域之中		201
	见习场记		206
	目不斜视		211
	黑市香烟		216
第三章	**女神的微笑・《罗生门》**		221
	黑泽明驾到		223

	若草山的《矿工小调》	228
	摄影打一百分以上！	234
	拍摄太阳	239
	"负片！把负片搬出来！"	245
	幸运女神	250
	再见了！太秦的电影人	255
第四章	**东宝乐园**	**261**
	喷水池	263
	场记	268
	摄影	274
	美术	280
	副导演	286
第五章	**往日不再——追忆《德尔苏·乌扎拉》**	**293**
	摄影队奔赴西伯利亚	295
	有蜱螨有蚊子没有厕所	301
	拿破仑的心境	308
	冰冷彻骨的夜间摄影	314
	达斯维达尼亚，再见	320
第六章	**黑泽先生与动物们**	**329**
	虎	331

	马	339
	乌鸦	347
第七章	**黑泽先生与音乐**	359
	指挥独演	361
	早坂文雄	366
	佐藤胜	372
	武满彻	380
第八章	**伤感的回忆**	391
	讣告不断	393
	藤原釜足	398
	伴淳三郎与左卜全	403
	志村乔和三船敏郎	409
	三船先生的羞愧	415
	哀悼伊丹十三	419
第九章	**黑泽组事件簿**	429
	导演·三船敏郎	431
	联名信	435
	胜新太郎《影子武士》换角真相	439
	《巨人的足音》	449
	惜别 黑泽明导演	455

后记一 ——《等云到》 460

后记二 ——《再一次，等云到》 463

后记三 ——《等云到：完全版》 465

第一部
再一次,等云到

第一章
三船敏郎与黑泽明

"三船敏郎，真的表演得很棒！"出自黑泽明之口

一九九七年十二月二十四日晚上九时二十八分，有"世界的 MIFUNE（三船）"之称的三船敏郎，因多脏器衰竭，在东京三鹰市的医院亡故，享年七十七岁。

圣诞前夜，欢快的音符在电视中反反复复地流淌着，而此时三船的悲讯传入耳中，就犹如一阵冷风吹进了心坎。

这个消息迅速不胫而走，飞往世界各国。当时的法国首相希拉克、斯皮尔伯格导演、阿兰·德龙等人相继为他的离世发来了表达哀惜之情的唁电。

但我首先担心的是，黑泽明导演听到这则讣告会是怎样的心情呢？黑泽明导演那个时候，从病房坐着轮椅到会客间都十分费劲，所以我那段时间也尽量避免前去看望，生怕打扰到他。

是从何时开始，听到关于三船身体状况恶化的传闻的呢？

据新闻报道称，他在一九九二年十一月因为过劳而住院。另外，在一九九四年四月二日，《产经体育》报上用大标题报道——"三船敏郎病倒。在事务所痛苦不堪……紧急入院"。

这就像是远处救护车的鸣笛警报声逐渐靠近越来越响那般，令人感到不安。

志村阿姨（乔夫人）也很担心。她打电话告诉我："堆得像小山似的那么一大堆的药，每天吃这么多药真的没关系吗？""在住院的地方，听说三船正在教其他病友们唱歌。"等等信息。

我把三船先生教别人唱歌的事情告诉了黑泽先生。黑泽先生开心地笑了，说："是吗？这是好事呀。"他肯定是回想起以前的事情了吧。

黑泽组在拍摄外景时经常设宴，那个时候我们经常一边喝酒，一边轮流唱歌，准确地说，是被逼迫唱歌。在我们唱歌的时候，黑泽先生会拿着筷子进行指挥。我们分成几组，唱着"叮咚，叮咚，在空中回荡"。后来，我从史郎（三船先生的长子）那里听说，三船先生在家里喝酒的时候，也经常唱起这首歌。有可能他在住院时，唱的也是"叮咚，叮咚，在空中回荡"这首歌呢。

黑泽先生自从一九九五年在京都的住处摔倒骨折以来，在东京过着轮椅上的生活，三船先生的告别仪式也未能出席。他的长子久雄（黑泽制片公司总经理）代替他朗读了吊唁词。

其中，黑泽先生这样说道：

> 我想到三船君时，就会想到《泥醉天使》中的松永，《七武士》中的菊千代，抑或是《用心棒》中的

三十郎。

他们永远活在我的心中。所以，我实在很难感到三船君已经从这个世界上消失了。

总而言之，三船这位演员让我着迷，我感觉，《泥醉天使》这部作品，是通过与三船强烈的个性互搏，才最终确立了我想要创作的作品。

假如我当时没有遇见三船君的话，那么我之后的作品可能会是完全不同的样子吧。

我们一起共同创造了日本电影的黄金时代。

回首每一部携手合作的作品，会发现，无论是哪一部，倘若没有了三船君，就不成其为它本身了。

你真的表演得很棒！

三船君，非常感谢！

我想再一次与你一边喝着酒，一边说出那样的话。再见了，三船君。我们再会。（一九九八年一月二十四日，于东京·青山葬礼堂）

从那以后又过了九个月，次年的九月六日。黑泽导演就像是追随他而去一般，离开了这个世界。

参加了这个告别仪式的，还有谷口千吉导演。他拄着拐杖走近三船的遗像，手上没拿稿子的他，神情淡然地开始叙述：

"三船，我头一回从公司获准拍一部电影，就与黑泽明一道写下了《银岭之巅》这个剧本。在这过程中，我们无论如何都希望有一个具有男子气概的男子汉来演绎剧本里的角色——"

有时候，偶然因素支配着人的命运。

谷口导演有一天与制片人藤本真澄一起坐小田急线回家的时候，不经意间看到一位胸膛厚实、面容严肃的年轻男子站在面前。

"我想让那样的人出演主角。"谷口和藤本这样一说，藤本就说："他是我们的人呢。"他告诉谷口，这是征集新面孔[1]的面试合格以来，一直在养成所学习的学生。

谷口导演说了一句，那样的话就好办了，并立即去新面孔养成所拜访，与充满男人味的三船敏郎展开交涉，然而三船敏朗的回答令人颇感意外。

"堂堂男子汉，怎么可以靠脸蛋吃饭！"三船敏郎一吐为快。谷口导演就问他，那你现在不是新人吗？他回答说，他本来想进入摄影部，把自己的履历交给了在军队认识的东宝摄影部的大山年治先生，却不知道怎么就被转到了新面孔的征集当中，最终还作为候补被招收了进来。但他早晚有一天会转入摄影部的。

谷口导演听了三船的说法之后，越发想要让他拍电影，花

---

[1] 原文 new face 为外来语，直译"新面孔"，指新人。——若无特殊说明，本书注释均为译者注

费数日费尽口舌。说就拍这一部，之后就会把他还回摄影部。这么说之后他终于同意出演，交涉成功了。这部电影就是《银岭之巅》（一九四八）。

三船在新面孔时代首次在银幕亮相，是在山本嘉次郎导演的《新马鹿时代》（一九四七）。他扮演一个黑社会小混混儿，只露面了几分钟。要说他的出道之作，还是这部《银岭之巅》。

在逃窜到阿尔卑斯的三个强盗当中，三船是其中最狂暴的一位。这是一部极具冲击力的出道之作。

一九四五年，随着日本战败，日本电影界也第一次经历混乱至极的局面。东宝结成工会，进行旷日持久的罢工游行抗议活动。一九四六年，历经五十一天的罢工，工会分裂。大明星们，如大河内传次郎、原节子等人，组成"十人会"，脱离工会，创立新东宝公司，进行电影制作。

那个时候，留在工会的人有黑泽明。他放话说：

"这样不挺好吗？通过作品一决胜负。靠能力，能力！"

"明星什么的都不是正常人。与他们说话，就像对着海报交谈一样。他们没有心。"黑泽明这样撂出这些话。（植草圭之助，《我青春时代的黑泽明》，文春文库）

植草这样描述那个时候的黑泽明:

> 他具有非凡的才能和天赋。在18岁就入选二科展[1],进入制片厂,成了优秀的副导演。他一直走在阳光大道上,前途一片光明。成为导演之后,更是佳作连连。他是东宝的希望,不,是日本电影界王子一般的存在。(《我青春时代的黑泽明》)

就像这位黑泽明豪言壮语的那样,留在工会的导演们开始起用没有名气的新人代替明星,一部接一部地推出以往所没有的那种充满新鲜感的作品。

丰田四郎的《四个爱情故事》。

五所平之助的《再来一次》。

山本萨夫、龟井文夫的《战争与和平》。

黑泽明的《美好的星期天》。

而且其中三部作品都出自黑泽明的剧本。这实在是值得惊叹。

黑泽明这样自述道:

> 我根据计划如期完成了这三部电影的剧本。当时情况紧迫,要不是有着与新东宝进行对抗的意念,有

---

[1] 二科展(www.nikaten.com)分为绘画、雕刻、设计、摄影部门。

着对明星中心主义的反抗，这是怎么也无法完成的工作。(黑泽明，《蛤蟆的油》，岩波书店)

让谷口千吉拍成导演处女作的《银岭之巅》也是黑泽明的剧本之一。他说，因为阿千（谷口）是从山里出来的男人，想以大山为舞台，拍一部男性的动作片。

我就说，好啊，就拍一部动作片，一边构思着一边就在稿纸上写下：新闻报道；银行强盗三人组逃亡到长野县山岳地区；搜查本部转移至日本阿尔卑斯山麓，这些主题词。(《蛤蟆的油》)

随后，历经二十天左右就完成了《银岭之巅》的剧本。三个强盗分别由志村乔、小杉义男及新人三船敏郎扮演。

谷口导演寻思三船的话——"堂堂男子汉，怎么可以靠脸蛋吃饭！"，觉得他是一个不错的男人，数次试图说服他。最后承诺说，给他做一套西装作为礼物。三船刚刚从军队复员回来，没有什么衣服，整天穿着航空队员的飞行服和长靴，戴着头盔，甚至连洗澡都是穿着这身衣服。据说因为这一套西装，他终于答应，同意了此事。(杂志《浪漫工坊》No.8)

终于到了《银岭之巅》开拍之际，摄制组来到在北阿尔卑斯的外景地。这时，三船的态度像变了一个人。他礼貌周全，具有奉献精神。谷口导演对此感到十分吃惊。说起当时的山岳外景地，与今天不同，全需要靠人力将器材搬运上去。在暴风雪中从白马岳、唐松岳向黑菱岳行进，在早上三四点钟天还暗的时候，就要开始攀登了。

三船在佐藤忠男的采访当中也说到过当时的情形（一九八五年八月七日，《讲座：日本电影5·战后电影的发展》，"超越战后电影"，岩波书店）。三船说：

> 志村大叔只有四十多岁，就自个喃喃道：我再也走不动了。当时跟我们一道来的登山好手有三个人，他们将绳子绑在志村大叔的身上，从前面拉拽着他，而我则负责殿后，从后面扶着他的屁股推着他走，我还帮忙背着三脚架和电池等器材在身上。所以好不容易到了现场，我已经是精疲力竭了。"喂，三船，该拍你的镜头了。"我只能说："不，我现在不行，现在不行。""你傻了呀，你是演员哪。"

都到了这样的程度。据说当时三船不管不顾地抛开演员的身份，帮着搬运重型器材，俨然已成了摄影部的助手。那是因为，谷口先生与他约定过，出演完这部《银岭之巅》，就会把他调入他所期望的摄影部门。

然而，这个时候，三船敏郎向着明星发展的命运齿轮已经开始运转起来。

黑泽明与谷口千吉共同创作了《银岭之巅》的剧本。而且，还约定由黑泽来担任他所擅长的剪辑，所以拍摄完毕的胶片不断地被送往东宝的剪辑室里。黑泽看了胶片，向现场发出指令。有时还会提出重拍的要求。

后些年，我从黑泽先生那里也经常听到这样的话。

"说起阿千啊，也真是的，千里迢迢跑到那样的山里，却一直拍的是特写镜头。我说，把摄影机拉得松一点[1]，拍点远景。这下子，他又净拍一些山景给我寄过来。于是我打了个电话过去，问他说，没有人物啊。他说，你看不出来吗？远远地在中间有啊。你不是说摄影机再拉松一点，所以我照办的呀。我说，这哪里看得见呢，就是一个小黑点啊。"黑泽明边说边笑起来。

如此这般，黑泽明将从阿尔卑斯送来的刚刚拍摄完成的胶片，放在叫作"看片机"的剪辑机里，反复观看进行剪辑。"看片机"这种剪辑机，仅供一个人将脸贴在镜头上去窥看。导演和画面，一对一，保证了不会被任何人打扰的沉浸状态。

黑泽导演通过看片机，在对猛兽一般的三船敏郎反复观看凝视的过程中，不知不觉成了他的俘虏。

于是，这就引来了他一九四八年的《泥醉天使》。

黑泽说："这样的三船让我着迷。所以我起用他作为《泥醉天使》的主角。"然后他还这样写道——

---

[1] 画面（镜头）拉松，指把景别拉大。电影景别由近至远分别为特写（人体肩部以上）、近景（人体胸部以上）、中景（人体膝部以上）、全景（人体的全部和周围背景）、远景（被摄体所处的环境），此外还有大远景和大特写。业界有"小人物大景别，大人物小景别"的通俗说法。

三船具有至今为止日本电影界绝无仅有的才能。尤其是表现力的速度之快超乎众人之上。(略)而且他还有着纤细敏锐的神经和感觉，着实令人惊叹。(略)

总而言之，极少数情况下会对演员着迷的我，败给了三船。(《蛤蟆的油》)

黑泽明这样宣言道。

《泥醉天使》(一九四八年，东宝)。

战败之后过了仅仅三年。那个时候，整个日本变为焦土，连粮食也非常紧缺。

尽管如此，这又是多么充满活力、龙腾虎跃的一个年代！

前一年，山本嘉次郎导演拍摄《新马鹿时代》时，在东宝的外景空地上搭建了一个黑市的置景。公司考虑到拍了就拆太过浪费，当初想的是利用这个置景策划一下，再拍一部什么作品出来。《泥醉天使》就是以这么小家子气的理由为原点开始的策划。

制片人本木庄二郎和共同创作剧本的植草圭之助及黑泽明，三人为了就这个策划进行讨论，在制片厂的食堂碰面。

那时候，黑泽的提案洋溢着活力。

"空地(置景)的三分之一弄成沼泽吧。即便是用远景镜头拉开也能够填充整个画面的那么一大片，真正的沼泽。"

黑泽抢过本木手上拿着的一卷置景的图纸，他展开图纸，用手指指着明示：

"从这一块开始，痛痛快快地，全部弄成沼泽。"

"如果你要弄成水池，那还可以考虑。但要做出那么一大片沼泽，很难做到啊。"

"不要先说难不难，不试试看不知道的啊。"（植草圭之助，《我青春时代的黑泽明》）

这段文字让我们想起年轻时候的黑泽导演。

而那个扑哧扑哧地冒着泡的沼气的沼泽果然成为了主角。听说，沼气效果是美术助理们用管子吹气的功劳。

《泥醉天使》一经上映，三船敏郎的人气立即爆棚。

还出现了一些喜欢模仿三船小混混儿样子的年轻人。对黑泽先生来说，这原本是他创造的一个应该遭到批判否定的人物，但三船的魅力让这个角色大受欢迎，他也对此表示困扰。

到了这一步，没人能够再容许三船敏郎像早先约定的那样，调回到摄影部。

三船敏郎从作为一个明星诞生伊始，就同时作为日本电影的代表，一直随电影的发展前进着。

他出演日本电影一百五十部。

出演海外电影十五部。

父亲的血脉，铸就了三船的人生

部队时代的三船敏郎

三船敏郎于一九二〇年四月一日出生在中国山东省青岛市，是家中的长子，下面有弟弟和妹妹。

父亲德造是日本秋田县出身，从事类似贸易的工作，业务很广泛。青岛是他开的照相馆的总店所在地，在大连、奉天（今沈阳）、天津、山海关都有分店。根据三船自己对他"父亲的故事"的讲述，日俄战争时，他父亲自发主动地加入了部队，做了类似于随军摄影师的工作。

在三船四岁时，日本势力因为三国干涉而撤退，转移到了大连。在那里，直到加入部队前，三船都在大连的照相馆帮忙，把弟弟培养进了大学，将妹妹也送到了女子学校。三船是一个非常能干的长子。

一九四〇年，三船二十岁的时候响应部队征兵，加入陆军第七航空教育队。

三船当时还不知道，这就成了他和父母的永别。他曾说：

> 噩梦一般的六年时间。自暴自弃令人绝望的部队生活，我的手像劳动者一样变得粗糙宽大，这是军队生活附赠的伴手礼。（《电影明星自序传集》，丸之内书房）

我曾在拍摄现场看到三船翻卷起来裤腿。我还记得他说："看，是不是完全没有毛。在部队里每天都要用绑带[1]绑着腿跑步，毛都被磨完了。"说着还边拍小腿边笑。

然而，可能因为家里开照相馆的原因，他在航空教育队当中也被分配到了航空写真班。在那里，有一天上官[2]委托他帮忙拍一下家庭合照。后来上官说："三船技术优秀，把他留在教育队。"而三船的伙伴们都去了战场，未能生还。（黑泽明研究会会志·三船史郎谈）

他自己这样说："我最初很讨厌很讨厌拍照，为此还恨过父亲。然而就因为自己学过拍照，才活到了今天。"（出处同前）或许，是父亲德造的血脉，守护了三船。

日本战败时，三船经历了很不可思议的事情。

1　原文 guetres，用质地厚实的棉、麻、革等包裹着小腿的一种绑腿用品。
2　军队里的上司、上级。

日本在熊本的隈庄（上益城郡城南町隈庄）打了败仗。在那里，每三天就有一架破破烂烂的、似乎曾作训练用的飞机飞过来，大家一哄而上，做好整备。

机关枪手是十六七岁的少年航空兵。仅仅只是教了他们用机关枪射击的方法，就把他们送上了飞机。还没有变声的少年，早上扎上头巾，说："三船上等兵，我出发了，去去就来。"然后去了之后一个人都没有回来。据说三船在前一天晚上还陪在一起，劝他们吃饱喝足。每当三船在家对着自己的儿子史郎等人说这些话的时候，眼泪就会止不住地往下流。一边哭他还一边会对孩子们说："你们啊，就算是听了这些故事，也无法感受到我的心情！"

三船在采访时也经常说："亏得我能拍照，才能免于一死。"

我总是忍不住地觉得，在那种如同地狱一般的战争中，只有自己幸存下来的痛苦和责任感，支撑了他的一生。

日本战败后，三船曾经有一个时期在横滨做着以美国兵为客户的日结短工类型的工作，他自己考虑到一直做这样的工作也没什么出息，就去拜访了之前在同一个部队里待过的大山年治——他是东宝的摄影师，向他打听有没有什么工作可以做，并把自己的履历书交给了他。然而，据说大山是因为那边正好有新面孔招募，所以将他的履历书转到了其他部门。

于是，三船接到了东宝面试的通知。

如此这般，发生了做梦也没有想到的命运大逆转，明星三船敏郎横空出世。

明星诞生

黑泽明的著作《蛤蟆的油》(岩波书店)里,有这样的记述:

一九四六年六月,东宝为了战后的飞速发展,积极储备人才,进行演员的招募。

作为招募的广告语,使用了"新面孔募集"这样的招徕词,汇集了很多应征者。

在面试新人和演技考试的那天,我因为正在拍摄《我对青春无悔》的置景部分,没能到场出席这个考试。但是,在午休的时候我从置景一出来,就被高峰秀子叫住了。

"有一个人很厉害哟。但是,那个男的态度有一点粗鲁,能不能被录取还是个悬念呢。快点,来看看吧。"

于是我匆匆解决了午饭,来到面试场地,打开门一看,我大吃一惊。

一个年轻男子横冲直撞，暴跳如雷。

他采取的是一个猛兽狂暴的姿势。这里考验的课题是演技。不过，这个年轻男子在演技展现结束之后，自顾自坐在椅子上，眼睛来回瞟着评委，脸上露出"随你们怎么样"的表情，就差没说出口了。

评委们似乎将他这种样子视为态度无礼、骄横不逊。

尽管山先生（山本嘉次郎）在极力推荐这个男子，但投票的结果，他还是落第了。

我禁不住大声地喊了起来，稍等一下！（略）

最终，评审委员长山先生发言说，针对这个存有争议的年轻男子，自己作为导演，看好他作为演员的素质和未来潜力，愿意承担责任。在紧要关头，把这个存在争议的男子录取了。

这个存在争议的年轻男子就是三船。

像这样，在应征的这四千个人当中，合格的男子人数是十六人。以候补身份好不容易被录取为"新面孔"新人之一而进入东宝的三船，因为偶然乘坐小田急电铁，映入了谷口千吉导演的眼帘。假如这个时候，三船没有乘坐小田急线，也许他会如愿调入摄影部，成为一名优秀的摄影师也未可知。"假如"的说法没有意义，因为正如伊丹万作所说的："人生的每一步，都犹如是不打草稿直接誊写的最终稿。"

黑泽明十分欣赏《银岭之巅》中的三船,故将他擢升为《泥醉天使》中的主角。

《泥醉天使》是在东宝争议当中诞生的。工会方面出现这样的批判:三船所扮演的松永一角,明明是个小混混儿,却被塑造得过于具有英雄气概。甚至剧本也为此重写过。

第二次争议以后,公司方面突然迎来了反共学者渡边铁藏为新一任总经理。一九四八年,这位总经理解雇了二百七十余名从业人员,一段时间内,制片厂陷入封锁的局面。

因为当时《泥醉天使》的拍摄处于即将杀青的阶段,所以幸免于难。其他的例如龟井文夫的《女人的一生》等四部作品都宣告中止。

在这样异常的状况当中,《泥醉天使》完成了。在深夜的制片厂内的试映室里,举行了首次试映。(植草圭之助,《我青春时代的黑泽明》)

据说,在试映结束后,场内灯光打开时,人们或是沉浸于深深的陶醉中,或是亢奋地发出叫好声。

电影发行后也引起了轰动。各家报纸的批评版面,也连绵不绝地给予它最高级的赞词。当中也有这样的批判:松永这个角色显得过于英勇伟岸了,冲淡了电影的社会效应。

植草圭之助在剧本创作阶段就将这一点视为问题,电影发行后还为此造访黑泽家。植草开口这样说:"这充其量只不过是我带着反省的心情,才这么一说。"黑泽明则好像很惊讶:"你还在纠结这个问题呀。"

> 总而言之,即便是有一些缺点,我还是十分欣赏三船。通过与他强烈的个性互搏的过程,作为我自己来说,我有这样一种感觉:在《姿三四郎》往后,直至现在,我曾感觉到的在我生命里的某种阴暗的、郁郁不快的隔阂壁垒终于被突破了,我仿佛开始向着那个全新的自我世界飞翔出去。他边说边起身,打开了窗户。(《我青春时代的黑泽明》)

三船敏郎和黑泽明的牢固的联结就这样开始了,一直续写到一九八〇年的《红胡子》。

黑泽作品中的三船敏郎

昭和[1]二十三年,美军动用了航空飞机、坦克包围了砧制片厂。到很久之后,这一段有名的"权力行使"被形容为"只差军舰没来了"。其结果是,同年十月争议告一段落。之后,山本嘉次郎、成濑巳喜男、黑泽明、谷口千吉等导演都离开了公司,设立了"电影艺术协会",去新东宝、大映、松竹等其他公司开始了"出外打工"。

因为黑泽明在副导演时代就屡屡为大映创作剧本,所以他在其他公司的第一部导演作品就是在大映拍摄的《静夜之决斗》。

他一度将这个片名变为《无罪之罚》,是因为在《泥醉天使》中的三船给大家留下了过于深刻的印象,使得黑泽担心《静夜之决斗》这样一个片名会让观众产生误解。

---

1 1926年为昭和元年。昭和天皇在位期间(1926年12月25日—1989年1月7日),史称昭和时代。

三船从出道以来，几乎扮演的都是黑社会。从这个方面来说，我想要拓展他的艺术表现领域，所以我将角色形象陡然一变，为他准备了具有强烈伦理道德感的知识分子的角色。

对于这个角色的选择方面，大映也感到非常吃惊，有很多人为此担心，然而三船不辱使命，以精彩的表现出色地演绎出了这个角色。（《蛤蟆的油》）

要接连不断地给演员新的角色挑战和新鲜的课题，就像要给植物浇水一般，要不这样做的话，植物就会枯萎，演员也是同样如此。（《蛤蟆的油》）

这是黑泽明导演一贯的观点。自此往后，三船敏郎在黑泽的每一部作品中，都是以完全不同的人物形象出场，三船也完全没有辜负黑泽的期待。

《野良犬》（一九四九年，新东宝，电影艺术协会合作作品）。

黑泽明曾说过，拍摄这部作品时，不仅有机会与因罢工而分道扬镳的熟识的工作人员一起工作，而且制片厂还借了大泉的摄影棚，让大家在一起合住。电影拍摄期间，大家相处得非常融洽，一起工作十分愉快。

他还这样写道：在休假的前一天，公司用大巴送全体工作人员回家。一周没有回家的工作人员，"辛苦了""辛苦了"地一个个道别着下了车，最后只剩下黑泽明一个人。比起回家的快乐，他更加强烈地感觉到的是与工作人员分别的寂寞。

> 所谓工作的快乐，是与对工作的骄傲感及充实感相伴相生的。若没有在工作中诚挚踏实地全力以赴所产生的骄傲感，以及在所有作品中坚持贯彻这种精神所产生的充实感，就不会产生工作的快乐。(《蛤蟆的油》)

三船敏郎针对《野良犬》说过这样的话。

> 这次我的角色是一位新人警察。(略)我扮演的警察角色叫村上五郎，他是一个非常认真的刑警，总是积极奔赴现场处理事件，我也仅仅就是非常认真地奔赴到这个剧情当中，跟在老练的刑警志村乔先生的身后拼命地追随着他，仅此而已。
>
> 在这部片中我尽了全力，但尽全力尽得非常愉快。("电影速报"，《野良犬》特辑)

春美这个舞者角色，演员选拔的是当时十六岁的S·K·D[1]的练习生。黑泽导演和本木制片人等人在后台面试这个角色的

1　松竹歌剧团。

扮演者，过来的人中唯有她对电影完全没有兴趣。即便如此，他们还是从十多个人的候选人当中选择了她，这位演员的名字——淡路惠子——就是黑泽明导演为她起的。

> 这个女孩只有十六岁，从来没有拍过电影，非常非常想在舞台上跳舞，一碰两碰就要撒娇耍赖，还在哭着呢又会突然哈哈哈地破涕而笑。(《蛤蟆的油》)

我在一九九三年采访过这位淡路惠子，听她描述过有关三船先生的事情。三船先生把十六岁的淡路当作男孩子一般，唤她"假小子，假小子"，还经常陪她一起玩投接球的游戏。

那个时候时常会发生停电的状况，导致拍摄不得不中断。

听她说，就是这样的一天，三船先生带着她去了银座，还在西餐厅请她吃了牛排。牛排她是第一次吃，不用说，自然也是生平头一回使用刀叉。她还记得三船先生用刀为她切开牛排的事情。

即便如此，年仅十六岁的"假小子"，还是无比讨厌拍电影。据说在现场可难对付了，令人感到束手无策。她的戏份拍完，在剧组的最后一天，接她回去的车来了，黑泽、三船等工作人员都汇集在制片厂的门口，目送着她离去。

那个时候，淡路一下子哭了出来，她这么说道：

"戏里要我哭的时候，我怎么也哭不出来，在这个时候，我哭出来了！"(《蛤蟆的油》)

淡路还说到过，令她难以忘怀的是，在目送她的人当中，三船先生带着一丝戏谑滑稽的腔调，用两只手捏着自己裤子的边缘，像是在舞台上给大家行礼打招呼一般，做出对她告别的姿势。

三船先生，真是个时髦洒脱的人。

一九五〇年，这一次通过松竹（大船）和电影艺术协会的合作，制作了电影《丑闻》(Scandal)。

时至今日，大众传媒对各种丑事的揭发报道已不是什么稀罕事了，但在六十年以前的当时，黑泽导演因为一则电车上的广告而气愤不已，采纳了其中的素材，创作了这部讲述社会问题的作品。

三船敏郎扮演其中的受害者画家青江一郎的角色。三船当时是这样说的：

> 大船我只去玩过一次，那里没有什么我认识的人，完全是在一个陌生的地方开展工作。也不知道为什么，心里就涌出一种新的探索热情，我期待能够创造出全新的角色，看到与既往完全不同的全新的自己。（《丑闻》的媒体发布稿）

《丑闻》的首映式在一九五〇年四月三十日。

令人吃惊的是，在同一年的六月十二日，京都大映[1]就早已开始了《罗生门》的电影制作台本围读会。六月二十六日开始拍摄，八月十七日影片拍摄完成，八月二十六日开始对外公映。

距离战争结束不过五年时间而已，这种能量又是从何而来，实在令人惊叹。这部《罗生门》也有着非同一般的奇特命运。冥冥之中，是一个又一个令人难以置信的奇迹接连发生，最终铸就了这部电影。而且，在它公映后的第二年，在威尼斯国际电影节上，它为日本电影赢得了史上第一个金狮奖。这还不算，更令人很难相信的一个事实是，这部电影的日方制作者没有一个人知道这件事，甚至连导演都不知道。

《罗生门》真是在日本电影史上留下的奇迹般的作品。

我也是不知什么缘故，获得了幸运女神的垂青，被编入《罗生门》的场记团队。之后，成为除《白痴》以外参与了其他所有黑泽明作品的工作人员中的一位。

关于《罗生门》，我在以前的旧稿中有过很长的记述，所以在这里略过不表。

那个时候的黑泽导演刚满四十岁。他头戴白色凸纹布的帽子，穿着白色T恤和牛仔裤，腰上别着手帕，就好似一个学生模样的打扮。

我初次和其他工作人员去导演住所拜会他的时候，惊讶地

1　大日本映画株式会社的简称。现角川映画的前身之一。

看到壁龛[1]里排着一长溜的威士忌酒瓶。在当时，三得利也已经算是高档的品牌酒，据说他每天晚上都要摆酒设宴会友。

我还记得这个时候，黑泽先生热情地对我说了一些导演方面的话题，比如"电影音乐不是加法，而应该是乘法"等等，让我听了深有感触。不过，黑泽先生不光是对我说，据说他一喝了酒，对谁都会滔滔不绝谈论电影的话题。那时候，大家都很年轻。

提到当时的拍摄情况，三船先生这样说：

> 我从山上唰唰唰地跑下去，前方用照相机闪光灯或是灯光一照，我的眼睛就亮起来，眼神炯炯发光，人家都说我如同豹子一样。那时候我还很年轻，还跑得动，所以我就跑啊跑啊拼了命地满山跑。（佐藤忠男，"超越战后电影"）

三船脚上穿的是草鞋，我想他从山上跑下去的时候脚肯定很痛吧。但是三船跑得非常快，甚至有时摄影机要转三百六十度去捕捉他的身影。

后来（二○○○），美国教育电视台13频道和NHK（日本广播协会）联合进行了"KUROSAWA"纪录片的内容取材，访问了摄影现场及京都光明寺。我和京町子女士及当时的副导

---

[1] 和式房间客厅里，为在墙上挂画和陈设装饰物品而略将地板加高的地方。

演田中德三先生（已故）同行，来到原来作为"犯罪现场"的后山，那里已是杂木丛生，完全没有了往昔的"面貌"。

这是阔别五十多年的故地重游。但是对我来说，那个时候直射而来的阳光的炙热、汗臭，包括仿佛还能远远地听到的导演及照明部门的喊叫声，都令我十分怀念。

说到这里，我还想起森雅之先生等人。森雅之先生一整天都被反手绑在树边。一天的摄影刚结束，他就站起来浑身上下拍打着，还抱怨草丛里的野蚊子就算停在鼻头上也不能驱赶。回到宿舍后，他立马像换了一个人，穿上纯白色的中裤和网球服，一只手拿着拍子就飞奔出去了。这样子的他我还撞见过，貌似他在附近的网球场和女学生们一起打网球打得很开心。

刚新婚没多久的三船先生这里，有小腹微微隆起的幸子夫人前来探班看望他。

大家都很年轻。

之后，下一次"出外打工"，是一九五一年在松竹大船拍摄的一部长篇大作——掀起剧烈纷争的《白痴》。那个时候的副导演是中平康（导演，已故），以下引述来自他写的那篇铭文。（我当时在大映，没有参加。）

> 拍摄结束，剪辑了一下，发现竟然超过了三万英尺，时长达五个半小时。
>
> 从早上进入试映室开始看，先花去将近三个小

时，吃过饭后，再一次开始看，走出试映室时，外面已是满天繁星。但这是部杰作。（略）与松竹大争特争，以至于诞生了那句"要剪就竖着剪"的名言。不过，我最终还是妥协了，在东剧上映的版本我记得是三个半小时左右，普通公映的是两个半小时左右的版本吧。（《电影旬报》，一九七八年九月）

黑泽先生这句名言"要剪就竖着剪！"有名到被记录在了电影史上。简单解释一下，电影剪辑中剪切胶片的行为，是合着一格一格的画面横着切的，而竖着切就意味着将所有画面每格都切成一半，等于所有胶片都没有用了。换句话说就是"直接让胶片报废！"的意思。现存的《白痴》是普通公映的一百六十六分钟的版本，东剧上映的加长版的胶片下落不明，直至今日，还可谓是如梦幻泡影一般的胶片。

据说，黑泽导演与松竹领导层吵架，结果愤懑无处发泄，走到外面，这时候三船敏郎不知从什么地方开车过来，唰的一下就在他眼前把车停下，说"一起回家吧"，就这么把他送了回去。黑泽先生曾经很开心地告诉我这件事，"那真是一个再好不过的绝佳时机"。

但是，黑泽明也写下过这样的话：

这部《白痴》，真是命运多舛。
我和松竹的领导层起了冲突。这个领导层仿佛是

要刻意表现出对我的反感一样,所谓的批评全都是等同于恶语中伤的话语。(《蛤蟆的油》)

这个时候的报纸评论,其过激程度是现在所无法想象的。

  原节子和三船敏郎被塑造成丛林野兽一般的形象,这才真是灾难。
  耗费了非比寻常的巨资,做出来这样的东西,对于松竹来说可能也是灾难。因为过于相信黑泽的才能,在制作上采取了放任主义,这是松竹的疏忽。(P)(《每日新闻》,一九五一年六月三日)

费尽心力千辛万苦才拍摄成的这部电影,被贬低得如此一钱不值,黑泽先生想必情绪很低落吧。

原本与大映约定要拍摄的下一部电影《棺材里的船长》也被大映方面回绝了。

接下来这段时间要受到冷遇了。这么绝望地想着,黑泽先生灰心丧气地跑去多摩川垂钓了。一挥钓竿,鱼线就被什么东西钩住,一拽就断了。

  然后,我心情忧郁地折返回家,刚无力地推开家里玄关的大门,我的老婆就冲我飞奔出来说:"恭喜你了。"(略)

《罗生门》在威尼斯影展上获得了最高奖项。(《蛤蟆的油》)

就这样,我的命运发生了翻天覆地的大逆转。再也没有比这更华丽的逆转了吧?幸运女神为我开启了通往世界的大门。

一九五二年,东宝以强化制作部门为由,把导演召唤回来,与黑泽明签署了专属合约,艺术家协会解散。

黑泽明回归东宝后拍的第一部作品就是志村乔主演的《生之欲》。

志村乔的夫人政子女士一直非常担心"由志村主演的电影,会有观众来吗?",为此担心得甚至晚上觉也睡不好。然而《生之欲》大获成功,志村乔也获得了种种奖项,受人瞩目。

三船没有出演《生之欲》,但他家住得离志村家很近,像一家人一样经常有来往,三船还把上一年年底出生的二儿子用包袱皮包着带到志村家给他看过。

一九五二年,三船首先拍摄了黑泽明为编剧、森一生为导演的《决斗键屋十字路口》(东宝),然后拍摄了沟口健二的《西鹤一代女》(儿井制片·新东宝)、稻垣浩的《战国无赖》等其他五部电影。

一九五三年拍摄了谷口千吉的《春风吹拂》、本多猪四郎的《太平洋之鹫》[1]及其他两部电影。三船没有休息的闲暇,笔

---

[1] 即《太平洋之鹰》。其中的"鹰"准确来说是鹫或称为雕。英译名:*Taiheiyo no Washi / The Eagle of the Pacific / Operation Kamikaze*。

直地走在战后明星令人目眩神迷的阳光大道上。

而在这期间，黑泽明正在强烈鼓励桥本及制片人本木庄二郎充分准备、砥砺前行，为了《七武士》的剧本绞尽脑汁、数次改写、苦苦挣扎。

最终迎来了《七武士》诞生的那一年。

《七武士》（一九五四年，东宝）

关于角色分配，黑泽先生最初考虑由三船来扮演久藏这个角色。

然而不久之后，黑泽先生就有了新的想法提议，他认为如果在武士当中没有一个有趣的、稍微与众不同一些的角色的话，那么这个故事就踩不实、玩不转，由此菊千代这个角色诞生了。黑泽先生在让三船阅读台本的时候，三船自己说出"这个角色，是我要演的吧"，于是，当场就确定下来。在国外名为 *Last Samurai*（《最后一个武士》）的纪录片中，镜头中也出现了三船的身姿，他前去慰问正在创作剧本中的黑泽明等人，来到他们位于箱根的住处。三船手捧冒着热气的咖啡杯，把杯子递到导演的面前。黑泽先生并没有看咖啡，而是喜笑颜开地看着三船的脸。

关于《七武士》的演技，三船先生在佐藤忠男的采访中这样说道：

菊千代这个角色是农民出身，是一个搞不清楚状况的家伙。我按照自己的设想对他进行了演绎。比如说呜汪呜汪地学狗哀嚎时的叫声，啪啪啪地用脚向后掘起沙土，这全都是按照我自己的想法进行的表演。（"超越战后电影"）

黑泽先生赞不绝口的三船的速度，在三船挥刀狂砍骑在马上的野武士的时候，也有同样表现——这个瞬间在电影胶片上连一帧都不到。剪辑的时候，黑泽先生说"快来看看呀"，一边说着一边暂停了看片机（剪辑机），仔细一查看，三船挥舞的刀仅仅只停留在胶片一秒24格中的一格当中。

黑泽佩服的不仅是他的速度。

有一个很长的场面：菊千代头戴猎获的落难武士的头盔，满嘴臭骂武士们——这是一个重要的场面，所以花费了很多时间进行排练。三船好像在前一天也仔细考虑过，在正式表演之前，他向黑泽提议道："既然你说菊千代是农民出身，我考虑让他一边流着鼻涕一边喊叫，你觉得怎么样？"黑泽按照惯例说"你试试看"，就启动了摄影机。中途黑泽喊停，切掉了这段表演，他果然还是会在意流鼻涕这回事儿，恐怕人物形象太污秽不堪。但是，他也说到过，"三船竟然还能考虑到那种人物细节。而且，竟然还真能凭借自己的意志流出鼻涕来"。三船又一次让黑泽感到十分佩服。

像《七武士》那样在黑泽导演的领导下，全体员工竭尽全力，花费将近一年时间完成的电影，除此别无其他。

黑泽导演在第二年，也就是一九五五年的五月，就已经开始准备《活人的记录》，我对他的创作能量唯有感到吃惊。

这部电影描绘的是氢弹的威胁。

黑泽导演在"谈自己的作品"(《电影旬报》)当中，曾这样谈到过，"早坂（文雄·作曲家）[1]曾说过，生命如果像是这样遭受到威胁，那工作也就无从谈起了"。

"早坂因为自己体弱多病，经常需要直面死亡。"他听说了比基尼岛的氢弹爆炸的新闻[2]，说出这样的话，让我非常震惊。然后他还说：

"作为我们来说，到了将来要拜见阎王衙门的时候，希望能够自豪地宣称我们曾经拍摄过《活人的记录》这样的作品。我俩这样一起有商有量地合计着，才有了这部电影的策划。

"然而，刚好就在拍摄那个工厂烧毁的场景时，早坂就过世了。这个消息一下子让我心灰意冷，身体就像被抽掉了什么，颓丧无力，只觉得心底无比悲痛。（略）那最后一个场景拍的

---

[1] 早坂文雄（1914年8月19日—1955年10月15日），日本古典乐作曲家，同时也是优秀的电影配乐家。二战后，他开始和日本杰出电影导演黑泽明合作，尽管合作时间并不长，但他们两人的每次合作都堪称经典。早坂文雄曾为《野良犬》(1949)、《罗生门》(1950)、《七武士》(1954)等黑泽明电影担任过配乐。他还是日本作曲家佐藤胜（也是五社英雄多部电影的配乐师）和武满彻的音乐导师。1955年，早坂文雄死于肺结核，年仅41岁。
[2] 比基尼岛是一个位于马绍尔群岛最北端的堡礁。1946年到1958年，美国在马绍尔群岛共进行了60多次秘密的原子弹和氢弹的爆炸试验，当中规模最大的一次就是在这座小岛。1954年，"第五福龙丸"渔船在比基尼岛环礁遭受放射性粉尘伤害导致船员死亡，日本民间将"比基尼事件"称为继广岛和长崎之后的第三次"核害"，以此为契机开展反对氢弹核试验的运动。

是正对着太阳直视的镜头，那是我对自身无力感的写照。（略）不过，三船表演得还是不错的吧？那样大强度的戏，是六十岁的演员表现不出来的。"

据说，原本考虑主人公中岛喜一由志村乔来扮演，但主人公为了逃脱氢弹威胁，在巴西买了土地，想携一家人移居那里，是那样一个充满活力的老人，可能志村乔要胜任这个角色有些困难，最后决定由三船来扮演。

那个时候的三船三十五岁。一个三十五岁的人要扮演七十岁的老人，首先要测试他是否能变身成功，就花了将近一个月。

山田顺次郎掌管着一家叫作"山田假发店"的老铺子，黑泽导演也称呼他为"山田大叔"，他是一个专业资深的"梳头"老手。

他的身材瘦小，声音却很洪亮，在外面都能听到他的说话声。他与黑泽明两人决意要把三船装扮成一个老年人，花了一个月左右的时间给三船进行加工。由于当时材料不足，煞费了一番苦功。于是，当他们完成了让三船看上去就像是七十岁老爷爷的化妆工作之后，决定让他身穿麻料的西装、手拄着拐杖在制片厂里走来走去。

我们从化妆室往外看着周围的情况。不用说，与三船擦肩而过的人都没有认出他是三船。

山田大叔非常得意地说："怎么样，看不出来的吧？"黑泽明也觉得很有趣，兴高采烈地问出去回来的三船："谁也没注意吧？的确是真假莫辨了。"看上去心情十分愉快。

三船装束出来的老人，是黑泽明想要表现的充满活力的七十岁的老人。

但是，在拍摄进行到中途即将到达高潮的时候，作曲家早坂文雄去世了。这部电影是由他的一句话生发出来的。黑泽明非常沮丧，不得不中断拍摄一周。

因为这个原因，黑泽先生对这部作品的完成度不甚满意。尽管如此，我仍认为它是一部杰作，希望能在今天的日本再次上映。

信赖与忠诚——《蜘蛛巢城》

（莎士比亚的作品）当中，《麦克白》这个故事最容易被移植到战国时代。可能在处理这个故事的时候，我就有种"如果三船君演麦克白会是怎样"的心情在作用着。（"谈自己的作品"）

黑泽导演在一九五七年十月，被聘请出席伦敦的国家影剧场的开馆仪式，是为了《蜘蛛巢城》在那里的首映之故。自从《罗生门》以来，"KUROSAWA"的名字已经远播海外，但黑泽先生离开日本渡航到海外，这还是头一回。

从各个国家邀请来的导演代表都是响当当的杰出人物，有约翰·福特（John Ford）、雷内·克莱尔（Rene Claire）、维托里奥·德西卡（Vittorio De Sica）、劳伦斯·奥利弗（Laurence Olivier），简直就如同电影大师云集在此一样。

从莎士比亚家乡出来的劳伦斯·奥利弗，在宴会上对黑泽明这样说道："您这个版本的《麦克白》，有四点我觉得非常棒。"

"首先第一点,是让麦克白的夫人怀孕的设定,并且还胎死腹中,这建立了麦克白发狂的契机。其次,是让马匹骚动闹腾,以此暗示出暗杀的手法。第三点,是在森行动的前夜,让森听到了切木头的声音,让树上的鸟不得安寝,飞向城中来回盘旋的主意。

"以及这最后一条,就是麦克白被乱箭射死的场面。"他这样褒奖道。(《伦敦·巴黎十日间》,黑泽明·《电影旬报》,一九五七年十二月)

我们经常会被问到的一个问题是:三船扮演的武时这个人物,逃到望楼上立即就被从侧边飞来的箭雨袭击的这个场面,这是怎么拍的呢?尤其是在国外,这个问题被问到的次数就更多了。那场戏实际上是用真箭去射击的。每当这么回答时,对方都会"啊?!",做出十分吃惊、难以置信的表情。会有这样的反应是人之常情。会接下那样一个角色的演员,这个世界上除了三船不会有第二个。哪怕成龙肯定也会拒绝的吧。

而且,射箭的人既不是那须与一[1],也不是得到了真传的射箭高手,而是大学弓道部十人左右的学生而已。他们站在距离望楼六十多米的地方,瞄准三船旁边的板壁,"嗖嗖嗖嗖嗖嗖!"一声令下,数箭齐发。黑泽明导演相信三船绝对可以拍出这场

---

[1] 那须与一(1169?—1232?),日本镰仓前期的武士,俗称与一,本名宗隆,是那须资隆的十一男,妻子是新田义重的女儿。他是日本历史传奇人物义经的忠实部下,在1184年的源平合战屋岛之战时,因神乎其技的弓术而名留后世。

戏，三船自己也知道戏拍到这里拒绝出演这场戏是不可能的。黑泽先生对三船提出"像这样朝这边逃，你这么一逃之后，就会有箭雨啪啪啪地朝这边射过来。然后，你就再往这边逃"，等等演技的要求。

他还这么说："摄影机用的是长焦镜头从侧面进行拍摄，就算是离开箭矢很远在拍，观众看上去仍然会觉得很近，容易产生身临其境的观感。"对于三船来说，比起看上去显得近不近的，他肯定更希望的是箭射得离自己远一点。但三船没有表现出多少恐惧的神色，只是确认"好，从这里往这里逃对吧"，等等之类。

然而，这种危险的摄影在当时还没有被纳入保险之类的范畴。外国人一听说这样不要命的表演，还没有上保险，个个都吓破了胆。

我认为这是源自三船对黑泽的忠诚。没有这份忠诚，这场戏既不可能实现拍摄，这件事也不可能做成。

不过，我问了下负责小道具的阿浜，他说三船当时其实是非常害怕的。据称，他每晚做的都是B-29[1]朝着自己俯冲过来的梦。多年以后，三船在杂志的采访当中，还这么说道：

啪啪啪啪啪地——乱箭就这么飞过来，当时我

---

1 B-29 轰炸机（B-29 Bomber），绰号超级空中堡垒（Superfortress），是美国一种螺旋桨型战略轰炸机。1945年8月向日本的广岛和长崎投掷了原子弹，二战后在美国空军继续服役了很长一段时间，直到二十世纪六十年代早期全部退役。

害怕极了。我心里默念,这家伙,过会儿我要杀了他!(笑)一边浑身发抖,一边到处逃窜。(《浪漫工坊》No.8)

三船被箭嗖的一下射中脑袋的这最后一个镜头,令观众备感震惊,几欲起立,无法安坐在位置上。

这里运用的是停格摄影的方法,作为电影技巧来说并不罕见。也就是暂停摄影机,发出"不要动!"的指令信号,三船也保持之前的动作纹丝不动。利用这段时间,负责小道具的阿浜就赶忙把准备好的带箍环的箭矢,套在三船的头后方。

上方粗体文字:停格拍摄 / 场记侧文字:"别动哦"
左侧说明文字:在停止动作、包括摄影机也停拍的瞬间,装置好这样一支带箍环的、涂上了鲜血的箭矢,然后再启动摄影机

带箍环的这支箭矢两端,露出沾了血的箭头和箭尾。然后,解除停格摄影指令,再一次接续箭雨在三船眼前飞射的情景。

这一天在乱箭地狱中结束了。

据说,三船先生口中念道:"拍完了,拍完了!"还没脱下身上穿着的盔甲,就抱起了啤酒瓶,飞奔到小道具库房里,说:"一起喝,一起喝!"和大家干杯痛饮。

向制片时代迈进

黑泽明的《战国英豪》(一九五八)的制作天数拖延，实际花费的制作费用是原本预算的两倍，达到了一亿九千五百万日元，这在当时是一个破天荒的数字。由此，东宝考虑到如若今后让黑泽也担负起风险，他可能就不会用超出去那么多了，于是提议成立了制片公司。

一九五九年，黑泽制片公司开始起步。

"别人经常在我耳边这么说：黑泽制片公司成立之后，马上就拍了能赚钱的电影。这些话让我窝火，我就想挑战最难的项目。"("谈自己的作品")然而，黑泽制片公司随后制作的第一部作品《恶汉甜梦》(一九六〇)，票房遭遇了滑铁卢式的惨败。为了挽回这入不敷出的局面，他接下来创作的《用心棒》(一九六一)、《椿三十郎》(一九六二)、《天国与地狱》(一九六三)都创造了当年的票房佳绩。

在这个时候，黑泽也还是对三船赞不绝口。他这样说道：

我说那个三船君速度是快呀，（略）无论是有多么精心设计的砍人场面，作品仅凭这些并不会变得有趣。三十郎这个男性本身就很有趣，这一点十分重要啊。

三船将三十郎这个武士的性格，留在了日本电影史上。

一九六一年的威尼斯国际电影节上，参演《用心棒》的三船敏郎获得了最佳男演员奖。他是首位在国际电影节上获此殊荣的日本男演员，自然也就接到了很多来自海外的出演邀请。

这一年，也就是一九六一年，他第一次出演外国电影，由墨西哥的罗德里格斯制片公司制作的《重要人物》（伊斯梅尔·罗德里格斯导演），三船出演其中的主人公墨西哥农夫，据说来到拍摄现场时，将西班牙语的台词全部背诵了下来，让导演和工作人员们十分惊叹。

平时有名的"从来不将台本带到拍摄现场"的三船敏郎，唯独在这个时候，在正在拍摄的《用心棒》的现场偷偷带着录音机，躲在黑泽导演的眼皮底下拼命地背诵着台词。听说他还让当时在水产大学读书的日籍墨西哥学生住到自己家来，接受语言特训。然而，若干年之后，在日本电视上播放这部《重要人物》的时候，却将三船的西班牙语转换成了日语的配音。我亲耳听到三船先生怒气冲冲地说："我那么辛苦才背下了西班牙语的台词，至少应该给我弄个字幕吧！"我还记得他前所未有地光火的样子。

在这期间,三船敏郎也发生了巨大的变化。一天,三船被东宝的高层叫去谈话。高层表示:"东宝从今往后要变成一个可租借的摄影棚,不再自己制作电影了。你也成立一个三船制片公司,制作电影吧,东宝出钱。"于是在一九六二年七月,三船制片公司成立了。

而且,为了纪念三船制片公司的第一部作品,考虑到应该帮衬一下三船敏郎头一回当导演的电影作品,东宝的制片人藤本真澄等人竭尽煽动之能事,尽管三船表示不行不行一直在拒绝,结

《五十万人的遗产》电影场刊

果还是以挂名形式当了一回导演。由菊岛隆三为编剧、三船敏郎为导演的第一部作品《五十万人的遗产》就这样华丽登场了。

这部大作是围绕着传闻中埋藏在日本占领下的菲律宾土地中的价值七亿日元的金币的故事展开的,是一部惊悚悬疑类型的电影,是"具有高格调的动作剧情片"。

工作人员基本上都是黑泽组的成员,我也作为其中一人加入了这部电影的筹备组。三船导演亲身体会了自己是多么不适应做一名导演。关于其中细节,我在其他稿件中有过记述,在此略过不提。

这时的黑泽先生这样说过:"为庆祝三船出发走向新的征

程,如果有什么要我帮忙出力的尽管吱声,我可以帮着剪辑剪辑电影什么的。"这对于三船先生来说也是倒添麻烦的好意,虽然这样说似乎有点过了,不过那个时候大家的用心良苦,对他而言是难以招架的过意不去。

如此这般,三船敏郎的第一部导演作品《五十万人的遗产》于一九六三年四月在东宝公映,成为当时的话题之作。然而,三船在那之后,从未再接过导演的工作。

同年七月,突然就进入了那部超级大作《红胡子》的准备过程中。

从十月十五日开始进行扮装的测试,成为问题焦点的是三船的"红胡子"。画面是黑白的,要呈现出和台本一模一样的"乱蓬蓬的、带点红色的胡子",就必须要测试胡子的脱色效果,这样就花了两个月左右。因为胡子每天都会长,所以必须两周一次调整脱色剂。三船也整整忍耐了一年时间。

一九六四年十二月十九日,花费了整整一年时间的拍摄终于结束了,进入到剪辑、配乐等后期工作流程中。已经再没有需要重拍的镜头,所以三船也接到了允准"剃胡子"的许可了。三船先生完全恢复了原本三船敏郎的样子,穿着讲究、风姿潇洒地来到办公室问候大家,我们也迎接他,黑泽先生问他道:"不冷吗?"三船用手抚摸着下巴,笑着答道:"牙齿有点痛。"

黑泽导演在宣传册子上这样写道:

"我在这部作品《红胡子》当中,将全体工作人员的能力挤干绞尽，发挥到了极限，由此试着将对电影的可能性的追求推高到了极限。"

之后，工作人员为了实现导演所想要的画面，一个镜头、一个镜头地进行剪辑和后期工作，使尽浑身解数全力以赴，将自己的潜能发挥到了极限。

这个时候，我们这些工作人员万万没有想到，《红胡子》会成为黑泽、三船合作的最后一部电影。

一九六五年，在威尼斯国际电影节上，三船敏郎凭借《红胡子》，二度获得了最佳男演员奖。

走向海外的两人

这是《红胡子》公映第二年的事情了。

黑泽导演担任美国首部70毫米彩色电影《逃亡列车》(*the Runaway Train*，日文名《暴走機関車》)的导演工作的这一消息公布（一九六六年七月五日，朝日新闻）。

故事的原素材取自美国《生活》杂志上刊登的一则真实的报道——在纽约郊外，搭载了三位乘客的列车突然失控暴走[1]。黑泽在记者会见上这样回答道：

"我携制片人青柳哲郎及副导演松江阳一一同前往，其他人全都是美国的工作人员。这是一部美国电影。"

"另外，无论我在哪里拍电影，我的作品始终是我的作品。

---

[1] 1964年，黑泽明偶然读到一则报道，讲述的是1962年美国纽约中央铁路公司发生了一起列车失控的惊险事故。四辆连在一起的内燃机车突然发动，像被恶魔附体一般将列车司机甩了出去。这四辆机车总重量为500吨，长度差不多有70米，暴走了大约360公里才停下，失控时间长达100分钟，最高时速接近145公里。警方和铁路公司的工作人员想尽方法来阻止狂飙的列车以避免死亡惨剧发生。出自人类之手的现代化工具的意象——"失控列车"，以其透现的现代反思意味刺激了黑泽明的创作神经。

在这一点上本质是没有变化的。"

据说，这是第一部彩色70毫米的电影。

制片人青柳哲郎原本是东宝的副导演，完全没有在黑泽组工作的经验。让他充当美国Embassy Pictures和"世界的黑泽"中间沟通的角色，可能是经验不足的吧。

与黑泽导演打算"有效运用70毫米大画幅彩色胶片与立体音响"的干劲和决心不同，美国方面计划采取标准制式的黑白拍摄并将之投放到电视上，两者之间存在着巨大的意见分歧，最终未能实现黑泽的预想。

尽管遭受到如此大的挫折并非黑泽主观意愿，黑泽导演还是信赖着青柳制片人。次年即一九六七年，黑泽导演接受了二十世纪福克斯《虎！虎！虎！》的制作邀请，联合对外宣布担任该片日本方面的导演。

制作了"史上最大的战役场面"的福克斯，自然也期待《虎！虎！虎！》能够成为视觉上同样壮观的战争电影。与此相对，黑泽导演却想刻画山本五十六这个人物，两者之间存在着分歧。

居间沟通的青柳制片人无法处理解决这一事态，告知福克斯黑泽导演由于神经症不可能继续进行拍摄了，于是福克斯方面以生病为由将黑泽导演解聘了。

美国的电影拍摄含有保险，这样的处理并不罕见。然而，黑泽导演还有继续拍摄的意愿，他想必是很难接受这种屈辱的吧。

另一方面,从《红胡子》之后与黑泽导演踏上一明一暗左右两条道路的三船,凭借《红胡子》在威尼斯国际电影节等各个电影节上获得了许多奖项,还于次年即一九六六年,在世田谷成城建设了完备的制片厂。

因为三船在海外的获奖,众多外国电影的出演邀请也纷至沓来。

但是,三船对黑泽导演的忠诚在整个演员生涯中都不曾改变。

福克斯解聘黑泽导演之后,如果不迅速重启制作的话,庞大的制作费用就必将打了水漂。

在这个紧急关头,其中一位制片人埃尔莫·威廉姆斯(Elmo Williams)紧急地来到由于过度劳累而正在住院的三船处,与他进行面谈,发出了出演邀约,询问三船"是否有意在重启的《虎!虎!虎!》作品中出演山本五十六这个角色?"。三船提出了两个出演条件:导演必须是黑泽导演,日本方面的事情全部交由三船制片打理。但这些条件未能被福克斯接受。

一九六九年三月三日,福克斯公布了日本方面的导演和演员。导演方面,福克斯与舛田利雄、深作欣二签订了合约。演员方面,山本五十六由山村聪扮演。

三月二十三日,在黑泽导演五十九岁生日的时候,三船敏郎作为主要发起人之一,在赤坂王子酒店演员休息室为他举办了"黑泽明哟,快拍电影吧"的激励会。会场里挤得满满当当,不仅有黑泽组的工作人员、演员,还有淀川长治等支持黑泽明导演的人。

黑泽先生在回答三船的致辞时,是这样说的:

"这几天,我工作的热情正在迅速倍增。我也考虑了很多,想为三船君打造一个适合他现在状态的角色。"

我们可以想象得到,在公共场合听到黑泽这样的话,三船有多么高兴。若要究其原因,是因为此前三船对黑泽被解聘的消息感到愤慨,在采访中这样说道过:

"净使用一些非职业演员出演电影,也可能是招致这样结果的原因之一吧。"他的这一言论登上了新闻,一部分报道将之称为"两人不和"的原因、"口祸事件"等等。据说,三船对这则新闻报道的内容经常感到悔恨。

同年七月二十五日,木下惠介、市川昆、小林正树及黑泽明结成了"四骑会"。简言之,目的是希望黑泽导演继续拍摄电影,一定要向世间证明自己并非身心有疾。

市川导演的意见是"还是创作最具黑导[1]风格的三十郎那样的娱乐作品为好"。黑泽导演所选择的是山本周五郎的小说《没有季节的街》。

---

[1] 市川称黑泽为"クロさん",简单译作黑先生、黑导,是既含亲昵又带尊敬的叫法。

《电车狂》与《德尔苏·乌扎拉》

《电车狂》。

制作：四骑会、东宝有限公司。

彩色电影，标准制式。

黑泽导演的第一部彩色作品。

一九七〇年四月二十三日，这部电影开拍。拍摄第一个场面，是在江户川区堀江町的外景地拍摄小六对电车进行例行检查的场面。黑泽导演的第一声"各部门准备！开拍！"不禁让人觉得似乎有些发抖，在现场的工作人员们的心里激荡起感动的涟漪。

他的这一声"开拍"，自《红胡子》以来相隔了五年。

接受这一时期采访的黑泽导演这样说道：

"你要问我现在的心境如何？不知道是应该说身体战栗直打哆嗦，还是应该说临阵兴奋精神抖擞，总之是激动忐忑、心怦怦跳哇。"

黑泽导演通过《电车狂》试图对公众证明，自己被福克斯解聘并非由于精神出问题之类的原因。

这是时隔五年的电影拍摄，而且是自己的第一部彩色片，黑泽明没有丝毫懈怠，持续不停地工作着。海报也是他自己制作的，连贴在小六家中的电车画也是他回家之后画了多张，第二天早上开心地带到片场来的。

遇上天气不好的日子，如果换作是以往，肯定是中止拍摄。唯独这次哪怕天气不佳他也不喊停，而是在地面上作画，用黑色勾涂出屋子的影子。"如此一来，看上去就像是晴天了。"他一边这么说着，一边还颇觉兴味地拍摄了。

"能拍的时候就拍。"黑泽明的这一显著变化，令工作人员也十分吃惊。拍摄时间比预期要短，实际只花了二十八天。完成之快超过了以往任何一部电影，所以预算自然也有结余。这是黑泽导演拼命努力的结果。

不仅如此，他还难得地关注电影发行的成绩。为了让这部电影取得票房上的成功，黑泽导演到处游说，希望影片大卖。

一九七〇年十月三十一日，《电车狂》公映，发行成绩却不及期待。

这给黑泽先生带来了巨大的失望。

次年，一九七一年，莫斯科国际电影节邀请了《电车狂》的制作方，黑泽导演与制片人松江阳一一起去了莫斯科。

在莫斯科，这部影片获得了"苏联电影人同盟特别奖"。

这个时候，苏联方面向黑泽导演探询电影制作的意向。根据黑泽的提案，开始了对《德尔苏·乌扎拉》的研究讨论。

然而，为什么又会发生接下来的事呢?!

一九七一年十二月二十三日一大早，黑泽导演在自己家的浴缸里，割了自己的手腕和脖子多处，试图自杀。这条消息给全世界带来了冲击。

所幸生命无虞，捡回一条性命。第二天大映宣布破产倒闭，又加重了日本电影界的暗淡，扩大了不安的涟漪。

这个时候，三船正好在《荒野用心棒》（电视连续剧）的拍摄当中，据说是身处多摩川的五本松这个名胜之地。在那里，他听到黑泽先生出事了的消息，大为吃惊，急忙放下服装道具，飞奔赶赴黑泽的宅邸。咚咚咚地急促敲门。黑泽的女儿和子从窗帘的缝隙露出脸来。

"怎么样了？爸爸还好吗？"三船这样问道。和子话音未落，三船就朝着医院直奔而去。他应该和黑泽打过照面。

因为《虎！虎！虎！》，黑泽导演五年当中一直被裹挟在好莱坞事件的惊涛骇浪里被反复摆弄，历经世事的心酸动荡，最终决意首次尝试彩色电影，苦心孤诣拍摄的《电车狂》却没有取得期待的结果，这给黑泽导演带来了极大打击，留下深深的伤痛。

后来在莫斯科的记者见面会上，有一个直率的记者无所顾忌地向他提问他自杀的动机为何。黑泽明先生似乎对此有所准备，他回答道：

"那个时候啊，我一分钟、一秒钟都不想活着了。"

一九七三年三月十四日,黑泽导演和全苏联电影合作工团签署了《德尔苏·乌扎拉》的制作协定。

曾经经历过《虎!虎!虎!》"终战处理"的制片人松江阳一,向苏联方面要求"给予黑泽百分之百的创作权和剪辑权"。

不用说,对美国抱有对抗意识的苏联方面,自然是十分尊重黑泽导演的艺术性的。苏联方面不仅答应了这个要求,还希望三船敏郎出演这部电影。

《德尔苏·乌扎拉》的片名,是驻扎在西伯利亚腹地的一位向导的名字。黑泽导演从做副导演的时期开始就考虑过将之拍成电影[1]。据说,他觉得这位名叫德尔苏的赫哲人[2]非比寻常地富有魅力。

确实,三船之前在墨西哥电影《重要人物》当中扮演过农夫,通过化装等技巧装束成赫哲人应该也是不无可能,但是,这可能与黑泽导演脑海中的形象并不吻合。

松江制片人以"不可能让三船八个月都待在西伯利亚的腹地"为由,拒绝了苏联方面的这个请求。

但是,为什么这件事进到了三船敏郎的耳朵里呢?万分期待与黑泽导演再次相会的三船,将自己这段时间原本约定的工作悉数取消,哪怕是在国外的拍片工作,他都自费前往当地,亲自提前拒绝了回来。这件事我是从他本人的口中听到的,当

---

[1] 《德尔苏·乌扎拉》根据俄国/苏联探险家阿尔谢尼耶夫的地理考察报告《在乌苏里的莽林中:德尔苏·乌扎拉》改编,是黑泽明"三十年来的梦想"。
[2] 原文中为"果尔特人",果尔特即赫哲族,由于历史原因他称很多。如今基本统一,中国官方称为赫哲族,俄罗斯官方称为那乃人(нанайцы)。

时就感到非常同情。

所以说，细数三船敏郎出演的电影，继一九七一年法国的《龙虎群英》[1]——由导演特伦斯·杨（Terence Young）拍摄，坐拥共同出演者查尔斯·布朗森（Charles Bronson）、阿兰·德龙（Alain Delon），摄影师亨利·阿勒康（Henri Alekan），音乐制作莫里斯·贾尔（Maurice Jarre）这样超一流的豪华主创阵容——这部引起很大反响的恢宏巨作，其后的四年间，三船出演的电影完全是一片空白。也就是说，在《德尔苏·乌扎拉》拍摄的一九七二年至一九七五年期间，三船没有出演过一部电影。直至一九七六年，他终于在英国电影《纸老虎》[2]中露面——这部影片由肯·安纳金（Ken Annakin）导演、大卫·尼文（David Niven）共同主演——在其中，三船扮演日本大使的角色，时隔五年才终于现身银幕。

接着，于同一年，三船在美国电影《中途岛之战》（*Battle of Midway*）当中，在导演杰克·斯迈特（Jack Smight）的导筒下，出演了山本五十六的角色。

不过，三船方面也有自己的原因。在由于《德尔苏·乌扎拉》所导致的无电影可演的四年空白期间，三船也有这样一个想法——"希望在欧洲拥有一个自己的桥头堡"，于是他在慕尼黑奥运会举办前，做着开一家日本餐厅的准备。渡过重重难关，实际上，从一九七四年末至一九八〇年，"三船餐馆"由

---

[1] 又名：*Red Sun* / 大太阳 / *Soleil Rouge*。
[2] 又名：*Paper Tiger* / 太陽にかける橋 / ペーパー・タイガー。

他的长子史郎担任店长,一直在经营着。这个时期,他恰好接到塔什干电影节的邀请,三船先生于是就到慕尼黑的自家餐馆嘱咐制作了许多的饭团,带着这些饭团去到西伯利亚的外景地探班。[1]

之后,在摩斯电影(Mosfilm)[2]为电影做后期的工作过程当中,日本电视取材的"三船敏郎为激励黑泽明去拍片现场探班"的栏目里,两人打了个照面。当时两个人都坐在沙发上,身体各自朝前,谈话并不起劲。黑泽先生不一会儿就叼起了一支烟,三船手拿打火机为他点火,仅此而已,两人的见面气氛颇为尴尬。

《德尔苏·乌扎拉》[日本先驱者(Herald)电影发行]。

于一九七五年八月二日公映。

这部影片在莫斯科国际电影节上获得金奖。

---

[1] *作者注:道歉及更正。
文章中所提到的"去到西伯利亚的外景地探班",实为错误。
根据三船的长子史郎的讲述,三船准备了很多饭团,是打算从慕尼黑的餐馆带到塔什干电影节去的,只不过计划在途中拜访一下黑泽拍片的外景地。然而,恐怕是因为拍摄远在西伯利亚的腹地,去到那里实在有些困难,于是他放弃了这个计划。
后来我了解到,三船有一张和黑泽导演气氛融洽的合照,照片背景是西伯利亚外景地的风景。这是在1975年4月25日,日本为面向电视宣传,在三船先生访问莫斯科时,于密林外景中拍摄下的两人的纪念照。在此做一更正。
[2] 摩斯电影(Mosfilm)通常被视为俄罗斯乃至欧洲最大最古老的电影工作室,始建于1927年,1936年更名为Mosfilm。苏联电影中大部分受欢迎的作品都出自这个公司,包括塔可夫斯基、爱森斯坦的作品及一些红色西部片,其他还有黑泽明的合拍片《德尔苏·乌扎拉》《战争与和平》等鸿篇巨制。苏联解体前,摩斯电影就已制作了三千多部电影。苏联解体后,融入了更多的独立制片公司,扩大了占地面积,俄国年度金鹰奖都会在其场馆颁发。

还获得了奥斯卡最佳外语片奖。

此外，还在其他各种奖项上斩获颇丰，备受瞩目，荣耀四方。黑泽导演宛如浴火的凤凰一般令人惊叹，奇迹一样地复活重生了。

然而，在日本电影界依然没有一家公司能够承接下黑泽的下一部作品《乱》的制作。

在此期间，黑泽导演通过广告等聊以为生，最终总算是和东宝达成协议，以十亿日元制作费拍摄《影子武士》，取代《乱》这部影片的制作。

一九八〇年四月二十六日，仲代达矢主演的《影子武士》公映了。

直到最后依然是明星的三船敏郎

话说这个时期的三船,在一九七六年拍摄《纸老虎》《中途岛之战》等影片,间隔了四年重新开始演员工作之后,他还出演了日本电影《人证》(导演佐藤纯弥)等其他九部电影,并参演了美国的两部录像作品,是满负荷工作乃至过劳的状态。

一九八〇年是《影子武士》公映的年份,三船这个时候正在出演由史蒂文·斯皮尔伯格(Steven Spielberg)导演的美国电影《一九四一》。

同一年,他还参演了电视电影《幕府将军》[Shogun,导演杰里·伦敦(Jerry London)],这部作品也在剧场得到了公映,引起很大反响。事实上,在多年之前,黑泽导演就曾被委托担任这部原作的导演,然而他拒绝了。真是不无讥诮的命运的重逢。

在上《彻子的房间》(一九八一)节目的时候,关于《幕府将军》三船先生曾这样说道:

"在国外工作最令人苦恼的是,他们完全不了解日本的历史。将军从马上对着士兵说'明白了吗?'这样的措辞,怎么可能?我给改成'听清楚了?'[1]。这种台词,如果被日本人看到肯定会叫我羞愧得钻地缝,我可说不出口。"

一九八一年拍摄《仁川》(*Inchon*)——该片由特伦斯·杨导演,劳伦斯·奥利弗和杰奎琳·比塞特(Jacqueline Bisset)共同主演——的时候,据说在这一点上,导演也听取了三船的意见。这部作品拍摄的是仁川登陆战役的题材,是花费了一百亿日元左右的大制作。

在一九八一年的戛纳国际电影节上,《影子武士》荣获了最高荣誉的金棕榈奖。我听说,当时在戛纳的上空还张扬地飞着《仁川》宣传用的直升机。真是不无讥诮的命运的重逢。

三船在这之后出演了美国的录像电影《挑战赛》[*The Challenge*,导演约翰·弗兰克海默(John Frankenheimer)]。

到一九八八年,他在日本又完成了三部作品。这可是曾经亲口表示极其不想当个演员的三船哪。

一九九一年的《冰川猎奇》[2](在日本未公映,是加拿大·法

---

[1] "わかりましたか"的原台词被三船纠正为"わかったか",意思都是"Understand?"(明白了吗,听懂了吗,理解了吗)。但前者是敬体的表达方式,多用于正式场合下对上的关系中;在一些特殊的情况下,还有揶揄讽刺的意味。后者是简体的表达方式,多用于上对下的关系里,或是亲昵关系中。日语非常讲究语言里的上下级关系,将军对士兵的这种场合,显而易见是无须用敬体的。
[2] 本片又名《狼影传奇》(*Shadow of the Wolf*),由制片劳德·雷杰汇聚雅克·道夫曼(Jacques Dorfmann)导演和诸多优秀演员,耗巨资在加拿大魁北克蒙特利尔附近实地搭景,前后历经13个月的时间筹备、拍摄完成。

国制作的电影）。三船在其中扮演加拿大籍的因纽特祈祷师[1]的角色。在蒙特利尔的极寒之地长期拍摄外景，似乎对他的身体影响尤为严重。

七月份他待在夏威夷静养，十一月份返回日本国内。由于过度劳累，住进了医院。

他工作得实在太辛苦了。

他应该也不存在经济困难要如此拼命挣钱的问题。我想，应该都是出于片方邀请，有所顾虑不忍推却吧。肯定是考虑到对方拍片困难等等情况，他才会这样做的。

一九九三年七月，他在夏威夷刚住了十天左右，又出演了美国电影《照片新娘》（*Picture Bride*）[2]。

因为三船的妹妹居住在夏威夷，他时不时地会去往夏威夷探望妹妹。听说出演这部影片是由于制片方极力邀请，希望三船哪怕是露个面也好。根据三船儿子史郎先生的描述，三船是以低到几乎可以忽略不计的片酬接受这个角色的，和免费出演没什么两样。

《照片新娘》这部电影讲述的是战后仅凭相亲照片就订了婚、来到夏威夷开拓的日本女性的故事，刻画了她们在异国他乡的辛勤耕耘。

在日籍人士劳动的农作园里，来了一个电影的慰问团。三

---

[1] 原文为"シャーマン"（Shaman），通灵者，巫师。
[2] 该片由卡尤·哈塔、玛利·哈塔担任编剧，羽田香代（Kayo Hatta）导演，曾获1994年第47届戛纳电影节主竞赛单元的金棕榈奖提名。

船扮演的角色就是这个慰问团里的一位默片弁士[1]。既然扮演的是默片弁士的角色,就肯定要说诸如"且说堀部安兵卫前往高田马场——"[2]等默片解说词。史郎先生还笑说,自己曾把那张写着台词的纸展开,拿着跑来跑去过呢。拍摄三船的场面,仅仅只有不到两分钟。

尽管如此,三船先生还是非常喜欢待在拍摄现场。医生也允许他去片场工作,以此作为疗治手段之一。

这部电影在日本公映是在一九九六年,有些地方将它记录为三船的遗作。实际上他真正的最后一部作品,是一九九五年公映的熊井启导演的《深河》。

在该片中,三船的出演场面也只有三分半钟左右。

这场戏很简单,是阔别了五十年的前战友(沼田曜一)来病房探望三船,三船却不理会他的一场戏。"别这样!""哼!够了!"三船说了这些台词,就不再理睬他了。尽管场面内容仅此而已,但据工作人员所述,在镜头前说台词的三船先生,依然是一个熠熠生辉的明星。

一九九七年十二月二十四日,代表日本战后的演员、恐怕不会再现的明星——三船敏郎——与世长辞,永眠地下了。他七十七年的一生,用"波澜万丈"等词语都无法淋漓尽致地

---
[1] 或译为"辩士",即无声电影的解说员。日本弁士制度的长盛(随着有声电影时代的到来)晚衰,与日本口传艺术的传统审美积淀有关。
[2] 高田马场决斗是日本史上一场著名的决斗,因中山安兵卫(后改名为堀部安兵卫)的助阵而闻名。

表现。可以说，在他身上凝结了百年以上的人生。

史郎先生回忆，三船先生和黑泽先生最后的相会，是在一九九三年二月二十八日，去世的本多猪四郎导演的葬礼上。

那一天，三船先生身体不舒服，脸色苍白。在吊唁的人群最后，好不容易才站稳了身子。注意到他的身体异样的黑泽先生来到三船先生的旁边，担心地问他：

"身体还行吗？可别勉强自己呀。"

"我还行。"三船先生回答道。

这是两个人最后的对话。

后来，一家电视台制作的一档三船敏郎的特别节目介绍说，三船的梦想是将《孙悟空》搬上银幕。

这么说起来，黑泽先生曾担任山本嘉次郎导演、榎健[1]参演的《孙悟空》的副导演。黑泽之后在《七武士》拍摄期间，经常说道："如果让三船来出演孙悟空的话，肯定会很有趣。"

在三船的书桌抽屉里，直到现在还仔细保存着红色封面的《孙悟空》的台本。

三船先生是多么期待这个台本的导演空栏里填上"黑泽明"的那一天哪。

---

[1] 榎本健一（Kenichi Enomoto，1904—1970），日本昭和时代的喜剧演员，有"日本喜剧之王"的称谓。榎健（エノケン，EnoKen）是其昵称。

《红胡子》之后的黑泽与三船
（来自英文版《等云到》）

黑泽导演在国外举行记者见面会的时候，总是会被记者问到下面这样的问题。

"您为什么在《红胡子》之后，不再和三船一起共事拍片了呢？究竟是发生什么事了呢?"对这样的问题，黑泽总是面露微笑，并报以同样的回答。

"不是的，我与三船君之间并没有发生什么矛盾冲突，只不过我与三船君能够合作的内容已经全部拍完了。现在已经没有可以一起拍的片了。"

《红胡子》的完成是在一九六五年。

黑泽最后的作品《袅袅夕阳情》则完成于一九九三年。三船最后出演的熊井启导演的《深河》是一九九五年的作品。

在这将近三十年间，横跨着两个人晚年的命运——明暗两分，各自发展，形成鲜明对照。

在《红胡子》拍摄完成的庆功派对上，黑泽对我说过这样一句话，令我至今无法忘怀。他当时压低了嗓门，轻声说道：

"我被小国（英雄·剧作家）说了。那个三船（与人物）不符啊。"

黑泽的脸庞上似乎闪过一丝失败时才会有的后悔神情。小国先生批评的意思，可能是指三船没有正确地理解"红胡子"这个人物。

关于"红胡子"这个人物，据说在做剧本改编的时候，原作者山本周五郎也对黑泽先生提过这样的建议——"红胡子是一个内心背负着深重伤痛的人，这一点千万别忘了呀。"

而这位山本先生也观看了成片的试映，他对影片很赞赏，还夸道："片子拍得真好，比原作还要好。"黑泽原本也很高兴，然而因为小国先生的一句话，给了他令旁人深感不可思议的沉重打击。这句话，犹如是在黑泽的心湖里滴落的一滴冷水，扩散开圈圈涟漪，浸蚀了他的整个内心。

在此之前，黑泽为三船量身定做角色，共同创作了十六部电影，他从来都没有对三船的演技表达过不满，一次都没有。当时，他对于"如果没有三船出演的话会怎么样？"的提问，这样回答道："那我可就拍不了电影了。"黑泽对三船的欣赏和着迷，便是达到了如此的程度。

在拍摄过程中，黑泽也不会对三船的演技指手画脚地提出要求，黑泽从来都没有用批判的眼光看过三船。

黑泽对三船的演技开始抱有些微不满，恐怕是始于《红胡子》。尽管如此，黑泽却没有就此和三船沟通过讨论过，似乎是带有很多的顾虑，避而不谈，默默地抽身而退，离开了三船。

就在这个空当期间，意想不到的重要因素出现了，如同病毒一般侵入黑泽的人生，让他的方向发生了巨大改变。

曾在美国留学的制片人青柳哲郎先生带着与美国 AVCO Embassy Pictures 合作拍摄《逃亡列车》的计划，迅速地接近黑泽明。

青柳哲郎以前没有接触过黑泽的电影制作，他在美方与黑泽之间进行斡旋，显得有些经验不足。然而黑泽对青柳哲郎的英语能力和他的风度翩翩颇为赞许，完完全全地信赖了他。

黑泽所写的剧本也非常有趣（后来由安德烈·康查洛夫斯基将之拍成电影），黑泽实地勘过景，但因为没有符合条件的拍摄地，遂中止了计划。这部电影的拍摄前途未卜，开始被乌云遮挡笼罩，时为一九六六年。

另一方面，在同一年，三船在世田谷建立了三船摄影棚，正式开始介入电影制作，一切看上去都是一帆风顺。

三船也去美国发展，一九六六年他出演了约翰·弗兰克海默的《霹雳神风》(*Grand Prix*)，一九六八年又出演了约翰·保曼（John Boorman）的《决斗太平洋》(*Hell in the Pacific*)。

然而，黑泽经过《逃亡列车》的挫折，似乎并未意识到制片人青柳哲郎的实力不足，再一次信赖了他，将自己卷入了一场轻率鲁莽的战争。

从一九六七年至一九六九年，黑泽如同一架燃料耗尽的飞机一般，飞行断断续续，迷失了航向。

这就是所谓的《虎！虎！虎！》事件。

一九六九年四月二十八日，二十世纪福克斯的制片人埃尔莫·威廉姆斯来到坐落于港区芝公园内的东京王子酒店，召开日美联合制作电影《虎! 虎! 虎!》的发布会。《虎! 虎! 虎!》，这个片名取自日本偷袭珍珠港时的日方活动暗号。

日本方面的导演是黑泽明，美国方面后来决定由理查德·弗莱彻（Richard Fleischer）担任导演。电影开拍比预定时间大大推迟，延至一九六八年十二月三日。拍摄进行了二十来天，状况频出，最后福克斯方面以黑泽患有神经官能症为由，解除了他的导演职务。

福克斯一边寻找可以取代黑泽导演的人，一边委托三船扮演主角——司令长官山本五十六。

三船对此的回应是，希望导演由黑泽明来担当，制作全部交由三船制片公司负责。如果能满足这些条件，他愿意接受出演山本五十六的邀请。

三船肯定也是考虑试图借助这次机会，恢复他与黑泽的搭档关系，并将陷入困境的黑泽解救出来。

据说三船还给黑泽打电话，约他"一起去打个高尔夫吧?"，来给黑泽鼓劲。

可是，对于三船制片提出的条件，福克斯不能接受。黑泽明再也没有从事福克斯工作的意愿了。可能是他有了切身的体会：讲求合理性的美国式的电影制作与黑泽本人作家式的电影创作，是完全互不相容的两样东西。

关于这个事件，三船敏郎是如此回应采访的：

"黑泽明导演净使用一些非职业演员出演电影，也可能是招致这样结果的原因之一吧。"

有些人认为，他这样的发言冒犯触怒了黑泽明，招致黑泽极大的反感。可能三船敏郎也因为自己说了那些不该说的话，为他与黑泽明渐行渐远而感到后悔不已吧。

但是，我认为这并不是两人渐行渐远的真实原因。那个时期的黑泽明，希望忘掉一切与电影有关的烦心事，疗愈自己内心的伤口，哪里还有什么心思看新闻报道呢？

而对于三船来说，简直就如同错失了与黑泽明修复缘分的千载难逢的好机会。

然而我认为，就算是黑泽的状况好转了，可能也未必会让三船饰演山本五十六这个角色。

黑泽明原本就偏爱纪实风格、具有真实感的表现手法，反过来说，对他而言，作为影像素材，专业演员最理想的演技，就是和业外素人一样的真实。

所以在拍摄《虎！虎！虎！》的时候，黑泽起用了经历过战争的社会普通人。也正是因为这个原因，调整社会人的日程安排并非易事，要缓和业外素人带有的紧张自然也需要花费时间，在好莱坞式效率的计算之下是不可能实现的事，所以三船敏郎所言的"原因之一"也并没有错。

如此这般，黑泽明在美国电影产业的惊涛骇浪中翻滚，历经世事动荡，被拍打到岸边，排除在外。此后，黑泽与导演朋友们成立了"四骑会"，撰写包括电视题材的剧本的同时，开始计划重新出发。

一九七〇年，黑泽为了向世人证明自己并非精神失常者，故而以极低的成本制作了《电车狂》，拍摄周期仅为二十八天，成片速度之快在黑泽电影中殊为罕见。黑泽试图以此来向外界表明自己仍然健在和活跃于电影界，然而这部电影的票房成绩远远没有达到他的预期。

一九七一年，黑泽在自己的家中企图自杀，所幸未遂，这则消息震惊了世界。

而这期间，三船正在法国与阿兰·德龙、查尔斯·布朗森共同出演特伦斯·杨导演的《龙虎群英》，给媒体提供了丰富多彩、可以大书特书的话题。

在此之后，从一九七二年至一九七五年之间，三船没有出演一部电影。这空白的四年当中，三船究竟做了些什么呢？

一九七二年，《电车狂》的制片人松江阳一从全苏联电影合作工团接到一封通知。通知表明，黑泽提出的《德尔苏·乌扎拉》之前一直处于研究讨论中，现在苏联已准备好实现这一项目，将之拍成电影。

一九七三年正月，黑泽与松江制片人一起前往莫斯科。从制作形态上来说，这部电影是完全的苏维埃电影，但松江制片人为了不重蹈日美合作的失败覆辙，提出在艺术创作层面，必须百分百完全遵从黑泽意愿的要求。双方以此为条件，签下了合约。

实际上在这个阶段，主角之一的候选名单上，还有三船敏郎的名字。

考虑让他来扮演的这个角色，正是一位名为德尔苏·乌扎拉的居住在西伯利亚密林里的向导的角色。这部电影是关于他与阿尔谢尼耶夫这位探险队长之间令人感动的交流故事。不管怎么说，我也觉得由三船来呈现赫哲族向导，多少会有些怪异感，也因此询问过松江制片人。据他说，这好像是苏联方面提出的设想。苏联方面可能是考虑，若能在此片中再现黑泽和三船这对黄金搭档，那么在世界范围也必将成为一条大新闻。而这个消息不知怎的似乎也传到三船的耳朵里去了。于是他自费去海外，调整自己的工作安排，这些是我后来从三船本人那里听到的。

三船是多么热切地希望能与黑泽重新一起工作啊，无须细察便已溢于言行。

但是，黑泽可能还是认为，德尔苏这个赫哲族的自然人由三船来扮演会显得不自然。松江制片人后来以不可能让三船两年半时间一直待在西伯利亚为由，拒绝了苏联方面的这个提议。

德尔苏的角色一度难以找到合适的演员人选，最终决定由寂寂无名的马克西姆·蒙祖克（Maksim Munzuk）来扮演。

三船不仅是再一次眼睁睁地让机会溜走了，更是空转了四年之久，耽误了漫长的岁月，真是令人感到非常同情、惋惜。

在此期间，一九七三年的莫斯科国际电影节上，三船被邀请做评审。趁访问苏联的机会，他与正在摩斯电影做筹备工作的黑泽再次相会。

次年即一九七四年，黑泽结束了这部与严苛的自然持续斗争到底的大作《德尔苏·乌扎拉》的拍摄，于一九七五年春天在摩斯电影进行后期作业。

这时，日本的一个名为《电影导演·黑泽明》的电视节目来到这里进行拍摄取材。三船敏郎到访了黑泽的采访现场。松江制片人为了电影宣传的目的，肯定已经提前和黑泽进行过相关沟通。

现在再看那个电视节目，两人的对话场面不知怎的，气氛有些尴尬，显得很疏远。

在摩斯电影制片厂的门口，三船拿出打火机给黑泽点烟递火的光景，不知为何与以往看上去有一丝不同，仿佛是在进行永远的告别。

两人在公开场合正式相会，这是最后一次。

《德尔苏·乌扎拉》获得这一年莫斯科国际电影节的金奖之后，又获得了奥斯卡最佳外语片奖，以及文化功劳者的荣誉等。黑泽明犹如浴火重生的不死凤凰，从谷底深渊翱翔而出，光辉耀目。

另一方面，一九七六年，三船仅出演了肯·安纳金导演的英国片《纸老虎》和杰克·斯迈特导演的美国片《中途岛之战》这两部电影。

这之后，在缩小三船制片公司的电影制作的同时，三船还参演了京都东映的时代剧[1]。一九八〇年，他参演美国电影《一九四一》（导演史蒂文·斯皮尔伯格）、《仁川》（导演特伦斯·杨）、电视电影《幕府将军》，一九八一年《挑战赛》（导演约翰·弗兰克海默）等电影，似乎是在海外疗愈自己的内心伤痛。

尽管黑泽凭借《德尔苏·乌扎拉》实现了令世人瞩目的复活新生，在日本却没有愿意为他下一部新作投入巨资的电影公司。

在一九七六年至一九七九年，黑泽靠出演威士忌商业广告勉强生活度日。

一九七九年，黑泽终于与东宝就制作费用达成了协议，开始拍摄《影子武士》。距离他在东宝拍摄《红胡子》以来，竟然足足过去了十四年之久。

《影子武士》这部电影有美国的弗朗西斯·福特·科波拉（Francis Ford Coppola）和乔治·卢卡斯（George Lucas）两位导演的帮忙助力，在日本国内发行上映也大获成功，还斩获了一九八〇年的戛纳金棕榈奖。幸运终于向着黑泽而来。

之后，从一九八五年的《乱》到一九九三年的《袅袅夕阳情》，黑泽总共创作了四部电影作品。海外也举办了各种表彰他功绩的活动仪式，他一生付出的辛劳终于获得了回报，我觉

---

[1] 指古装历史剧，多以江户时代或更早的历史故事为题材。

得晚年的黑泽是很幸福的。

一九八九年，三船在熊井启导演的《千利休：本觉坊遗文》中出演千利休。这部电影在威尼斯国际电影节上获得了银狮奖，三船的演技也得到了众口称赞和高度评价。

千利休是十六世纪末担任当时手握大权的关白——丰臣秀吉的茶道师傅，是一位备受宠爱、教养深厚、拥有名望的茶人，不知什么原因突然就被秀吉放逐并被命令切腹，于一五九一年七十岁时绝命终寿。

黑泽并非像秀吉那样的暴君，在这一点上略有不同，然而在扮演千利休的三船毅然决然的态度中，我们看到了一丝寂寞的表情，与被黑泽一下子疏远而不解其中意的三船的心境重影叠现。

其后，三船的身体每况愈下，仪容渐衰，但仍然非常喜欢在拍摄现场工作。据说他不顾医生的阻拦，即便是只有一个场面，他也愿意出演。

黑泽和三船最后见面是在一九九三年二月二十八日，参加去世的黑泽盟友本多猪四郎导演的葬礼的时候。

在参列的人群当中，好不容易才站立起来的三船犹如一个幽灵，黑泽看到三船，向他走过去。后来我询问才了解到，黑泽当时说："身体还行吗？可别勉强自己呀。"三船回答道："我还行。"这是他俩最后的对话。

黑泽于一九九五年在京都的旅馆执笔创作剧本期间摔倒骨折，造成半身不遂，最终未能回到拍摄现场。

同年，三船用尽自己最后一丝力气，在熊井启导演的《深河》当中出演一位身在病床的前日本兵的角色。尽管这个角色对他而言没有任何不自然，然而三船好不容易才说出台词，吐字含混不清，气力虚弱奄奄，令人目不忍睹。听说，这个时候他的内脏机能已经完全被腐蚀了。

我去黑泽先生家探望过他。

当时，我向坐着轮椅来到客厅的黑泽先生传达了三船先生身体状况不佳的消息。

黑泽先生沉默了一会儿，眼睛看向远方，这样说道：

"三船真的表演得很棒。若能与三船再见，我真想这么告诉他，好好夸赞一下他。"

三船先生是多么想要听到这样的一句话啊！

然而，这句话终究未能传到他的耳朵里。一九九七年十二月二十四日，三船敏郎于七十七岁那年结束了他波澜万丈的人生。

九个月之后，一九九八年九月六日，伟大的电影导演黑泽明去世的消息传遍世界，宣告了一个时代的终结，黑泽明享年八十八岁。

初出·英语版《等云到（Waiting on the Weather）》
二〇〇六年十二月

第二章
仲代达矢与三船敏郎

共同出演黑泽作品

《用心棒》(一九六一)

"说起来,在我记忆中从没有与三船先生有过个人谈话呢。"仲代达矢这样说道,"也没有和他一起吃过饭。"

仲代达矢和三船敏郎共同出演过三部黑泽电影,分别是:《用心棒》(一九六一)、《椿三十郎》(一九六二)、《天国与地狱》(一九六三)。尽管在这连续的三年时间,他们同处黑泽组这一严苛环境,两人却无深交。

仲代达矢当时三十岁,三船四十一岁。从仲代的角度来看,三船是"一位老前辈。不敢随便开口同他讲话"。

可是,当时的仲代达矢自一九五六年《火之鸟》在电影界出道以来,出演过《野性的女人》(一九五七)、《黑河》(一九五七)、《炎上》(一九五八)及超级巨作《人间的条件》(一九五八至一九六一)等电影,不仅一部接一部地出演成濑巳喜男、市川昆、木下惠介、小林正树等日本电影界导演巨匠们的名作,还对各个不同角色的演绎驾轻就熟，是一位令人瞩目的新人。

黑泽导演这个时候五十一岁，仲代、三船、黑泽三个人正好各自相隔十岁。

那段时间，连东宝也对黑泽导演束手无策，几乎是以扫地出门的形式，让黑泽在一九五九年他四十九岁时成立了黑泽制片公司。黑泽制片的第一部作品是《恶汉甜梦》（一九六〇），试图挑战贪污渎职这一被遮蔽在日常中的社会恶俗，但作品未能触及问题核心，电影票房成绩也不及期待。

为了挽回票房的赤字，黑泽考虑接下来拍摄一部有趣的娱乐作品，这就是《用心棒》。黑泽导演自己也说："这部电影拍得非常悠然自得，很享受拍摄的过程。"

《用心棒》《椿三十郎》《天国与地狱》这三部作品都获得了七亿的票房，在当时来说是刷新纪录的大卖座电影。

在"谈自己的作品"当中，黑泽导演这样说："无论是有多么精心设计的砍人场面，作品仅凭这些并不会变得有趣。三十郎这个男性本身就很有趣，这一点十分重要啊。"

仲代还接受过黑泽这样的表演指导："要说卯之助给人的印象呢，如果说三十郎是山狗的话，卯之助就是蛇；三十郎是棉花的话，卯之助就是丝绸的感觉。带着这种感觉来演绎。"

由于《用心棒》中仲代达矢的登场给黑泽电影增添了以往所没有的男人的风情魅力，电影变得更加娱乐化。

实际上仲代出演黑泽电影，这并非头一遭。

严格地来说，仲代第一次出演黑泽电影是在一九五三年的

《七武士》当中。

那是仲代达矢还在俳优座[1]养成所时代的事情,那时他还是一个两年级的学生。黑泽组发出通告,要招募大个头的男性演员,仲代报名并入选出演。这是他第一次扮演武士角色,第一次穿上正式的和服,第一次在腰间挎上大刀行走。拍摄的是农民决意雇用武士看家守院,来到街市上寻找合适武士的场面。镜头变成了物色武士的农民的眼睛,搜寻着看上去身强力壮的武士。

仲代混在人群中间,只需表演走路的样子即可。然而,拍摄迟迟无法推进。从早上开始拍摄,导演始终无法通过这一条给出OK(通过)。仲代无法忘怀当时的屈辱感,他在自传中还写到过。

"包括主角的三船敏郎先生、志村乔先生等大明星,总共有三百多号演员和工作人员,全部都不得不等待着我的表演结束,黑泽先生让我在这三百多号人的眼前翻来覆去拍摄了好多遍。"

他还被副导演这样说:"这家伙,别给他吃饭。"最终导演说OK是在下午三点。

《七武士》上映的时候,我飞奔到电影院观看,在出演者的字幕当中搜寻自己的名字,然而怎么也找不到。不仅如此,我露脸的镜头连五秒都不到,只是上半身闪过一瞬而已。回想起那一天的屈辱感和拍摄的艰辛,我的内心真是非常地灰心失望。然而时至今

---

[1] "俳优座"是1944年由青山杉作、小泽荣太郎、岸辉子等10人设立的剧团。与"文学座""剧团民艺"齐名,为代表日本的新剧团之一。

日，我完全理解了。(仲代达矢《遗书》，中公文库)

据他所言，他现在经常对无名塾[1]的年轻人说"三年能走得像模像样就可以了"。

从那以后又过去了七年。

时至今日，仲代达矢已成为日本电影界响当当的大导演们互相争抢、备受欢迎的明星演员，所参演的小林正树的超级巨作《人间的条件》横跨四年的拍摄尚未结束，正在准备完结篇期间，他接到了《用心棒》的出演意向的问询。

据说仲代仍然无法忘却《七武士》留下的屈辱感，一直拒绝邀请。小林正树导演这样提醒道："这可是完全不同的角色呀，出演吧。"的确，《人间的条件》中，仲代所扮演的角色是在军队中反抗的正义男子，卯之助则是与之完全相反的人物。不如说，仲代会演得很容易。

与黑泽导演久别重逢的仲代，和黑泽导演提及《七武士》拍摄的事情时，黑泽导演说："我还记得当时的拍摄，所以才要用你。"仲代达矢听闻之后感激备至，决定出演这部电影。

仲代说，拍摄《用心棒》时让他感到十分吃惊的，是三船敏郎的武打身手。之后，他也在其他作品中与不同的演员经历

---

[1] 仲代达矢于19世纪70年代和妻子共同创办的自己的表演学校。被誉为日本表演学校的"东大"，入学门槛极高，不过进去后是不收取任何费用的。无名塾由仲代达矢亲自教学，妻子安排演出，并与这里的学员们举行公演，役所广司也曾是无名塾的学生。

过武打场面，但无人能出三船其右。

三船的速度令黑泽导演也赞不绝口。而且导演在这一部《用心棒》当中，又对三船提出了新的要求，那就是令其对每个人都砍上两大刀。仅仅是"唰"地砍上一刀，人一般不会立即死，所以要他用长刀对着喉咙或者心脏这种致命的位置"啪"地再补一刀。换句话说，对每个人都必须要砍上两大刀才行。

据说在拍摄武打场面的现场，三船从开始到叫停连气也不带喘的，所以在喊停的同时，我也看到过三船步履蹒跚、跌跌撞撞地靠在练功台边，呼哧呼哧地深呼吸的模样。据说是气透不出来。而且他的武打场面都没有试演环节。武打老师对着三船一边比画一边说："在这里这样，砍这里，然后再砍这里。"三船听完他的交代之后，就直接开始正式拍摄。一旦出现 NG（No Good），就必须再拍一条，所以他的目标是一次拍摄就OK，为此每次拍摄都极其认真地奋力挥舞大刀。

听说被砍的一方也很痛呢。仲代感叹过，三船动作的速度及美感自己模仿不了，对此他由衷佩服。

三船敏郎因为这部作品中的杰出表现，在威尼斯国际电影节上荣获最佳男演员的奖项。

意大利也出现了模仿之作——《荒野大镖客》，以《荒野用心棒》为片名反向引进日本的这部电影，也获得了巨大成功。

东宝顺风顺水，意气昂扬，主动向黑泽制片公司提议立即拍摄三十郎系列的续篇也是顺理成章的事。

黑泽导演没有休息，立即就和三船、仲代一起着手创作三十郎系列的第二部作品《椿三十郎》。

《椿三十郎》（一九六二）

《椿三十郎》的剧本脱胎于山本周五郎的小说《日日平安》，最初是为堀川弘通所创作的剧本。

《日日平安》的主人公是个名为杉田平野的男性，有着杉田平野这个让人分不清何为姓何为名的名字[1]的，是一位非常孱弱的武士。堀川弘通导演考虑由小林桂树来扮演这个角色。这个主人公被卷入主家暴动，帮助了正义派的年轻武士们。最后年轻武士们追赶离去的杉田平野，告诉他有仕宦之道，杉田松了口气，说声"谢谢"，故事便结束了。

这个企划因为过于简单，很难吸引观众，所以东宝将之"雪藏"起来。

黑泽明被东宝频频催促尽快将之改编为三十郎的续集故事，于是他开口对堀川导演说：

"喂，堀川，不好意思啊，你的那个《日日平安》的剧本，麻烦还给我。"

结果黑泽将这个孱弱的武士，改编成了那个身强力壮的三十郎，人物大异其趣，这样翻覆的手笔实在是厉害。

---

[1] "杉田""平野"为日本人的常见姓氏。

与剧本原作山本先生创作的人物相近的，可能只有夫人和女儿的相关段落吧。小林桂树的性格方面虽然还留有原作的味道，但和山本周五郎先生的原作还是大相径庭。据说黑泽导演提前和他沟通，表示实在抱歉，"加入了带有与我风格相近的元素"，取得了他的谅解。

黑泽导演为了满足人们对"用心棒续集"的期待，更是再次起用了三船与仲代这对黄金搭档。

能与扮演三十郎的三船形成对抗关系的人，非仲代达矢莫属。但是在这一方面，黑泽明又有他的一套既定观点，即：用同样的方式使用同样的演员，是没有意思的。这一次要将在《用心棒》里用围巾裹着脖颈儿、面色煞白、带有一丝妖冶之气的魅力型男仲代达矢，变为面容黝黑、刚强矫健、脾气倔强且不好对付的一个武士。

为了体现出这样的变化，试妆也是费了不少工夫。为了塑造发型，头顶上要大面积地剃光，对仲代达矢的大变样，连导演都感叹"成光头了呢"。据说仲代一开始并不喜欢这样的发型，然而在表现室户半兵卫与三十郎对决时的豪迈豁达上，这样的发型还真是功不可没。

若将最后那个决斗的场面从这部作品当中去掉，则不成其为电影《椿三十郎》。因为这是一次留驻在电影史上、绝对不会再有第二次的拍摄。

台本上这样写道：

接下来这两人的决斗,很难用笔墨来形容。

长得令人感到恐怖的静止时间。在寒光一闪、手起刀落之间,胜负已决。

室户半兵卫倒下了。

眼珠动了一动,人已死去。

从这个台本中,谁能想象出那样的一个决斗场面呢!该是怎样的导演才能奉献出如此精彩的一场演出呢!

然而黑泽导演在拍摄完毕之后,这样笑着说:

"哈,我也没想到他们能拍得那么好,连工作人员都很吃惊。甚至有人以为三船真的砍倒了仲代呢。"

然而,表演要达到这样的水准,准备的辛苦非同一般,自不在话下。

之前我就此询问过现在已故的小道具的负责人神保昭治先生,听了他叙述的准备经过,实在感到万分钦佩。

神保先生在拍摄前两个月左右就已经在反复进行试验。

当时的东宝有俗称为"大房间"[1]的新人演员,在电影里扮演过往行人。据说那时拜托了其中的一个演员代替仲代,给他穿上和仲代一样的装束进行试验。

---

[1] 原文"大部屋",意指相对于个室、单人间而言的普通大房间。大房间演员等级待遇相对较低。

机关很简单，但结果很是复杂。

机关的原理是这样的，为了从身体喷出血来，要用胶皮管子缠绕在胸口，然后从外部接上软管将血注入，再用液化氧气瓶贮藏的高压将血喷出。

据他说，试验每次都是在制片厂的后院进行，也会同步拍摄喷血效果，并且每次都会将试验拍摄的结果给导演看。

据神保先生描述，黑泽导演每次看试验的结果时都会这样说：

"没什么意思呢，再让血多喷出一点看看。"

渐渐地，喷出的血量越来越大。

终于到即将正式拍摄该外景的前一天了。为了和黑泽导演做最后的确认，神保先生来到工作人员休息间呼唤导演。

结果有一群人挤在那里，说："你来得不是时候，导演现在正在跟新闻记者谈话呢。"

神保先生急了，说："开什么玩笑，我们这边可是明天就要拍大殿外景了呢。"就直接与导演说话，黑泽简单一句回答："噢，我这就来。"就立马直接过去看了。比起和新闻记者谈话，黑泽导演也更想看喷血的测试结果吧。

神保先生把这次试验当作最后一次测试，用尽全力让血"哗啦"一下猛地喷泻而出。

黑泽说："这可不就挺好的嘛。"

神保先生以为这次总算是 OK 了，刚松了口气，导演又发话了。

"能不能再给血液增加一点黏稠度呢?"

黑泽说了这么一句话。

神保先生觉得说得在理,就在"血液"里混入了废油,使之变得黏稠。

那个时候怎么会想到,这个废油会在正式拍摄的时候引发意想不到的事故呢。

三船和仲代直到正式拍摄当天一次都没有见过面。不用说,自然两人事前也没有进行过沟通。

听说仲代只是一直被要求练习竖着拔刀的方法。

三船和武术指导每天都在研究琢磨。三船提出这样一个方法:用左手拔出大刀,右手与左手一起拿着刺向对方的心脏。

一九六一年十二月二十日。

大殿的外景。天气晴朗。

拍摄还剩最后一个决斗的场景,就快结束了。

三船和仲代站立的位置确定了之后,摄影机摆在距离他们约二十五米的位置。为了不让摄影机拍到装在仲代身上的胶皮管,将之埋在地下,与液化氧气瓶紧紧相连。

摄影机依然是两台。一台拍摄远景,一台拍摄近景。

终于,两位演员站到了既定的位置上。

神保先生将飞溅出血沫的胶皮管的一端缠绕在仲达胸前的板壁上。

仲代再三确认:"应该没问题了吧?"神保先生为了不让仲

代感到不安，轻松地回答道："放心没问题，就是开头刚撞上的时候可能会有一些震动感。不过这种震动感还好啦，就好像是女孩子们看到你大叫'仲代帅哥！'蜂拥而来的时候你被推挤到·下的程度吧。"

黑泽导演的表演要求是这样的——

两个人互相对视一会儿。

三十郎从胸口伸出手来。室户也把手放了下来。从这里开始停顿二十五秒钟左右的时间，然后两个人同时拔刀，仲代倒下，是这样一个情节。然而，万一两人出手的时机没有合上，就会演变出很糟糕的情形。

我负责的工作是躲在摄影机拍不到的地方，尽最大可能地靠近两个人对着他们读秒数。

而神保先生的角色是在摄影机旁边放置好高压氧气瓶，手里紧握着开关，等候时机拧开氧气瓶的阀门。神保先生与副导演出目昌伸约定，拜托出目在三船拔刀的同时用脚踢一下他的屁股，唯恐仅凭声音示意会因为到时候过于紧张而错失最佳开阀时机。

我也十分紧张，生怕那两个人听不到我的读秒声，所以把嗓门开得很大，提高了声量，"二十、二十一、二十二……"地叫喊着。

刹那间，我眼前一片鲜红的液体，犹如波浪般冲涌而来。

我跳起来逃开了，但我的后背上还是"啪叽！"一下沾得满满都是血。

《椿三十郎》最后一幕的决斗
一九六一年十二月二十日，大殿外景

后来仲代先生还提到过此事，他这么说我：

"你呀当时胆子小得要命，立马就飞奔而逃了。你那件白色的宽松夹克衫上沾满了血，弄得一塌糊涂，我都看到了。"

他说，当时哗啦一下如同浊流一般喷出的血柱气势汹汹，以至于自己的身体都有一种浮在半空中的感觉，他自己只是拼命地控制着身体保持姿势。他还说，这股血流喷出的力道非常强，好在当时年纪还轻，尚能勉力承受，若是放在现在，恐怕是没有办法敌得过那股力量的。

仲代先生表示，他当时只是满脑子地想一股劲将这个镜头拍成功，如果这个镜头 NG 了的话，要重新花费的工夫可就大了。如果导演说还要再拍一条的话，自己心理上可能也很难接受了，想到这一点，更是咬牙坚持，奋力地控制着自己的身体。

仲代在血海当中"咣当"一下轰然倒下。

三船直起了身体。

黑泽导演"OK!"的声音响彻片场。

工作人员纷纷围拢到摄影机前,七嘴八舌地叽里呱啦:"真吓死我了!""刚才真是厉害!"这时候,突然有人说:"等一下,等一下!麻烦再拍一遍!对不起!"这可不就是神保先生正朝着导演这边飞奔过来吗,他的脸上现出快要哭出来的神情。

"对不起!输送血浆的管子连接处,刚才好像在地底下松脱了。你们看到了吗,从地面喷出血来了不是?你们没有注意到吗?摄影机拍进去了吧?你看到了吧!"他追问着摄影师。摄影师确认道,的确有像石油一样从地面往上喷出来的血。

"再拍一遍,拜托了请再拍一遍!"神保先生极力争取。

这真是令人意想不到的情形。导演希望"血浆"带有一些黏稠度,神保为了实现黏稠感混入了废油,谁能想到这些废油会堵住管子的连接口呢。

导演略一沉思,看向B摄影组的方向道:"你们那边的镜头里没拍进去吧?!"

传来了B摄影组的答复:"我们这边没问题。"

导演稍微考虑了一会儿,看着神保先生说:"我们看完了样片(试映)再做打算吧,剪辑的时候总能想到什么办法的。这种场景的拍摄,如果再来第二遍的话,很有可能拍不顺利。"

导演所言极是。一旦仲代知道了机关的设置,再想表演出自己不知道时的那种紧张戏剧感,是很困难的。

这个时候,在黑泽明导演的脑海当中,剪辑机可能已早早地开始运转起来了吧。

我那件白白的宽松夹克衫上沾上的血浆至今仍然留有痕迹，我把它收纳在了抽屉的最里层。

《椿三十郎》在一九六二年一月一日元旦一经公映，就引起了更甚于前作的巨大轰动效应。

最后的决斗场景令人心惊胆战，观众屏息凝神地观看，连大气儿都不敢喘。

黑泽明导演说，幸亏拍的不是彩色片，还说：

"只是想拍一场利落的决斗，一个回合就迅速结束。"

《天国与地狱》（一九六三）

在《椿三十郎》于元旦公映的同一年，七月二十日，《天国与地狱》的准备就早早地开始了，以最快速度进行了摄影机的调试。

黑泽导演的热情没有止境。

这部电影也起用了三船敏郎和仲代达矢作为主演。

三船之前就以从不带台本、不带随从进入摄制现场而闻名。

而在这些点上，仲代达矢也是一般无二。我一次也没有看到过他在摄影的时候打开台本的样子。

这两个人是在什么时候、在哪里、用怎样的方法背诵下了那么长的台词的？这真是个谜呢。

最近有个电视纪录片公开了仲代的私人生活，揭开了这个谜底。

据说，仲代会亲自用笔将所有的台词誊写到日本半纸[1]上，在卧室的墙壁上贴得满满的，然后从早到晚拿着手电筒多次朗读暗诵进行记忆。他那天才般的记忆力固然令人吃惊，但私底下还是经过这般努力的。

"演员如果不用说台词的话，真是一个好买卖。"这是仲代的名言。

在《天国与地狱》当中，有一场戏拍摄的是搜查本部的场面。

仲代扮演的户仓警部[2]对着新闻记者团体讲述事件的经过，寻求媒体的帮助。这一场戏的长度足足超过了九分钟，是用完一盒电影胶卷的长度，由三台摄影机一次性拍摄而成。

在此期间，仲代需要一直说话，台词不带停的。一个接一个地抛出问题的新闻记者们，由例如北村和夫、千秋实、三井弘次等作为前辈的资深演员来扮演，坐在后排的还有志村乔和藤田进等深具威望的阵容压阵。仲代在这场戏里基本上是一个人在表演。而且在台词当中，涉及很多比如克数、海洛因的纯度是百分之多少等等的数字和专业术语，仲代达矢竟然能够毫

---

[1] 习字、写信用的日本纸。古时候是将延纸（小尺寸的杉原纸）切半使用，故亦名"半纸"，后来演变成特指长 32~35 厘米、宽 24~26 厘米的日本纸。
[2] 日本警察职级之一，位于警视之下。

无差错地在一个镜头里表演完九分钟不带停的讲话内容，令人十分佩服。

结果，这一段经导演之手被剪辑成了多个镜头，所以仲代对此还有些不满："哎哟，要早知道会是这样呈现，导演要是用短切镜头让我拍这一段该多好呢。"然而，这一段正是因为是一个镜头的一气呵成，才更显得具有真实性。

黑泽明导演有这样一个一贯的观点：

"要让演员们尽可能最大限度地发挥出自己的表演，将这些表演以最好的角度进行呈现，这是导演的责任。"（"谈自己的作品"）

最后一个场景

在《天国与地狱》的剧本里面，最后一个场景是这样的：

123 监狱·走廊
权藤和户仓默默地走着。
（略）
两个人走到了最高一级阶梯，面对面站着，他们的身后是冬天掉落了叶子的树木。
权藤："此方就要跟你告别了……不知下一次何

时能够再见……"

　　户仓："不不，还是别再见的好，没有事找我才是好事呢。"

　　两个人互相看了看对方的脸,终于微笑着分别了。

　　这两人的背影,消失在楼梯上方的天际。

　　画面里空剩下掉落叶子的树木。

（F·O）

　　如上所述的这个场面,是在东宝外景地的走廊里用移动摄影拍摄而成的。剪辑的时候将这一段做了省略处理,所以在公映的作品当中是以三船在面谈室结尾的。

　　三船和仲代,就如同这个台本所描述的,"就此告别"了,两人此后再没有共同出演过电影。

　　不过在同一年,三船制片公司设立之初,为了祝贺三船敏郎的首次执导,仲代达矢友情出演了三船制片的第一部作品《五十万人的遗产》,他在其中扮演贸易公司总经理的角色,露了一个面。

　　在这之后,在富士电视台首部制作的电影《御用金》当中,原本会向主演的仲代达矢还礼出演的三船,在片场与仲代发生了争论口角,最终没有实现两个人的共同出演。

《御用金》(一九六五)——仲代、三船的诀别

《御用金》是富士电视台向电影制作进军的第一部作品。

导演是因拍摄富士电视台系列剧《三匹之侍》而扬名的五社英雄，制作的参加者有东宝的藤本真澄，加上富士电视台这边的角谷优。

时至今日，电影公司若能借助电视台之力共同制作电影，可以说是求之不得的优遇美事。但在那个时候，电影界是看不起电视这玩意儿的，甚至称它为"电子剪影"。

在这些阅历丰富、"老奸巨猾"的电影人当中，富士电视台派来的两位负责导演和制作的年轻人据说是相当地受到"欺负"。角谷优就曾写过在这个时期的艰辛故事。

> 对方是性格要强的五社导演，他特意穿着雪白的成套西装，打着时髦的领带出现在片场，做出种种令人吃惊的表现，比如把自己的上衣铺在满是泥泞的水洼处让女演员们通过等等，第二天又穿着雪白的西服

套装登场。(略)他这么鼓励我说,一开始就害怕对方可不行啊,必须得让对方被你吓到,让对方大吃一惊。所以啊阿角,可能会遇到很多难以避免的状况,但绝不能认输啊!(《感谢电影之神》,角谷优·扶桑社)

但是,神有的时候仿佛是要考验角谷一般,向他投来各种试炼。

角谷还曾被五社导演当面辱骂道:"像你们这种年轻的家伙说想要做电影,就是想大旗一挥、一呼百应地率众指挥,做不出来什么像样的东西。"(《感谢电影之神》)

在拍这部电影的时候,发生了一件大事。

《御用金》的出演者有仲代达矢、三船敏郎、丹波哲郎、浅丘琉璃子、司叶子等等,阵容豪华。

据委托三船出演的东宝的藤本真澄所言,三船当时非常爽快地答应了出演邀请。

他这么答复道:"好啊没问题。仲代酱(他这样称呼仲代)有恩于我。三船制片公司的第一部作品《五十万人的遗产》拍摄时,需要他帮忙出演一个微不足道的小角色,他也没有推辞,我欠他一个人情。"

然而,说出这个话的三船,传闻说他与仲代在外景地的片场发生争执,激烈争吵之后,他一个人回到了东京。

拍摄场地在青森县下北半岛的尖端。自正月元旦以来,外景地的温度降至零下二十摄氏度左右,猛烈的暴风雪肆虐席卷了整个海岸，拍摄工作也进入了白热化的状态。

《御用金》的故事围绕着船舶沉没事件展开，以武打搏斗戏为主。剧情本身有些乏力，并不容易理解，不过，漫天暴风雪呼呼地吹拂席卷的画面，还是极具视觉压迫感的。

据说，三船在这样猛烈的暴风雪当中还拍摄了被捆缚着埋在雪里的场面。

作为仲代来说，对前辈三船肯定是备加照顾的吧。在此之前因为也没有这种机会，在这部电影的片场中，每天晚上拍摄工作结束之后，两人就在住处一起饮酒。

> 只不过有一点啊，三船先生作为演员，平时是一位很好相处、善解人意的人，一旦喝了酒，他就会出乱子。（略）于是就有了下面这一幕——他说："这样的电影，我才不愿意出演呢。"我也火气上来了，说："那你就退出别演了！"于是，两个人你一言我一语，话赶话地就吵了起来。结果他真的坐上火车，从下北半岛离开回家了。（《仲代达矢谈日本电影黄金时代》，春日太一，PHP新书）

三船的酒后失控是出了名的，在黑泽组的片场外景地，他也是这样，一喝醉就会发动爱车MG飞驰，还会大叫"黑泽你这个浑蛋！"。

是因为他平日里有诸多顾虑，过分照顾别人的想法而淤积下了情绪块垒，在酒后就会以狂暴之势爆发吗？

《御用金》下北外景地发生的仲代和三船的决斗事件，据说肇始也是因为三船向仲代讨教舞台演技，从两人很认真的讨论开始的。

的确非常少有像这两位一般形成鲜明对照的明星。

仲代在十七岁时就考入了俳优座的练习生，自打那时起一直到现在，没有一刻懈怠地持续锻炼着自己的演技。用音乐来比喻的话，就如同是没有一天休息懈怠的持续努力造就而成的演奏家。

而与他形成鲜明对照的三船，是一个原本根本不想做什么演员的人，却由于命运的捉弄、造化的安排，让他从《泥醉天使》开始，一下子被投进了"明星"这个大海。然而他凭借自己的能力，竟然奇迹般地漂浮了起来，成为举世闻名的演员。这两位明星，都是经历了努力和忍耐的结果，但性质上或许确有不同。

两人从演技的讨论谈到了对导演的评价，三船谈到小林正树时，据说演变成了个人攻击，口吐"那个导演算什么呀"的话。

小林正树对于仲代而言，就如同对于三船而言的黑泽明，是发掘了他才能的恩人。

仲代不假思索地拿起手边的台本扔向了三船。三船怒不可遏，愤愤道"我不干了！回家了"，就冲了出去，跑进雪中。

仲代也奔出去，在雪中追三船。据说仲代一边追着他跑还一边叫喊："我就算死了也不能叫你活着！"[1]。据说，三船最后跳上出租车飞逃出住处，坐上离开青森的最早一班列车回到了东京。

听闻此事的角谷制片人顿时脸色变得煞白，这也是可想而知的事了。

工作人员们纷纷说："三船酒醒了以后也肯定会回来的。"然而，三船没有回来。

在东京，藤本制片人尽力想要说服三船回去，但据说连和三船见上一面都没做到。

角谷的耳朵里，传来有些人背地里说的坏话："就是因为电视台插手电影制作，才会发生这样的事。"

> 连报纸上也用醒目硕大的标题占据整个版面，刊登了与当时两人出演的商业广告相关连的广告语——"PoponS 对 ALINAMIN 之战"[2]。(《仲代达矢谈日本电影黄金时代》)

---

[1] 仲代达矢的原话是 "俺も死ぬからお前も死ね！"，太生动了，也可以译为"我今天死了你也别想活"，是"我和你拼命了，同归于尽"的意思。
[2] 广告标题的原文是 "ポポン S 对アリナミン戦争"，纸媒用药品商业竞争比喻两人的巅峰对决，更准确地说，是新晋选手对资深人士的挑战。这两种药品的面世背景：1952年（昭和二十七年），盐野义制药厂发售了名为"ポポン"(Popon)的维生素剂，与当时武田药品工厂生产、热销的维生素剂"アリナミン"(ALINAMIN，是当时刷新销售纪录的大卖爆品)相抗衡。"ポポン"在 1965 年（昭和四十年）改名为 "ポポン S"(Popon-S)。

在外景地，七十多号工作人员没办法进行拍摄，每日净是物资和金钱的消耗。

对此事感到负有责任的仲代，给东京的家里打去了电话，与宫崎恭子夫人商量之后，他的夫人这样说道："竟然给大家带来了这么大的麻烦……那就算是把我们家里的土地卖了，也一定要支付这笔赔偿金。"

仲代笑道："哪里有这么大的土地。"的确，损失的金额不是这一点点。

这个时候的损失，是谁填平的呢？

在美国等地有一种叫作"完片保险"的险种，而且会考虑到保险、合约、律师等方方面面的防卫手段，然而在日本，甚至有时连合约都不会一本正经地签订。像这样因演员之间的纠纷所造成的损失，最终只有从制作费中挤出来填平，别无他法。

《御用金》的情况是这样的，三船以身体状况不佳、无法拍摄为由，拒绝了出演。事已至此，不得不寻找代替他的演员，然而没有人愿意出演这样一个发生过纠纷的有争议的角色。

据说，仲代夫妻拜托了平日往来比较亲密的中村[1]（当时）锦之助，他接受了这个角色的出演。

多亏了锦之助答应出演，《御用金》的拍摄终于得以重启，然而还是较原定计划落后了半个多月。

---

[1] 中村锦之助（1932—1997），又名万屋锦之介，日本20世纪歌舞伎、电影演员。1972年，他将自己作为歌舞伎演员时曾用的艺名中村锦之助改为万屋锦之介，家纹桐蝶。

听说锦之助来到寒风呼啸、大雪纷飞的外景地，对仲代这样说道："你可是把我叫到这里来冷骨头了，モヤ[1]（仲代）。"

的确，《御用金》的主角，是"寒冷"。势欲翻卷画面的暴风雪，是最精彩的压轴之笔。

仲代达矢也表示最喜欢末尾一个人离去的场面。

他说："那个时候是真的突然刮了一阵狂风，摄影师冈崎先生朝着我喊道：'仲代先生！现在向对面走一走！'我刚迈开腿，就有仿佛是龙卷风一般自然的旋风席卷而来，画面十分精彩。"

这部《御用金》在一九六九年五月一日，于有乐座一经单独路演公映，竟然就破了东宝的巨作《风林火山》的票房，刷新了该影院的电影票房新纪录。

而且，后继包含普通上映的总票房收入约为六亿日元，十分厉害。

于是，长达半个月的拍摄中断所造成的巨大损失，无疑也都收了回来。

就这样，角谷优也迈出了现在的"富士电视电影"华丽耀眼的第一步。

如此一来，电影制作无人能挡。

---

[1] 仲代达矢（Tatsuya Nakadai）的本名是仲代元久（Motohisa Nakadai），モヤ（Moya）是对他的昵称。

仲代与胜新太郎

虽说无论怎样的工作都一样存在着竞争，但可能没有一个行业像演员这个行当的竞争这般激烈了吧。

在这里，没有相当于运动员那样以几分几秒的数字清楚明白决定胜负的标准，没有绝对性的评价。

固然，像《御用金》这种在拍摄中途发生演员更替等等的事件很少发生，但也曾发生过一次主角换人事件，这一事件在日本电影史上都留下了印记。

这就是黑泽明的《影子武士》。

一九七六年，黑泽明的苏联电影《德尔苏·乌扎拉》荣获了美国奥斯卡金像奖最佳外语片奖。然而在日本，还是没有一家公司愿意给黑泽导演提供电影制作的机会。

黑泽特别希望把以《李尔王》为原作的《乱》搬上银幕，但由于被认为会耗费巨资而暂时搁置，作为代替方案，他考虑拍摄的是娱乐性的时代剧《影子武士》。

这个故事讲述的是，武田信玄亡故后，为了隐瞒他死亡的事实，立了一个假的影子武士[1]固守城藩的故事。

因为是影子武士，所以必须做到形貌相似。

于是，黑泽导演提出了这个想法：如果让胜新太郎和若山富三郎兄弟俩来出演这两个角色，会不会很有趣？东宝也很响应这个思路，将之前紧巴巴的10亿日元的预算增加到了11亿日元，终于开始了《影子武士》的制作。

然而，哥哥若山富三郎早早地就以健康为由，拒绝了出演。我间接听到他这么说过："胜新这个家伙，早上不起床，中午前完全就不能派用场，我可忍受不了和他在一起工作。"这是否是他不愿出演的真正理由呢？无论如何，结局就是这部电影哥哥那方的扮演者早早地就退出了。

另一方面，弟弟胜新却非常起劲，欢呼雀跃，喧闹不止。由于他上一部电影的拍摄还没有结束——电影的名字叫什么我有些忘了——所以我们会面沟通商量事情或是试装的时候，都会特意赶到京都的摄影场地。

我还记得胜新太郎脸上还带着拍摄时的妆，来看《影子武士》的衣裳，他当时说：

"我不知怎的很期待这部电影，呵，呵，呵哈哈哈。"他一边说还一边笑，激动得捶胸顿足。

我以为，胜新太郎的心情是真实的吧。他当时很想参与这

---

[1] 大将的替身，也指幕后人物、操纵者。

部作品，与黑泽明共同创作这部电影。

所以，他才一会儿对选角发表自己的意见，一会儿还寄送来自己推荐的女演员的照片，等等。

另外，他还从京都寄送了装有自己大量照片的包裹。照片的背面还写着请使用标记着○的照片，这样的表情也希望你们参考，等等说明和要求。

黑泽导演对胜新太郎如此这般的"热心"程度逐渐地感到厌烦，我似乎也能够理解。

他甚至说："用哪张不是该我们说了算吗？"

一九七九年四月二十八日，在东宝剧场召开了盛大的记者见面会。这个时候胜新太郎都没有及时赶到，在会场里只用了衣裳和铠甲来做装饰。

这个时候也非胜新太郎拒绝出席，不过是因为前一部作品还没有收尾而已。

六月二十七日，姬路城外景地。电影开机，从没有胜新太郎出场的镜头开始拍摄。

黑泽明和胜新太郎决定性的诀别，是在东宝制片厂内的大舞台里建筑的武田贵族宅邸内发生的。

七月十七日是对胜新太郎的首次出镜进行排练的第一天。山崎努扮演的信廉称赞他："干得漂亮。"扮演影子武士的胜新太郎这样回答："干得漂亮也好，不漂亮也好，也没有其他选择。"只是这样一句台词，胜新太郎不知是故意的还是怎么回事，就是不按照台词来说。黑泽明导演的"错了！"的声音逐渐地带有了怒气。

接着,迎来了决定性的第二次排练的日子。

七月十八日,是一个雨天。

这天早上,比谁都要早赶到,坐在了梳妆镜前面的是胜新太郎。

胜新太郎与梳妆的山田大叔一边看着镜子,一边争吵起来,这时我进到屋里。

因为胜新太郎在现场开动了自己的录像机,山田大叔说这可不行,是瞎胡闹,导演不可能容许这样的事,转而来征求我的同意。

胜新太郎可谓是自信满满地说:

"我向来都录的。我录像是为了研究演技啊。"

这天发生的整件事的全过程,在事件发生之后,九月二十四日的《周刊文春》上面我有记载,并且收录在旧版《等云到》的"黑泽组事件簿"当中,在此不再重复。

只不过要提一句的是,这天在场的证人到如今,除我之外,只有根津甚八了吧。

某个雨天,黑泽先生把脚踏在胜新太郎面包车的踏板上,对闷在里面的胜新太郎没好气地说:

"既然这样,那就只好请胜君辞演了。"那声音冷淡得令人脊骨发凉。黑泽导演的这句话,我难以忘记。

所有庞大的责任,他都得一个人顶着,他肯定也是心中有数的。

之后，出发去记者见面会会场的黑泽导演委托我问一下仲代的时间安排，还嘱咐我道："和他说，只是临时顶替的角色对不住他了。"

我从另一个房间给仲代先生打电话，传达了导演的指示。

"好啊。请告诉黑泽先生，只要有用得着我的地方，我愿意接受。"仲代先生这样回答道。他的声音一如往常，音色低沉，雄浑有力。在这个时候，或许是因为他是我们的救命稻草，在我的记忆里听上去却是很温柔、很温暖。

然后就到了七月二十五日。

举行了记者发布会，宣布起用仲代达矢作为主角，取代胜新太郎。

这件事发生在胜新太郎出局退演一周之后。各家报纸不约而同地报道了《影子武士》的主角更替，摄有黑泽导演和仲代达矢笑脸的巨幅照片铺天盖地地装饰着报纸的版面，被问到感想的时候仲代达矢的发言——"我很高兴地接下了这个角色"，被作为巨大的标题刊登在报纸上，跃然入目。

后来，我听说胜新太郎看到这样的报道勃然大怒，大发雷霆。但与黑泽导演并排参加记者见面会被如此问到，仲代也只能回答"我很高兴"了吧。

在美国等地，连导演更替都是常有之事，就更别说演员的更替了。演员的替演等等，可以说等待机会的预备军要多少有多少，并不是什么稀罕的事儿。

但是，在日本的演员们当中则似乎无法通行。

我从仲代先生那里听说，他在主演更替的记者发布会之前，考虑不管怎样总要对胜新太郎尽到仁义，如果不提前打声"招呼"恐怕有些失礼，于是追了胜新一周。然而无论如何都联络不上他，也见不着他的面。

仲代和胜新的交往，从相当久远以前就开始了。用仲代的话来说就是：

> 我在酒吧兼职打工的时候，养成所同一级的同学宇津井健带来了一个皮肤非常白净的俊男，并介绍说："这是杵屋胜东治先生的儿子。"这就是成为演员之前的胜新太郎，当时他还弹着三味线。（《仲代达矢谈日本电影黄金时代》）

作为胜新来说，他可能是这样想的，我们都是这样的老交情了，你竟然代替我接受这个角色。或许，胜新太郎认为自己遭到解雇的理由，单纯是因为把录像机拿到了片场，才会演变至此的。

后来，他的经纪人曾来询问过，能否找机会和导演商量一下。但是，黑泽导演可不是那种轻而易举会点头的人。

如此一来，从八月九日开始，电影《影子武士》开拍。由仲代达矢同时扮演武田信玄和被雇用为影子武士的窃贼两个角色。

拍摄过程之艰辛，是胜新太郎很难咬牙坚持到底的吧。

无论是演员还是工作人员都在拍摄中不顾死活地疯狂拼命。最后，于第二年三月二十三日，电影《影子武士》——这部拥有梦幻般场面的置景拍摄巨制，引起轰动话题的时代剧——结束了拍摄。

四月二十三日，在有乐座举办了华丽盛大的世界首映仪式。

当初因为东宝筹措制作经费困难，项目遇到难关的时候，从海外伸来援助之手的是导演乔治·卢卡斯和弗朗西斯·科波拉。这两位导演与二十世纪福克斯展开交涉，使之承接了《影子武士》海外版的制作和发行，并且两人一同专程赶赴日本，来到了北海道的拍摄外景地探班。

世界首映日当天，除了这两位，还有威廉·惠勒（William Wyler）、萨姆·佩金帕（Sam Peckinpah）等海外的大人物受邀前来，然而比这些耀眼星光更加引发世间瞩目的，是之前已经被报道得沸沸扬扬的主角更替的戏剧性事件。因此，剧场周围早早地就挤满了报社的车马和看热闹的人群，记者和民众都在兴奋状态中守候多时。

以黑泽导演为领头人，包括仲代达矢、山崎努等演员都站在门口迎接来宾，寒暄致谢。突然，我看到宣传部里的一个人用手推开拥挤的人群，径直奔跑过来，脸上神色大变。

"胜先生来了！""欸？胜新太郎吗？""谁叫他来的？"大家

纷纷压低声音，交头接耳。

如果在门口让仲代达矢和胜新太郎两人碰面的话，这个场景必定正好会成为大众媒体宣传的饵食。

我对山崎努小声地说："听说胜先生来了，该怎么办哪？"山崎言道："那样的话，仲代先生可能情况不妙啊。"于是，我决定暂时将仲代带到事务所藏起来，以免他见到胜新。黑泽导演一个人迅速地在剧场中不见了身影。我和山崎生拉硬拽地带着仲代先生去到了事务所。仲代问道："怎么了？发生什么事了？"尽管他满腹疑团，感到有些不满，但还是跟着我们在事务所的桌前坐了下来。

仲代先生后来听说了这件事情，他很生气，说过这样的话：

"见一面不也挺好的吗？我没有必要躲藏起来呀。我可是希望你们让我与胜先生堂堂正正地见个面。"

诚如他所言。

就算会暴露在媒体的镁光灯下，这恰恰也是一个很好的机会。仲代这样的主张，也许是正确的。

回头说说胜新，他在电影结束之后，被新闻记者包围询问观影感想，他这样说道：

"唔……嗯。仲代演得也很好，如果由我来演的话，大概会呈现另一派风貌吧。"

他的这番话在第二天的报纸上被大加引用。

直到现在还有人说想要看胜新版的"影子武士"，但是，只要导演是黑泽明，这一点就是不可能实现的。

黑泽导演在《红胡子》之后，被好莱坞的巨大风波翻弄折腾了五年，通过《电车狂》好不容易找到了自我定位，他的痛苦挣扎超越了我们的想象。就仿佛是在悬崖峭壁上孤身一人拼死狂奔、奋力挣扎才捡回条命来一般。接着他在苏联严酷的条件下完成的那部《德尔苏·乌扎拉》，让世界为之惊叹。

《影子武士》是那之后的作品。

从画面的各个角落，到演员的一举手、一投足，黑泽导演希望能完完全全按照自己设想的去创作、去呈现，将自己的想法表达得淋漓尽致。这便是他当时的导演风格。

胜新的散漫放纵、吊儿郎当的风趣兴致，很难在黑泽导演严格缜密的要求下发挥作用、展现身手吧。

仲代与黑泽电影

《影子武士》的剧本,是这么开头的。

  有三个一样的人。
  这三个人是武田信玄、其弟信廉及相貌与信玄酷似的大窃贼。他们三个人核对面貌——看这个窃贼是否能被用作影子武士——的场面。

弟弟信廉的扮演者是山崎努,信玄和窃贼由仲代一人分饰两角。在这里运用了合成的摄影技术,用专业术语说明兴许比较难懂,总而言之,这场大约七分钟的戏是一镜到底,在超过言语能够表达的紧张状态下,仲代扮演信玄的部分和扮演窃贼的部分用竖线分成左右两边,一模一样地分别拍摄了两遍,然后粘贴合成。

这场戏在技术方面取得了令人难以置信的成功。

不过,这个仲代和仲代之间的台词中的来来回回,如果采用即兴发挥的方式去表现的话，就会造成左右无法吻合。正是在这种地方足以见识仲代达矢的演技，若没有技术性的控制，想要成功完成这场戏是绝无可能的。这七分钟的摄影，无论是摄影、照明，还是录音，所有岗位的工作人员都极其紧张，连汗珠啪嗒啪嗒掉落下来都不能去擦拭。

时至今日，我们现在会通过数码方式处理，这样的摄影如同小菜一碟，可能不再需要付出什么艰辛了吧。当然，不是付出艰辛就是好，但是在那种紧张的状态下达成效果的时候，是充满着喜悦的。

我从仲代先生那里听他讲过，对于演员来说，一人分饰二角是非常有趣的事。所以，在《影子武士》当中也是如此，他在扮演窃贼角色的时候，也希望能呈现出更加肆无忌惮、放纵胡来的形象。

的确，我感觉黑泽导演的导演风格也变得和《用心棒》时期有所不同。

就拿拍摄《七武士》时候来说，黑泽导演对三船敏郎完全不会有任何表演上的指定要求，一直是说"你表演一下看看"。

也许是因为年龄的关系吧。

《乱》拍摄时期的仲代达矢，是"忍"这个字的完美化身。这是他常年以来持续锻炼自己的结果，是他习以为常逐渐养成的能力。

《乱》的剧本是从莎士比亚的《李尔王》改编而来，创作于《德尔苏·乌扎拉》（一九八〇）之后，黑泽明将之视为自己的毕生心血之作。然而再次遇到了资金困难的问题，未能实现拍摄。黑泽在东宝先开始制作《影子武士》，这部影片获得了发行上的巨大成功，收获了大约五十亿日元的票房。《乱》于一九八二年，由法国格林尼治电影制作（Greenwich Film Productions）和日本先驱者（Herald）、东宝共同协力才终于得以开始制作。

一九八四年四月，黑泽电影工作室宣布了豪华的出演明星阵容。国内外的记者集聚一堂，以主角的仲代达矢为首，寺尾聪、原田美枝子、彼得[1]等，如同时尚秀一般，装束华丽夺目，对外界初次公开亮相。

在这样的公开发布之前，一如往常，需要对每个人物进行试妆与试装，单是这个大概就花了两个月。

其中，仲代达矢的妆容是前所未闻的精细劳作。

负责给仲代达矢化妆的山田假发店的相见为幸先生的苦心谈，我听了都是泪。据他所言，比起其他任何事情，最令他感激的，是仲代先生每天早上按时坐到镜子前面，直到化妆完毕的三个小时当中，一直忍耐着漫长的化妆作业。

"忍耐，等待，就是这种精神。"令人非常佩服。在仲代的镜子前面，不知是谁制作了一个像是挂在门上的名牌的东西，上面写着"忍"这个字，放置在镜子前面。

---

[1] Peter，指池畑慎之介。在《乱》中精彩出演老国王的忠实男仆狂阿弥，出色地演绎了一个弄臣的丑态，跳的舞是日本"能乐"里的"狂言"反串。

说起需要费上三个多小时的化妆，首先要在额头上塑造出三条皱纹，这是在前一天晚上用塑料一样的东西制作好了贴上去的，是当天用完了就扔掉的一次性材料。此外，还要贴上好似蚯蚓一般的血管，粘上胡须。仲代先生也曾说过，脸上都是含着颜料的透明光亮的薄膜，如同没有自己的皮肤一样。

"好了，辛苦了。——当听到这样的话，撕开满脸紧贴着的粘胶，那时的快感真是无法言喻！就是为了这刹那间的快感，我才一直忍耐到底的。"

黑泽导演关于仲代这样的演员禀赋和毅力，写过这样一段话：

> 仲代君在拍摄《乱》的时候，在我们尚还沉睡在梦乡之际，天色未明之时，他便已起床进行这样的化妆工作了。无论是在《乱》的拍摄期间，还是在拍摄全部完成之后，他都没有就其中的辛苦对我提出过一个字。
>
> 这化妆的时间，在紧盯着镜子当中逐渐成形的秀虎的容颜的同时，也是仲代直视秀虎这个人物内心的重要时间吧。
>
> 私以为，正因为此，仲代才能忍耐得住这般痛苦、似乎永远没有尽头的等候时间。不管怎么说，仲代作为一个演员，他的毅力实在是令人敬佩赞赏。（略）
> （《仲代达矢演员40年》，株式会社工作）

说起这个可以用"忍"这一个字概括的化妆，让电影《乱》不仅荣获一九八七年度英国电影学院奖[1]最佳外语片奖（BAFTA Award for Best Film Not in the English Language），为幸先生还被授予了"最佳化妆与发型设计（MAKE UP AND HAIR）"奖。

这个好消息传到日本的时候，黑泽导演起初正在与主要工作人员在安排好的烤肉店里举行类似于跨年会的那种聚会。大家听到电话里传来的这个消息时，一起鼓起掌来，其中感到最高兴的就是黑泽先生了。他对制作人员说，现在立刻就把为先生（相见为幸）带到这里来，应该大家一起好好庆祝一下。

过了一会儿，为先生就带着一副不清楚状况的茫然神情出现了。他和导演打了声招呼，黑泽先生说道：

"真好啊，真好啊，为先生！不愧你当时那么辛苦了啊。"黑泽导演一边拍着为先生的肩膀，一边还用自己的大手拭去了太阳镜底下的泪珠。

我为黑泽先生的纯情而感动。

在《乱》这部电影当中，有这样一个令人惊叹的场景——倘若不是仲代达矢出演的话，任是谁也难以完成吧。

在那个三之城的燃烧的场面中，疯了的秀虎一个人从熊熊燃烧的城堡里踉踉跄跄地出现，他有一个走下石阶、来到城外

---

[1] 英国电影学院奖是英国电影和电视艺术学院奖（Britis Academy of Film and Television Arts）其中的电影类的奖项，常被视为英国的奥斯卡金像奖。其中的最佳外语片奖于1982年开始颁发。

的场面。我在旧稿当中也曾写到过，他能一个人扛着如此巨大的压力进行戏剧塑造和表演，这种强韧的精神在其他演员身上是不多见的。

花费了四亿多日元的三之城，如果仲代踏空了一级石阶的话，那这场戏就完蛋了。城楼距离天守阁之上约为15.5米，约有二十几级陡峭的石阶。

当然，在拍摄之前进行了周密的准备和细致的沟通，在现场也进行了彩排。那时，导演希望仲代演绎出发狂时候的感觉，提出了很多具体的表演要求。首先就是不看脚下，因为一个人在疯狂的时候不会去看脚下。

黑泽确认道："眼睛看着四周，能下石阶的吧？"

仲代笑着回答说："放心吧，我的脚底板下长着眼睛呢。"

正式拍摄三之城燃烧场景的那一天，是一九八四年十二月十五日，天气晴朗，日干物燥。

约有四百名左右的官兵陆续进城。从法国来的制片人塞尔·希伯曼携外国取材班子进入现场。当然，日本方面的制片人原正人先生和新闻记者们，也是神情紧张地围挤在摄影机的背后。不管怎么说，万一燃烧的画面拍摄失败了的话，损失的岂止四亿啊，是将近十亿日元的白花花的银子瞬间蒸发。因而，空气中都带着这样的紧迫感。

导演喊："预备——开始！""仲代先生！"他的声音通过扩音器，应该是传到了城楼的那一边，然而不见仲代的身影。天守阁已经燃烧成一片熊熊的火光，空气中开始游动紧张不安的情绪——如果不行的话,就必须尽快停止,尽可能地减少搭建场景受损的程度。黑泽导演事后也回忆道,"那个时候,再差一点我就要喊停了",在这个紧要关头,滚滚白烟中现出了狂人仲代的身影。

仲代神情茫然地看着前方,一步步地走下了石阶。穿过如同牢牢地粘在地面上的纹丝不动的官兵,仲代一个人独步走出城外。城墙在烈焰燃烧中毁灭。

"停!OK!灭火!"

随着导演的一声令下,现场欢呼声雷动。

实在是如同奇迹一般的巨大成功。

黑泽导演迫不及待地对回来的仲代说:"我可担心死了。"仲代说:"我想千万不能慌张。"还说,"与其说是压力,不如说是一种快感,或者说是为电影献身的激情吧。"

三船敏郎在拍摄《蜘蛛巢城》时,也有一个场景是只身沐浴在箭雨之中。可不,三船也在黑泽的画面中以身殉葬了吧?

《乱》没有赶上戛纳电影节的申报,但在奥斯卡金像奖上,和田惠美荣获了最佳服装设计奖。

黑泽先生在之后还惋惜地说过:"我真希望能让仲代拿到最佳男演员奖啊。"

第三章
传说中的黑泽电影

其一　我的回忆

《七武士》（一九五四）

《七武士》的回忆要追溯到很久之前。从遥远的地方传来的黑泽先生的叫喊声，在清晨的阳光当中工作人员一边种着花一边发出的欢笑声，都令人怀念。然而，可以一起谈论当年的人们，大多已经不在人世了。

演员当中，只有土屋嘉男先生尚在世。

津岛惠子女士于去年（二〇一二）的八月一日，静悄悄地离开了人世。

宛如在形似土馒头的武士之墓上，凛凛地吹拂过寒风的场面一样。

津岛惠子是因为在战后的松竹担任教授新面孔们舞蹈的工作而来往于制片厂的，她被吉村公三郎导演说服，出演《安城家的舞会》影片中小姐的角色，凭该片出道。时为一九四七年，自日本战败仅仅过去了两年。

在战后的废墟灰烬中，食物紧缺，到处都徘徊着没有归宿的流浪者。新暴发户家的小姐，那简直就是如同梦幻一般的存在吧，后来她扮演的清纯派小姐的故事，让她的人气急剧上升。然而，津岛是反对这样的公司意向的，她于一九五三年最终离开了松竹，成为一名自由人。

她作为自由演员参演的第一部作品就是《七武士》，一下子就进入了黑泽的巨作体系。据说她非常紧张，这自然可以想见。

根据惯例，黑泽组的准备周期很长。妆容、服装都要数次测试、拍照后才会决定。还会让演员把衣服拿回家，在自己的家中也穿着，以熟悉角色的气质。这一次，津岛扮演的志乃这个角色，为了呈现出男性乐见的发型，颇费了一番工夫。津岛也说过，在这期间能够与黑泽导演说上话，两人的交谈让她在正式拍摄时候，紧张消解了不少。

然而，黑泽组拍摄的第一天，竟然拍摄的是那最后的一幕——在农田中的场面。由于开机时值六月，恰好是实际种植的季节，所以这样的乱序拍摄是无可避免的。

志乃在最后一幕场景前，经历了许许多多的事情。她不仅与七武士当中的年轻武士（木村功）陷入了恋情，还在决战的前一夜与对方结合了，然而在战斗结束之后，她又不得不与年轻武士进行告别。

台本上这样写道："志乃仿佛想要倾吐宣泄掉什么一般，大声地歌唱着。"

津岛冒冒失失地就踏入了水田，她一边种植着禾苗，一边放声呼喊着号子。这几秒当中浓缩了她的悲伤,表演十分出色。

此外,志乃最初登场的那个场面的拍摄也是煞费了一番功夫的。在万造家中的井边,女儿志乃正在洗着头发。万造对志乃说:"把头发剪了。"说完这句"剪短头发,扮成一个男人!",万造就拿出了剃刀。

在这个场面当中,摄影的中井朝一先生和黑泽导演一边轮流看着镜头,一边嘟囔着:总觉得津岛缺乏一种性感的魅惑力。我觉得中井朝一拍摄女性可谓是天下第一,可就是这位中井先生说出了这样的话。黑泽导演叫来了服装部的工作人员,要求将津岛的臀形变得更加"性感妩媚、妖艳动人"。

说起这个我又想到了另一件事,黑泽导演在拍摄《罗生门》的时候,有一个场面是三船试图说服趴在地上哭的京町子。为了塑造朝着摄影机方向的京町子的臀部的形状,也是煞费了一番苦心。

另外,在志乃说"你在说什么呢!"就站起来掬捧着头发的地方,为了表现她的长发造型,也是在编发方面费尽了心机。

正如我所写的这样,所谓的电影,就是无微不至地穷尽一切仔仔细细地制作出来的产物。

宫口精二的久藏

曾经,电影导演伊丹万作留下过这样一句名言:"再多的

演技指导也比不上一个恰到好处的角色分配。"（伊丹万作散文集，筑摩学艺文库）

《七武士》的角色当中，在剧本阶段就已经定好了的，据说只有扮演勘兵卫的志村乔和扮演菊千代的三船敏郎。

桥本忍透露过，《七武士》这个剧本的创作完稿历经了千辛万苦。据说黑泽明在《生之欲》之后，提议接下来打算拍摄时代剧，而且是不同于以往的歌舞伎风格的时代剧。他想试图描绘一个武士平凡的一天，而这一天乃至这个故事，会以这个武士切腹自尽而告终。但是，由于缺乏平凡的日常生活的资料，怎么都无法窥知当时的实际生活情形，导致这个计划不得不中止。接下来他所考虑的是拍摄一个"剑豪片"。据说，参考的蓝本是德川时代出版的《本朝武艺小传》。桥本忍艰苦奋斗了三个多月，最终完成了一个"剑豪片"的剧本，交给黑泽导演。黑泽阅读完了之后，却把这个剧本退回了，他说："桥本君，这个故事从头到尾都是用高潮来串联，这有点勉强了，不合理啊。"从这以后两人再分头调查，从"失业了的武士，如何填饱肚子生存下去"这个疑问出发，发现了农民雇用武士守村的故事。据说当时黑泽和桥本两人不由得四目相接，互道："这能行吧。""这个能行。"

七个武士具有迥然不同的个性，这可能是"剑豪片"剧本创作所带来的额外收获。举例来说，勘兵卫削发出家杀死强盗的故事，来源于上泉伊势守。五郎兵卫被要求小试牛刀的时候，在外面停住脚，说"别开玩笑了"的那一段，据说也是来自柳生但马守让自己的儿子如此尝试的故事。

使剑的达人久藏的原型模特是宫本武藏。在黑泽的创作笔记中，有这样的记载："久藏——兵法的鬼神。他以非人性的戒律约束着自己。沉默无语—傲慢—冷酷"。这是久藏第一次出现在电影当中，也就是在空地上的那个场面。看了这场决斗的勘兵卫说："很厉害！他一心只为修炼自己的武功，对此无比坚定，终于还是没有允诺。"

这个久藏的角色，黑泽明拜托文学座[1]的宫口精二来饰演。宫口先生作为《姿三四郎续集》的门人弟子之一，首次出演黑泽作品。此后，在《生之欲》当中扮演黑社会的老大。没有一句台词，只是发挥他不怒自威的一个镜头而已。对这个出演邀请感到吃惊的是宫口先生。他觉得这样的角色他完全驾驭不了，从出生以来就从来没有拿过刀，所以他特意找到导演当面拒绝出演这个角色，但被黑泽导演一句"不要担心，交给我来处理"给说服了。之后，他在香取神道流杉野嘉男先生的指导下，接受了拔刀方法的特别训练。原本宫口先生是一个稳重的、知识分子风格的小个头的人。据说，在试穿衣裳的时候，黑泽明看着他腰间佩戴着大小两把刀的样子，内心有些许担忧自己是不是选错人了。然而，到了外景地，随着集会时敲打的云板声，

---

[1] "文学座"是由久保田万太郎、岸田国士、岩田丰雄等文学人士于1937年9月发起、创立于东京的日本话剧团体。文学座是日本从战前保留下的历史最长的一个话剧团，倡导追求紧贴现代人生活感情的戏剧魅力，奉行艺术至上。演出的剧目多由久保田万太郎、岸田国士担任编导，也常演森本薰的作品。70年代之后多演宫本研、有吉佐和子、水上勉的作品。保留剧目有《萤》《横滨物语》《华丽家族》《华冈青洲之妻》《鹿鸣馆》《欲望号街车》等。

六个武士从水车小屋当中冲出来,跑在前面的宫口先生速度最快,气质沉稳,英气逼人。据黑泽明说,他这时终于放心了,心想:很好,这下是没问题的了。

宫口先生最辛劳的一场戏,是拍摄在雨中交战时他在枪弹中倒下牺牲的场面。

交战场地设在现在的东宝制片厂前面的一块住宅用地上,那个时候还是用作苗圃。之所以设定为在雨中的交战,是因为在西部片里鲜有下雨的场面,所以黑泽导演考虑用雨一决胜负。当初预定是在八月左右拍摄这个场景,然而因为日程不断拖延,拍摄迁延至第二年的二月份。又是天上下大雪,又是田圃里结冰,这种情况下又要来人工降雨!现场借来了八辆消防车和四十根水管。接连不断的是导演的怒号——"预备,开始!降雨!再往这边一点!不对,是这边!"泥泞没过了脚脖子,甚至到了膝盖的位置,大家动都不敢动,生怕马匹受惊横冲直撞不听使唤。三船先生等演员和浑身赤裸没什么差别,大家都在寒冷中奔跑着,冻得牙齿咯咯响。

宫口先生就是在这样的雨中砍落了马上的野强盗,正在转身就走之际遭到了凶弹的袭击而身亡。由于倒下时机的信号在雨中没法传达,黑泽提出了难度很高的表演要求:让他自己在设定被击中的地方突然向旁边迅速猛跑一间[1]左右的距离。

然而,在泥泞当中往旁边疾速猛跑,岂是一件容易的事情?

---

[1] 日本尺贯法度量衡制的长度单位,约为 1.8 米。也是柱间距的一种。

这个镜头反反复复拍了数次。每次重拍的时候，都会用脸盆装着热水从头顶浇下去冲洗泥泞，据说亏得倒的是热水，尚能温暖一下身体。导演终于说"OK！"的时候，一片假发却飞了出去。如果是因为这个原因导致拍摄 NG 的话，那可麻烦了，据说农民们连忙跑到他身边，从镜头里遮住掉落的假发，此时宫口先生所扮演的久藏正在惨叫呻吟、痛苦哀鸣之中。我当时都没有注意到。

决战的最后一个场景
胜四郎在导演喊停后仍然哭泣不止

拍摄雨中混战的这一天，是拍摄的最后一天。扮演胜四郎的木村功看到自己憧憬崇拜的偶像——久藏的死去，发了狂一般地大叫。"野武士呢?！野武士呢?！""野武士已经不在了！"勘兵卫的这句话话音刚落，他"哇——"的一下坐在了地上，放声号泣，是非常出色的最后一幕。直到喊"停！OK！"，木村功依然哭泣不止,还抽噎起来。也是因为终于拍摄完成了这场无比艰辛的雨中混战了吧!连我们当时都想哭了。

扮演菊千代的三船先生当时衣不蔽体地倒伏在了桥上,几乎和赤身裸露没有什么两样。冰冷的雨滴无情地落在他整个都暴露在外的臀部上。后来三船先生还笑着说过:"虽然很冷,但是外国的女士们夸我说那个时候我的屁股可好看了。哈哈哈。"

稻叶义男的五郎兵卫

在黑泽导演《七武士》的创作笔记当中,关于"五郎兵卫"的记述比其他六个人要少。

○注意:不能是像勘兵卫那样的小个子身材。
○模糊的风貌。
○总是很安静稳重,在他温柔的状态下,有着一种能够抚慰人心般的力量,等等。

对他的文字描述还处于一种摸索中的感觉。

稻叶义男因其风貌得到认可,从俳优座练习生当中被选用出演五郎兵卫。时年三十二岁,首次出演电影就担当这么一个重大的角色。而除他以外的其他六个人都可以说是黑泽组的常客了。

　　黑泽先生根据惯例都会从外观开始构筑起人物形象。首先就是胡子和头发。在化装镜前，稻叶先生的侧脸贴上这个也不好，贴上那个也不行，黑泽导演总是不满意，还希望给他更特别一些的风格，最终打造了一个独特的胡须形状。头部分成三段：前面的十分之八基本剃光，从上到后脑勺剃掉一半，再往后保留浓密成簇的毛发。导演评价"这个发型很有趣呢"，然而不觉得有趣的是稻叶先生。他顶着这样的发型就算是坐个电车也会被别人盯着看，所以他干脆戴上一顶大帽子。

　　这个前面剃成半月形、后面散发生长的发型，再加上有些邋遢的胡子，共同组合成了画面上五郎兵卫的须发风格。看习惯了，也觉得不坏，似乎是一个"长期闭门不出"版本的稻叶先生。而稻叶先生一旦想要对这个发型加以修饰（毕竟身体发肤受之父母），就会撞到导演的枪口，被黑泽明怒骂一通，最终不得不消念作罢。

　　有一个场面是：在借宿的木屋前，感到有些不对劲的五郎兵卫顿时停住了脚步，笑着说"别开玩笑了"。要将五郎兵卫的人物性格清楚明白地如实表现"出"来，并非易事。导演一个劲儿地叫着，为什么做不到这样？口中一直喊道："不对，不对！试试看用更加轻松率直的口吻说这句话！现在的语气不够从容镇定啊！"能够从容镇定才怪呢。"我说了，情绪不要紧张！别怯场！"

　　所谓"怯场"，就是无法控制紧张怯场的状态。导演越是大喊大叫，稻叶义男就越是害怕得不敢动弹。导演急躁不耐烦了，大发雷霆道："你呀，整个人硬邦邦的都要石化了！不要局促，人不要僵硬！"然而还是起不到什么作用。结果，黑泽导演干脆说："我来帮你身体放松下！"就中断了拍摄，来和他一起玩投接球的游戏。然而对方十分诧异："和我吗?!"导演真是不懂别人的心情啊。在置景的外面，身穿T恤、头戴凸纹布帽的导演和稻叶义男一起，就这样玩起了投接球。

导演为缓解稻叶先生（五郎兵卫）的紧张，和他一起玩投接球

在借宿的木屋的置景处，也发生过这样的情况。有这样一个场面——被发掘出来的平八（千秋实）对着勘兵卫略一点头，自我介绍道："林田平八，稍微会使些砍柴流的武艺。"五郎兵卫听他这么一说，就"呵呵呵"地笑了起来。这可是一个有难度的发笑。

导演捶胸顿足地怒吼道："用更加轻松的口气说！""更加开朗明快一些！"然而，导演越是怒吼，稻叶义男就越是无法演绎出轻松明快的感觉。导演不知怎的发话道："尝试一下，放声唱首歌试试看。"周围的演员也好,工作人员也好,在这种情况下都无从伸出援手。大家都默默地看着地上,觉得这时的稻叶义男很可怜。

"随便唱首什么歌,大声地唱!矿工小调也行!"导演的要求越发不可思议了。突然稻田义男紧绷着一张脸,开始唱了起来:

"月亮出来了,出来了啊,月亮出来喽。"

他的声音带着哀恸,回荡在置景场地。

黑泽导演在冷静的时候,也明白自己那样的所作所为是有不妥的。在记者见面会时,他这样说道:"一味地把导演的想法强加在演员身上也是无法一帆风顺的。还不如从导演这边向演员那边靠拢,否则可不行!"

稻叶义男扮演的五郎兵卫,似乎哪里总带有一些寂寞和克制,这个人物身上也渗透着温和的品质。

我后来有一次问过稻叶义男先生当时的情况。

他是这样说的:"那个时候真是非常艰辛啊,甚至都害怕到了不想起床。"

"浴风园"的阿菊女士

当时的助理导演广泽荣(爱称阿虎,后来也成为一名剧作家，已故之人）从黑泽导演那里得到了指示："久右卫门的阿婆大人"必须找一个货真价实的平民百姓的老太太来扮演。

"久右卫门的阿婆大人"，是胜四郎（木村功）想给志乃递米饭的时候，志乃说"哎哟，这个，给久右卫门的阿婆大人拿去吧"，这句话中说的阿婆。

老婆婆身边的亲人都被山贼草寇斩尽杀绝，现在独自一人生活在一个荒废的小屋里。在勘兵卫等武士带着米饭去拜访老婆婆家的场面里，老婆婆还有这样有难度的台词——

"我啊，想早点死了才好哇……早点死了，就可以逃脱这样的痛苦了。"

阿虎探访了一个在杉并区高井户的名为"浴风园"的老人院，在那里他找到了一位名叫阿菊的老婆婆，她以前在浅草寺做过卖豆子的小生意。阿菊女士据说"已经忘了自己的年龄是多少岁了"。

后来发生的事情，广泽荣在自己的著作《日本电影的时代》（岩波同时代图书馆）当中有详细的记述。

黑泽导演一眼就对阿菊女士的形象表示满意。阿虎成了阿菊的特训负责人。然而,到了正式拍摄的时候,阿菊这句"我啊，想早点死了才好哇……"的台词怎么都说出不来，只是说着胡话呓语："我身边的亲人都是因为 B-29，全被杀死了……"听说实际情况也是如此，不过 B-29 的台词无法用在电影里。导演最终放弃了再次拍摄的想法，"因为感觉出来了"，所以让这个镜头通过了，后来这几句台词是让相好荣子女士"配音"录制的。

发挥了很大作用的阿菊女士,对于拿到的拍片酬劳很感惊讶,说"想要去百货商店买和服",并且还指定了浅草松屋百货店。阿虎从公司调度了包租车,与她一同前往浅草松屋。阿菊女士双手抱着价格便宜的平纹绢绸说"这就很好了",买下后心情愉快地回到了浴风园。

据说在这之后过了一年左右,阿菊女士去世了。听说阿虎走访浴风园的时候,看到了阿菊女士白木的牌位旁边,装点着那个时候出演的久右卫门的阿婆的照片。

不仅是阿菊女士,浴风园的老婆婆们都进行过一天的拍摄。

将农民们聚集在村子的广场里,武士们给农民训示"山贼野武士们终于要来了"的那个场面。

菊千代说道:"今晚你们可要好好宠爱一下你们的母亲。"听到这话张开大口笑翻了的婆婆们,就是她们。

许多年后,我在开车行驶通过高井户高架桥下面的时候,一闪而见"浴风园"的招牌,我就又想起了这些老婆婆。当然,已经过去十多年了,她们应该都已经不在这个世上了吧?

《用心棒》(一九六一)

口中叼着人手腕的狗

大受欢迎、饱获赞誉的这部作品，从三十郎偶然地进入宿场町的第一个场景开篇，瞬间就让观众们大吃一惊，甚至有些目瞪口呆。一条狗口中衔着人的手腕跑了过来……

实际上，该如何在影片的开头介绍马目宿这个宿场町，是曾让黑泽导演极其烦恼的一个问题，他曾和副导演们商量过这个场景该如何展现。黑泽明导演平素就持有这样一种观点：电影必须要在一开始就牢牢地抓住观众的情绪，即首先要让观众明白和理解，这非常重要。

马目宿是在东宝制片厂附近的空地上搭建的整个街景。根据负责美术的村木与四郎所言，江户时代的道路更为狭窄，只有影片里的一半左右，但由于这是拍摄宽屏幕电影，而且要展现繁荣的盛景，所以在搭建时做了拓宽处理。那里连日狂风大作，整天都刮着台风级别的大风。

黑泽导演自称"风男",他喜欢刮风的程度可见一斑。动员了东宝的扇风机还不够,平时还备有一台赛斯纳螺旋桨,以及一台V8福特和一台五马力的发动机。

一天,在风里走着的黑泽导演突然"呀!"地一惊,站住了脚。被风吹得满天飞的尘土底下,竟然冒出来一只人类的手腕!尽管后来知道了那其实是照明部门掉落的一只操作用的橡胶手套而已,然而,这件事情是不是就此终结,恰是天才与普通人的区别。天才黑泽明构想出了这个场面——一只野狗口中叼着人的手腕跑过来。

《用心棒》中,口中叼着人手腕的狗,跑了过来……

在东宝,马匹、犬类及鸟类等生物,都是美术部门小道具的负责对象。用负责小道具的阿浜(浜村幸一)的话来说,首先要准备被切断的手腕,以及叼着这个手腕的狗。在准备手腕这方面,有个叫大桥史典的京都演员,正好在这个片场剧组里出演一个黑社会的小混混。听说他也制作这种道具,阿浜庆幸自己走运，赶忙向大桥史典下了定制两只手腕的订单，还不断催促他加快制作。

大桥史典彻夜赶制，将两只新鲜出炉、似乎还滴着鲜血的手腕交货给了阿浜，据说是以七万日元的价格成交的。阿浜拿到之后立即提溜着这两只手腕，去到休息室拿给导演看。黑泽导演不胜恶心地说"好了，好了，阿浜快把它拿走吧"，都没好好地正眼瞧一瞧。阿浜回忆此事时，还感到有些许遗憾。

听说在寻觅狗这方面，却是意外地"得来全不费工夫"。一天，阿浜去祖师谷大藏的超市买东西时，看到一个小姑娘牵着一条日式风格的狗正走出门来。阿浜心里"哦呀？"了一下，停住了脚步看它。这条狗也是来一起买东西的吧，可不是嘛，它口中还叼着包袱皮的小包呢。

阿浜心想，这条狗的话兴许能用得上，就尾随着这条狗，一直跟着小姑娘。在小姑娘快要进家门的时候，阿浜叫住她，和她沟通了事情的原委，并且和小姑娘商量说能不能借她的这条狗一用。在电视还没有普及的当时，一说出演电影，对方表示非常高兴。

小姑娘一边确认道"我家的狗能派得上用场吗？"，一边就爽快地答应了。

拍摄当天，如此艰难的拍摄工作竟然一次性就成功了，唯有说是奇迹。阿浜在画面之外，一只手拿着道具的手腕，一只手牵着这条狗。狗主人的小姑娘在摄影机的旁边，对着狗递眼色做手势，发出各种指令。对于搞不清楚情况的狗，也无法命其再往右边一点之类的，镜头只有尽可能地去配合这条狗。而且所谓的宽屏幕镜头，由于需要用到额外的模拟镜头，所以必须要用指尖同时拨转两个 500 毫米的镜头，来调焦距对焦点。再详细的内容，我也无法说明得更加清楚，但我可以分享的是，当时对焦的就是时至今日威震四方的木村大作。"直到最后，连手腕上的指纹都能纹丝合缝，焦点对得丝毫不差！"木村大作对此十分得意和自豪。的确，这是他的绝技。

前年[1]，俄罗斯的电影巨匠尼基塔·米哈尔科夫（Nikita Mikhalkov）导演拍摄了《12 怒汉：大审判》这部讲述陪审团的电影，最后同样是以这样一个狗的镜头作为影片的结尾。

他说，这是向黑泽明导演的致敬。

---

1 指 2007 年，《12 怒汉：大审判》上映于 2007 年。

《天国与地狱》（一九六三）

特快列车"回声号"[1]疾驰

黑泽导演有过这样的自述，他觉得在埃德·麦克贝恩[2]的代表作《国王的赎金》当中，"无论是谁被拐走，胁迫本身都可成立"的这一着眼点非常有趣，这让他立即就想创作《天国与地狱》这部作品了。

他从原作当中也只拿来了这一部分套用，其余内容在剧本创作中都置换到了日本的背景下。（剧本合作执笔：小国英雄、菊岛隆三、久板荣二郎）

选取了当时的热点——超特快列车"回声号"——为故事发生的舞台，据说从剧本创作阶段，他们就开始调查地图和国

---

[1] "回声号"列车自1964年通车至今，于东海道新干线东京站至新大阪站及山阳新干线新大阪站至博多站，整段是以各站停车的形式运行，每小时1~3班，行走全线的行车时间约需4小时。回声号的日语是こだま，英文标记为Kodama。
[2] Ed McBain，美国著名侦探小说家，《国王的赎金》是其代表作。

铁设计图，也多次给国铁打电话询问各种情况，以至于被国铁反问道："您那边究竟是做什么的？"

剧本一完成，制作负责人根津博就与国铁开会商议，得到了国铁在拍摄方面给予全面助力的承诺。

"回声号"的使用费用，据说只收取了从东京到热海全列车车厢座位数的乘车费，回程是空车回送，免收费用。

"回声号"在列车中央有食堂和盥洗室，前后各有四节车厢，共计十节车厢。主要的戏剧故事发生在这个盥洗室。在一头一尾的两节车厢，是用相机拍下犯人模样做成资料的警察。在这两个位置，各配置了含8毫米相机的八台相机。

犯人把孩子带到酒匂川的堤坝，三船（权藤）一确认就要将放着3000万日元的皮包扔向窗外。这个镜头是无法重拍的。

负责拍摄的松井先生表示，在正式拍摄前有必要进行试拍。于是让同一辆"回声号"以同样的速度行驶，并用16毫米相机进行了试拍。副导演代替犯人和一位孩子模样的人，两人站在堤坝的砂砾山上。

正式拍摄迫在眉睫，就在两天之后。在外景地，中井先生将试拍的胶片的每一格画面都印在纸上展示给导演看，现场氛围十分严肃。在画面上出现堤坝上的犯人的时候，一户民居二楼的画面进入了摄影机画面的前景，这下可好，犯人和孩子都不太能看得清楚了。黑泽明导演也说："这样可糟糕了呀。根津先生！"他唤来了之前提到过的那位制片负责人，问他道："这该怎么办？……这该怎么办？"

此事后来的发展，我是之后从根津先生那里听到的。

"导演说，这该怎么办，这该怎么办？拍摄就是明后天了，总而言之先试着和对方谈谈，我这么想着，就带着我们负责大道具的人员，去到了那户人家。"

那户人家住的是木造的两层楼房，给电影拍摄造成障碍的是孩子待的学习房间。这家的男主人据说正在住院，家里只有母子两人。根津先生带着些许强硬的味道，向女主人恳求道："拍摄只有一天。请您允许在此期间把二楼拆掉，拍摄工作一结束肯定立即就给您恢复原样。"得到对方的同意后，拍摄当天用蓝色的床单将此处隐匿起来。

拍摄一结束，根津先生就立即将这家的二楼恢复了原样。据说当时拜托的不是我们的大道具负责人，而是请的真正给那家盖屋的木匠师傅来完成的复原工作。

这件事之后被传得沸沸扬扬，极其夸张，有说是"黑泽明因为拍摄对象被挡，就把别人家的一间房屋给拆除了"，然而这不是事实。

突如其来的紧迫 正式开机！

电影前半部分的五十三分钟，都是在权藤宅邸的舞台剧。因为犯人的一句"你坐上了车就知道了，权藤先生"，余音未落，画面随之一转，突然进入特快列车"回声号"里。在车里，无论是工作人员还是演员，都因为极度的紧张而面部紧绷。播报声中传来还有几分钟到达酒匂川。电车行驶的声音更是加剧了这种紧张。"准备——好了吗?""请等一下！要进入隧道了""好了吗？准备!"三船抱着皮包进入了电话室，"列车长"说了些什么话,但台词不详。手持的摄影机追踪着演员的身影,三船和仲代进入盥洗室。两人大声地说着话，调门很高，声音又激动，导致语速也很快，后来几天在这段录音上颇费了一番苦功。"就快要到铁桥了。请看好孩子!""放心吧！我用我的命来换他的命!"两个人在车内杂音中大声对喊着。酒匂川的堤坝上站着头戴帽子的犯人和孩子。"进——!"三船大声叫道。他将皮包从窗户缝里往窗外投掷出去。仲代被他那悲痛的面庞震惊。三船打开水龙头一边放水，一边使劲地搓洗着自己的脸。这场戏可能是当场即兴发挥的吧。

"回声号"穿过了铁桥。"OK!!"传来了导演的声音。"可以吗？没问题的吧!"他又和摄影师中井、斋藤再三确认。听到他们说"没问题!"，黑泽明导演才长叹一声："啊，真是累死了!"一屁股坐在了座位上。与此同时，工作人员的助手们也都消除了紧张，打开了话匣子，你一言我一语——"那个时候啊!""当时那个可以吗?"现场开始有了喧闹声。这时候，脱了戏服的三船先生犹如变了一个人，身姿潇洒地来到黑泽导演的旁边，笑意盈盈地说："在吧台为您准备了啤酒，有请。"黑泽导演道："哎哟，你可真是机灵啊!"就站起身来，叫上仲代先生及工作人员前往用餐车厢。"干杯!""干杯！真好啊!"

紧张过后，大家喝着啤酒，欢喜闹腾着。正在此时，首席副导演森谷（司郎）挂着一张苦脸走过来，向黑泽导演道歉赔罪："对不起。"原来，从车辆头部的车窗用相机拍摄犯人的"列车长"，因为极度的兴奋而搞错了表演的顺序。"把他屁股踢起来，再让他重拍一遍。"然后，负责最末一节车厢的副导演松江面色苍白地走了过来，说是用8毫米胶片收录追踪逃跑犯人的警察（加藤武）的那台摄影机，途中停了下来。

《天国与地狱》
"对不起……摄影机停了……最后部分……" "欸？！"
在端起祝贺的酒杯的时候，接连地传来了不好的消息。

黑泽导演稍微考虑了一下，说："不管怎样，先看了样片再说吧。在剪辑的时候可能会想到办法弥补的吧。"黑泽导演的脑海当中，这时就已经开始运转起剪辑机了吧。到底是通过剪辑就能发挥其"黄金手腕"的导演。

犯人登场

之前仅在电话里听到他厚颜无耻的声音的犯人，此时第一次现出了他的身姿。

> 场景 No.45　沿着运河的道路
> 两位警察为寻找犯人使用过的公共电话，沿着飘着恶臭味道的运河快速地向前搜寻着。远远地能够望见权藤宅邸。和警察们擦身而过的一个年轻男子向着运河对过儿走去的身姿倒映在了水面上。年轻的男人进入了一个满地垃圾、杂乱无章的公寓。

警察寻找的目标，就是倒映在运河上的犯人的身影。

十一月末。在横滨的外景地，从一大早开始，负责小道具的工作人员就带着准备好的垃圾，抛撒在运河上，做着各种准备，让它呈现出脏污不堪的面貌。导演来到现场的时候，负责小道具的工作人员像是"散花童子"一样，正将装在小船上的垃圾在水面抛撒开。

"你们在搞什么呢！"导演话音刚落，工作人员都吓得跳起来了。

黑泽导演所设想拍摄的画面是：在好似象征犯人一般散发着恶臭的脏污运河上，映现出犯人在片中初次登场的身影。

"再好好研究下！"导演留下了这句责骂声，那一天的拍摄当然也就此中止了。之后负责小道具的野岛先生奋斗的辛酸苦辣，令人也要为之掬一把同情泪。

首先是去了横滨的清扫局，发誓承诺拍摄一结束就会让河流恢复原样，获得了暂时弄脏河流的许可。其次，在河流下游树立了几根细细的竹竿，如同捞海藻一般，起到缠绕住垃圾积存起来的作用。不久之后，就在水面上撒上真正的垃圾，让河流散发出恶臭。

终于实现了导演所要的画面，山崎努的首次登场倒映在了脏污的水面中。为了实现这个画面，我记得好像花了一个月左右。

音乐采用的是舒伯特的《鳟鱼》，一直持续流淌到犯人走进公寓。实际上，起初导演说想要使用四兄弟演唱组（The Brothers Four）的《绿草地》（*Greenfields*），但据说版权买不到。

司机青木的眼泪

犯人搞错、误当作权藤的儿子诱拐的，其实是司机的儿子。被选拔出演这位重要司机角色的，是佐田丰。

他出生于一九一一年，和黑泽导演只有一岁之差，是一位常年被埋没在东宝的"大房间"的演员。在《七武士》当中，他扮演一名农民在影片中跑来跑去，在《活人的记录》中，他出演中岛喜一（三船）的长子一角，是黑泽组的常客。

但是，出演像这次司机这般重要的角色还是头一回。"像我这样的不才，能担此重要角色吗？"他从一开始就感到惶恐不安，然而这或许恰恰吻合了司机青木的心境状态。

然而令佐田先生苦恼的不仅仅是角色类型。明治时代出生的他，没有学过开车的技能。为了这个司机的角色，人生头一回学起了车，好不容易才拿到了驾照。但片中司机的角色可是一个专业司机，而且权藤家的车是奔驰，方向盘在左面。而学车的地方是不可能用奔驰的。

把孩子放在车厢后座上，开车行驶在横滨的坡道上——在拍摄这个地方的时候，据说也是令人心惊胆战。由于佐田先生每每脚踩刹车踏板的时候，后排的孩子都要向前飞冲起来。万一发生什么情况，可就很难收拾了。考虑到这点，剧组派了专业的驾驶员蹲藏在佐田先生的脚边，一旦发生什么紧急情况的话，可以立即辅助停车。用佐田先生的话来说，这段经历也是令人提心吊胆，怕得不行的。

情况还不仅如此，更让佐田先生饱受辛苦的一场戏，是带着孩子下了车寻找犯人家的时候被"列车长"和荒井警察目击的场面。

"……青木，从今天起你可以休息了……"权藤对青木这样说道。"我真是对不起老爷……"青木哭泣的这场戏，怎么都无法让导演满意。专程去横滨拍摄了三天左右，这场戏仍然没有 OK，佐藤先生说："我感到对大家过意不去，非常对不起，或许这种心情和青木的处境是一样的，所以最终总算是完成了这场戏。然而当时是每天都寝食难安,连饭都咽不下喉咙。"

他还说:"但是,倘若没有出演《天国与地狱》这部作品,那我的一生什么也没留下。我是这样觉得的。"

最后一个场景

监狱·会见室

犯人竹内(山崎努)说想在死刑之前见上权藤一面,于是两人面对面地隔着金属铁丝网坐下了。

"我才不怕什么死刑呢,哪怕是去地狱,我都无所谓……"犯人恶狠狠地臭骂了一番。

但是剧本的最后一个场景做了变更。

犯人忽然用两只手抱着头,剧烈地颤动着身体,然后突然地站立起来,抓着铁丝网,大声尖叫:"畜生!!"两名看守将犯人带离了。权藤眼前的铁板窗放了下来。看着这个铁窗,一动不动的权藤。映照在玻璃上的权藤的脸。

这一映照在玻璃上的形象是导演的意图。朝向权藤的镜头同时映照出犯人的脸庞,而朝向犯人的镜头当中也有权藤映现在玻璃之上。黑泽导演是个一有机会就喜欢拍摄叠映镜头的导演。

为了实现这样的画面,给两人照明的灯光也是成倍增加,铁丝网好像都被照射得滚滚发烫。在山崎努站起来抓住铁丝网喊"畜生!"的时候,手掌都被烫伤了,可见当时温度有多高。

根据负责美术的村木与四郎的话,为了拍摄这个画面,会见室采取了和真实情况不同的构造。真正的监狱会见室,只有一扇窗是安有栏杆的玻璃窗户。据说也参考了外国监狱等的情况,在玻璃窗的里面装上了铁丝网。

在剧本当中,在这之后还有一个"监狱·走廊"的场面。

> 权藤和户仓(仲代)默默地沿着走廊走到了外面,在那里两人告别。
> 权藤:"此方就要跟你告别了……不知下一次何时能够再见……"
> 户仓:"不不,还是别再见的好,没有事找我才是好事呢。"
> 两个人互相看了看对方的脸,终于微笑着分别了。

这个场面也拍摄了,并且在电影剪辑的时候把它作为最后一个场景剪接在一起过,然而导演又有更多的一层思虑。

这两人的场面,是不是有些多余了?

于是,他将会见室里的那一幕——犯人面对着凝视着铁丝网的权藤,大声喊叫的声音变成了哭泣的声音,逐渐远去——定为最后一幕。

电影导演经常会为了最后一个场景而烦恼。

其二　黑泽明这位电影导演

美食家

黑泽明导演是一位美食家。

黑泽组的制作负责人在外景地最留神费心的,是餐饮方面的情况。

并非是喜欢高档奢侈的食物。在外景拍摄期间,午饭以手握寿司搭配猪肉汤基本是常态。

究其缘故,是始于黑泽导演拍摄自己的第一部作品《姿三四郎》(一九四三)的时候。在那决斗的外景地——寒风凛冽的野草荒原,当时他以猪肉汤下饭吃上了好几碗,这件事他经常挂在嘴边。

我们也在御殿场露天杂草丛生的旷野里,就着传统的手握寿司狼吞虎咽地喝过猪肉汤。

夏天炎热的时候,摄影现场甚至会预备好刨冰的售卖车。

因为黑泽导演对工作人员的饮食都非常挑剔。

他甚至有言称,对食物不够敏感的人,无法成为一名好导演。

在拍摄《虎！虎！虎！》的最初阶段，跟随他的副导演在白天也一直只吃素馄饨。据说被黑泽明指称，那样的家伙不懂电影。

黑泽导演大抵算是个爱吃肉的人。

而且，他最喜欢吃牛排，估计在吃喝上家庭开销也不小。

而关西风的怀石料理等被他评价为"装模作样的，一个一个一小点一小点地摆放着，我最讨厌了"。

精致的法国料理，他也不喜欢。

按他的说法，他不喜欢把原有的食材弄得不清不楚的菜肴。

所以，在法国戛纳而且是被誉为世界第一的超高级酒店埃当罗克角酒店（Hotel du Cap-Eden-Roc）[1]住宿的时候，他也不太爱在酒店餐厅里用餐。

当时是一九八〇年，是拍摄完成《影子武士》的时候的事情。当这部电影确定在戛纳国际电影节上展映后，黑泽导演、主演仲代达矢及作为随行助理制片人的我，受邀和NHK的渡边清一起四个人，同行前往戛纳。

在当时，如果这部电影为日本电影再赢得金棕榈奖的话，那么就是继一九五三年衣笠贞之助的《地狱门》荣获金棕榈大奖以来二十六年后的再次问鼎。而且《影子武士》作为黑泽明导演的彩色电影作品，也是引起人们热议的话题。

---

[1] 这家五星级酒店并不在戛纳海边，它位于法国昂蒂布海港最南端，摩纳哥与尼斯之间的半岛上，距戛纳半个小时车程，号称世界上最华美的酒店。世界上最高规格的慈善晚宴之一"电影对抗艾滋"（Cinema Against AIDS）戛纳影展慈善晚宴每年都会在这里举办。

我们原本已经在戛纳入住了最高级的丽思卡尔顿酒店，但电影节方面费心照顾，特意将我们安排转移到了更加高级、位于南法的埃当罗克角超豪华酒店。

虽然距离戛纳有一段路程，但记者见面会等场面以眼前一览无余的碧蓝的地中海为背景，衬托着当地雪白的建筑物，宛如一幅画一般。在这家好莱坞明星们住宿的酒店里，早晨来到酒店大堂，时不时地就会看到柯克·道格拉斯（Kirk Douglas）展开报纸在阅读的身影。

这是我们四个人第一次去酒店餐厅时的事情。自不用提，四个人都对外语一窍不通，只能默默地看着菜单。菜单里连酱鹅肝都有好几页，犹如天书找不到北。最后，点了像是鹅肝排一样的菜肴，指给服务生看。可能是因为也没有其他客人，肩上架着小提琴的两位乐师走近我们的餐桌，体贴周到地为我们演奏起什么乐曲来。在电影之类的艺术作品中，在恋人餐桌前拉小提琴，可以提升整个画面的环境氛围。而我们为了表示没有恶意，只是默默地微笑着。

吸取了这个尴尬的教训，之后我们四个人都聚在了黑泽明导演的房间里，叫上客房服务，一起在房间里用餐。

黑泽明导演说："这样的浴缸基本上是没有办法洗澡泡浴的呀。到处都是镜子啊。"入夜，他穿着睡衣，和我们一起叫上客房服务，痛饮到天明。这真是奢侈至极的经历。

最终，《影子武士》荣获了金棕榈大奖，与美国电影《爵士春秋》（*All That Jazz*）一起获此殊荣。两部电影同为第33

届戛纳电影节金棕榈奖的获奖影片。鲍勃·福斯导演可能是没想到会获奖吧，人已经回到了美国，通过电报传来"与电影大师黑泽明共同获此殊荣，光荣之至"。

黑泽导演走到领奖台上，发表获奖感言，一番感谢的致辞之后，他说：

"下一次，我希望能够创作出更好的电影作品，再带到这里来。"

他的这句话让整个会场又一次沸腾了。

酒·宴会·酒

去地方的外景地时,黑泽先生的房间里面总是排列着一长溜威士忌的空酒瓶。

在拍摄《罗生门》(一九五〇)期间,我第一次前往黑泽导演的住处和他打招呼的时候,看到壁龛里排列着的威士忌的空瓶子,也是大吃了一惊。

然而,黑泽明在年轻的副导演时期是滴酒不沾的。据说工作一结束,就只是在创作剧本。

关于担任山本嘉次郎的《课堂作文》(一九三八)、《马》(一九三九)的副导演时期的黑泽明,高峰秀子写到过。

在拍摄秀子写作文的场面时,据说山本导演提出了一个表演上的要求:让秀子试着拍打手上停着的蚊子。于是,黑泽副导演从服装部门拿来了黑色的丝线,缠绕成蚊子的形状,然后帮秀子粘在她的手上。秀子不由感叹道,真是一位机智、灵巧、有品位的副导演!据她说当时心头滑过一阵电流。两人虽然最终未能结婚,但也各自施展和发挥了自己的天赋才能。

黑泽副导演变成了一个酒量很好的导演，但是黑泽先生自己并非真正的酒鬼。他只是非常享受与工作人员一边喝着酒，一边热热闹闹畅所欲言的气氛。据说真正爱喝酒的是成濑巳喜男导演，他总是喜欢一个人独酌品酒。

黑泽组经常会去地方的外景地进行拍摄。

黑泽组必不可少的是晚餐的宴会。导演会在这个晚餐会上，消解这天拍摄的烦郁，笑谈当日失败的地方，有时还会为公司的缺乏理解而激怒。总之，一边喝着威士忌，一边反省这一天的工作，和工作人员商量次日的安排，是导演工作中重要的一环。

也正因为这样，喝不了酒的宫川一夫先生和照明的佐野武治先生也会陪到最后。

主要演员和核心工作人员大概有十四五个人，每每都会出席。导演心情好的时候，大家谈论的话题也很有趣。偶尔导演心情不好的时候，那个隔着桌子坐在导演正对面的人难免就会受到训斥——"我说的对吧！喂！"所以，这个座位大家都会敬而远之。

一般从外景地回来会先洗个澡，然后参加晚餐会。大家都会早早地确保自己的座位，稍微晚去一些的人，就有可能会坐到导演对面的那个座位上。

现在回想起来，那时的晚餐会真是令人怀念。

黑泽明在批评激励（尽管激励一般是没有的）工作人员的时候，经常使用的语句有：

"清醒点！怎么回事儿?!""快点干！"等等。

在拍摄《德尔苏·乌扎拉》（一九七五）期间，黑泽导演批评苏联工作人员的时候也是同样，他首先记住的俄语是"快点干！"。

就听到黑泽明先生怒吼道："维斯托拉！维斯托拉！"[1] 准确地说，要说"快点干！"，应该用这个单词的命令形式，因而需要做些词尾变化，说成"维斯托莱！维斯托莱！"，但谁都不会去在意这些问题，苏联的工作人员们在暴风雪中来回地跑动着。

黑泽明最讨厌絮絮叨叨的家伙，他的这种性格在作品的台词中经常也会体现出来。

《用心棒》（一九六一）当中，三十郎看到将老婆作为借款抵押的小平（土屋嘉男），像吐出胸中淤积的恶气一般地说：

"那种人我可喜欢不起来，看到他我都让我感到恶心反胃！！"

这对小平夫妇接受了三十郎的出手相助。两人逃出生天的时候，对他行跪拜大礼，但三十郎对着他们的这个举动破口大骂：

"（歪着头大声嚷嚷道）别这样！！我最讨厌可怜的家伙了！！再这样动不动就哭哭啼啼的，我就拔刀砍了你们！！"

这也许是黑泽明的另一面，相对于他多愁善感的温柔的另一面。

---

[1] 音译。

专注力！比什么都重要

黑泽明导演的专注力非常强，令人敬佩！

或许这才是黑泽明的最本质之处。

不管做什么事，他都能够全神贯注在当前的事情上，专注到甚至目不转睛。

就比如，在搓麻将时他也是如此。即便只是在搓麻将，他也不例外。

除了电影以外，黑泽明还喜欢高尔夫球。画画的时候，他也是专心致志，会沉醉在忘我之境。

但就连搓麻将时，他也非常专注。

我不会搓麻将，所以从来没有上过四人麻将桌。但去地方出外景的时候，当时的工作人员当中有相当多喜欢搓麻将的朋友。

外景地天气不好的情况下拍摄会中止，这时就会有四个人聚集起来，哗啦哗啦地玩到吃晚饭的时间。我这边呢，利用这段时间也能够心安理得地玩一会儿。

在莫斯科拍摄《德尔苏·乌扎拉》的时候，当时日本海电影的驻站员松泽一直夫妇俩与我们同住在一家酒店。他们十分关照我们，还请我们吃了日本料理。

黑泽明导演非常期待在那里玩麻将牌。一起玩牌的朋友有松泽先生、摄影师中井朝一先生、制片人松江洋一先生、副导演箕嶋纪男先生。

总而言之，黑泽明搓麻将的特别之处在于，他有个完全不赌博的规矩。

我有时也会在旁边看他们打麻将。黑泽先生以外的其他三个人，多少是有些松懈倦怠的。

当时的情况，松泽在谈话中有所提及，刊登于《全集·黑泽明》（第六卷，岩波书店）。

> 黑泽导演喜欢打麻将，但是不喜欢赌博。这么说可能有些直率，但我这边就因此提不起劲来。我都已经早早地把钱转到位了，这是搞什么飞机呀？但是，你绝对看不到黑泽导演随便敷衍的态度。这是他与我等凡人不同的地方，他的专注力实在惊人。在考虑自己手上麻将牌的时候，不管别人在旁边说什么，仿佛都进不了他的耳朵。

正如他所言，我在旁边观战的时候也是同感。黑泽明的眼睛看着麻将桌上被丢出来的麻将牌"小山"。他用力咬着自己的嘴唇，盯着那些牌认真地思量着，稍过一会儿，他询问旁边的中井先生："中井，你刚才丢了一张什么牌？""啊，是这个，就是这张牌，一筒。""这张牌你先不要出啊。"让他把已经丢出来的牌再拿回去。中井先生只能说："好吧好吧。"不管怎么说，既然不是赌博，那大家都可以放轻松点。于是黑泽先生更可以毫无顾忌地悔牌，让前面出牌的人收回已经丢出来的牌。

也就是说，他想要回到之前的牌型再重新开始。虽说不是在赌博随便玩都可以，但黑泽明一个人还是非常认真。

拍摄《红胡子》的时候，有一个很长的画面：扮演精神失常少妇的香川京子走进房间，加山雄三一个人正在里面赌气。照明很困难，光源只有一根蜡烛，影子却有两个。花了三天工夫排练，每次排练的时候都要重新调整照明。

黑泽导演最后说：

"先把所有的灯光都灭了，从头开始弄！"

黑泽导演拍摄时调动了三台摄影机，这往往容易被别人认为是要彰显摄影技巧，然而对此他有不同的持论。

所谓的导演，是要将被摄体完美地呈现出来，而非让观众意识到摄影机的存在。

即便是大导演，也必须要时常归零。

他的那种专注力，便是来自对被摄体的沉浸感受吧。

《袅袅夕阳情》的下一部作品是？

黑泽明的第三十五部作品《袅袅夕阳情》于一九九三年公映，黑泽明八十三岁的那一年。

尽管他自己说："都已经活到这把岁数了，真想看一眼二十一世纪再赴黄泉。"然而，这部作品成了他的遗作。

在《袅袅夕阳情》当中，有一个场面是这样的：学生们在为老师举办庆祝会时，老师因为身体状况不佳提前退场。

目送他的学生当中，涌起了"敬仰吾师"的歌声。

"敬仰吾师，师尊之恩，教室庭前郁郁葱葱，想来多少黄金岁月。"

然而，镜头在最后"到了分别的时刻，再见了"的歌词还没有出来之前就切掉了。

那个时候，在现场的我问黑泽导演："为什么不让大家唱到结尾呢？"

"就是因为我不喜欢嘛，分别这种事。"黑泽导演一边回答，一边不好意思地笑了。他的这句话让我一直难以忘怀。

自称是个"伤感主义者"的黑泽先生,据说从孩提时代起就是一个爱哭的人。

《袅袅夕阳情》的拍摄期间,不知道是不是因为上了年纪的关系,他也曾边拍摄边哭泣过。

真正让黑泽先生号啕大哭的是在拍摄《活人的记录》(一九五五)期间,作曲家早坂文雄去世的时候。

原本创作这部作品的动机,就是源于早坂的一句话。他听闻了比基尼岛核爆事件后这样说道:

"生命如果像是这样遭受到威胁,那工作也就无从谈起了。"这给了黑泽明创作的灵感。

出席早坂先生葬礼的时候,坐在前排的黑泽导演在诵经安魂的声音中扭动着身子,强忍着自己的悲痛,抽泣不止。

即便这样还是无法恢复正常状态的黑泽导演,休停了一周的拍摄。

他自己这样总结道:"只是极度悲伤,浑身怎么都使不出劲来。更别谈执导那样重要的场面,所以造成了这部电影的容量不足。"(《电影旬报》,"谈自己的作品")

三船的去世,也许带给了他更大的打击。

黑泽明在本多猪四郎的葬礼上遇到三船敏郎,这成了两人相见的最后一面。好不容易才站立起来的三船,据说面容苍白,十分衰弱。

黑泽先生的心里,肯定是沁入了痛苦。

一九九三年，受到戛纳电影节特别邀请的黑泽导演，在自《影子武士》以来经常入住的超高级酒店——埃当罗克角酒店里，接受了日本记者团的采访。

根据当时在场的制片人井关惺的描述，记者们畏畏缩缩地提出了导演最讨厌的问题。

"您对下一部作品的构想是？"

结果，黑泽导演难得没有发怒，他这样回答道：

"想创作一部时代剧。"

然后他还说："想要发掘和培养像三船敏郎那样的新人演员。"（一九九三年五月十五日，《日刊体育》）

此外，他还盛赞三船："三船这样的演员有这么多表现力（他把两手展开），有能够瞬间爆发的表演力。"

毫无疑问，第二天的各家体育报纸都在头版头条上，齐刷刷地印上了这样的标题——

"黑泽的下一部作品是时代剧""要培育第二个三船"

身在病床上的三船如果看到了这些报道，该会有怎样的感受呢？

后来，黑泽执笔创作的两部剧本都是以山本周五郎的小说为原本，一部是时代剧《看海》，另一部就是成为他绝笔之作的《雨停了》。

黑泽导演在京都执笔创作《雨停了》的时候，不小心摔倒，造成腿部骨折，他回到东京开始了疗养生活。

接着，时间来到了一九九七年十二月二十四日。

三船敏郎死了！这给他带来了巨大冲击。

他肯定是回想起了一些往事——从战后烧毁的灰烬中、在劳动争议的波澜中诞生的《泥醉天使》；对原本理应成为摄影助理的三船的那份着迷，使之变身为了一代大明星，拍出一部又一部自己的杰作……那个时候的往事。

然后，九个月的时光流逝，次年的九月六日。

黑泽明导演也离开了这个世界。

简直就如同追随三船敏郎而去一般。

第二部
等云到

第一章
第一个师父·伊丹万作

信

在拍摄过程中为天气而等待是件令人愉快的事。只要照明师大叔把放大镜按在眼睛上,望着天空说一句"看样子一时半会儿没希望啦!",我们便可稍作休息。

"等待天气"令人愉快,如今这样的景象已经很难见到了

一大朵云彩遮住了太阳。大家各自物色可以当座椅的东西。小小的器材箱上,三个大男人背靠背坐了下来。曾有新人因为

坐了摄影部的小三脚架而被摄影师痛骂一顿。

听说近来拍电影已经没有了等待天气的闲工夫。也许只有黑泽（明）摄制组还兴等待天气。黑泽组甚至有等云到的时候。有时万里无云的晴空也难以拍出理想的画面，摄影机等待的就是"那片云从山那边飘过来"的瞬间。千万不要以为这是一种奢求，所谓电影就是这么回事。

听说黑泽先生还是副导演的时候，曾去参观山中贞雄[1]导演在露天布景下拍摄《人情纸风船》的情形。

那天的布景是带土墙仓房的批发商店街的街景，应当是河原崎长十郎扮演的失业的海野又十郎一边喊着"毛利大人！毛利大人！"一边递信求情的场面。

明明天气晴好，众人却悠然望着天空没有要开始摄影的动静。一问才知，要等土墙仓房上空有了云朵才开拍。

要说等天气时聊的话题，当然是张家长李家短之类。那是个电视上还没有娱乐新闻的年代。谁和谁关系可疑、谁和谁分道扬镳的小道消息说也说不完。"你是什么时候入行的？"这样涉及个人情况的提问，也会引出一段催人泪下的故事。

关于我个人的话题大概不会有人感兴趣，我也不打算在这里做过多的披露。但一个毫无疑问的事实是，一部电影决定了我的人生方向。

---

[1] 山中贞雄（1909—1938），电影导演。代表作有《人情纸风船》《河内山宗俊》等。

那是伊丹万作[1]导演的《赤西蛎太》。

这部电影是昭和十一年的作品。记得我是在昭和十六年前后看的。因为听父亲说起,经济杂志《钻石》(*Diamond*)上的影评称赞了这部电影。记忆已经模糊,我好像是去一家名字很奇怪的、叫作东京俱乐部的电影院看了这部电影。记得当时我好像还在上女中二年级,居然一个人去看了电影,也许因为当时正醉心于志贺直哉。电影的原作是志贺直哉的短篇小说。

雨中,两把油纸伞正往前行的俯拍镜头。然后是被雨淋湿的竹雀纹瓦。迷路的猫一晃而过。打油纸伞的两人一边谈论着新来的赤西蛎太一边走到了平房门口。

我为日本也有这么有趣的电影而惊叹,于是迫不及待地给住在京都的伊丹先生写了一封影迷信。

意外的是,当时已经卧病在床的伊丹先生立刻回了信,还寄来一本名叫《影画杂记》(昭和十二年,第一艺文社)的著作。翻开藏青色的封面,里页上用漂亮的毛笔字大大地写着我的名字和"伊丹万作"的署名。我不禁满心欢喜。

因为这个缘由,伊丹先生与我开始了书信往来。时至今日,在我手边,伊丹先生的信一封都没能保留下来,这让我比失去任何东西都觉得遗憾。

但是,那些被我反复阅读过的伊丹先生的信的内容,至今还留在我的记忆之中。我仍然可以在脑海里把信中的字字句句

---

[1] 伊丹万作(1900—1946),电影导演、作家。代表作有《国士无双》《赤西蛎太》等,同时也创作了大量剧本。

清晰地再现出来。

信中有这样一段：

"你的信没有错字。你写信从来不向我提要求。"

"你是我的弟子。但若要问我能教什么，我却无可作答。有个什么也不用教的弟子也不错呀。"

我的信却尽是些微不足道的内容：学校老师出了洋相，在野地里捡回一只猫后来又扔了，等等。

伊丹先生的回信有时还附着和歌。记得有一首的意思大致是"早知猫儿终被弃，当初何必捡回家"之类。信的空白处还贴着一张猫的照片，上面写着："我家的'手古'"。

先生的信总是写在上等铜版纸制成的稿纸上，四百字的红格纸，中间印着"伊丹用笺"的字样和先生的名字。到了物资日渐匮乏的时候，稿纸被裁成一半大小，正面和反面都密密麻麻地用铅笔写满了秀丽的片假名。

战局日渐恶化，昭和十八年二月至翌年五月，伊丹先生为了转换环境养病，投靠了山口县大岛郡的亲戚。

那些日子的信，写的多是对留在京都的家人的牵挂。

"今天听说京都连一根葱都要定量供应，我担忧得坐立不安。"

伊丹先生心里，尽是对亲人的切切思念。

从女中毕业后，我在上野的图书馆职员养成所接受了一年培训。昭和二十年春天，兼为躲避战火，我前往父亲的母校山口县山口高等学校的图书室工作。

我在山口迎来了战争的终结。我偶然听说一个养成所的同学结婚后去了大岛郡，于是回东京之前，我走访了大岛。大岛不大，我立刻找到了伊丹先生亲戚的家，可惜伊丹先生已经回京都去了。

我回到东京，那里正处于战后的混乱与活力及热气相混杂的巨大旋涡之中。我投身于一家名叫《人民新闻》的报社。在这个非常时期里，我对与伊丹先生的书信往来没有留下任何记忆。

有一天，报纸上刊登了伊丹先生的一篇小文章，题为"小小的愿望"。文章开头的诗句令我震撼不已。

一碗热牛奶／和一片香喷喷的黄油吐司／啊！我在梦里都想着它们／这个愿望之小／我的妻啊！嘲笑我吧！／这个愿望之卑微／我的孩子们啊！嘲笑我吧！

我久违地给伊丹先生写了信，却不见回信。不久后的一个清晨，我在报纸上得知了伊丹先生的死讯。

昭和二十一年九月二十一日，曾留下《国士无双》《反复无常的王者》等二十一部杰作的作家伊丹万作先生去世了。

在正当年的四十六岁。

听来的回忆

伊丹万作进入松山中学是大正[1]元年的事。中村草田男[2]在《回忆伊丹万作》(《伊丹万作全集2》,筑摩书房)中写道:

> 松山中学曾经成为漱石[3]创作《哥儿》的素材。自大正初年起,之后约十年间大致分三期的在校生中,有一群憧憬着成为"未来的艺术家"的学生。他们为了交流思想,创办了一份名为《乐天》的校内杂志。

日后的电影导演伊丹万作的创作才华就是在这片土壤中培育起来的。

当时,同年级的同学当中有一个才子,名叫野田实。伊丹

---

1 1912年为大正元年。大正天皇在位期间(1912年7月30日—1926年12月25日),史称大正时代。
2 中村草田男(1901—1983),俳句诗人。本名中村清一郎。
3 夏目漱石(1867—1916),近代小说家。代表作有《哥儿》《我是猫》《三四郎》等。

先生曾写道："无论头脑还是人品，他都令我们钦佩和信赖。"（《伊丹万作全集2》）

这位野田同学有个叫阿君的小妹。她也喜欢这个眉清目秀的兄长，小时候甚至想，长大了一定要嫁给哥哥。然而野田年纪轻轻就因肺结核病逝。阿君后来嫁给了伊丹先生。

接下来关于伊丹先生的回忆都是我最近从阿君夫人那里听来的。

野田家是松山市中村町的有钱人家，宅院四周围绕着紫藤架。每到春天，花穗长达一米的紫藤花竞相开放，把屋檐都掩没了。在宽敞的庭院一角，有一个像动物园那样的铁丝围成的巨大鸟笼，里头养着鹰和孔雀等等。阿君夫人说，如今还会像做梦一般，恍然回想起月夜里大雁在鸟笼中飞舞的情景。

伊丹先生幼年丧母，由祖母亲手带大。母亲的娘家正好位于野田家正对门，所以两家人的交往从很早就开始了。伊丹先生第一次见到阿君是在她上小学五年级的时候。

那时的阿君像个假小子，爱爬树，成天光着脚在田埂上乱跑。从那时起，伊丹先生就一直把阿君当作"意中人"藏在心底。

后来，伊丹先生立志当一名画家。他去到东京，为一份名叫《中学生》的杂志画插图，同时也继续学画。与伊丹先生一起学画的还有一位当年一同创办《乐天》的同学，名叫重松鹤之助，他的画作曾在展览会上得过奖。朋友们都叫他"鹤万"，是个满腔热情的年轻人。伊丹先生也被他的热情感染，在给草

田男先生的信中写道:

> 见到重松以后,我们的交流一直不断。我发觉,在此之前我对绘画艺术的认识是多么浅薄,真叫人惭愧不已。无论怎样,我只有努力、努力、努力。(《伊丹万作全集2》)

踌躇满志的伊丹先生与鹤万一起回到了故乡松山。目的不仅仅是继续学画,也为了看望阿君正在养病的哥哥野田。也许,对阿君的殷切思念才是最主要的动机。那是大正十一年,伊丹先生二十二岁的时候。

然而在阿君的母亲看来,伊丹先生不过是个穷画画的。直到这位母亲去世,阿君才得以嫁给伊丹先生。

野田的病逝让郁郁不得志的伊丹先生备受打击。他告别松山来到东京府的下长崎村,跟一个名叫初山滋的插图画家一起,开始了贫寒的生活。但是这次伊丹先生没能像上次那样得到画插图的工作。穷困中,只好再度返回松山。在那里,伊丹先生与鹤万一起开了一家卖田乐[1]的小店。鹤万对生意漠不关心,成天忙着画画,伊丹先生只好独自承担起煮田乐的活计。

阿君那时因为患中耳炎,常常要去医院看病,来回的路上都要经过田乐店。阿君闻见店里飘出的田乐香,忍不住探头往

---

[1] 用海带汁、酱油等调料作底的煮菜,即"关东煮"。

店里看一眼。只见伊丹先生他们正就着茶水泡饭吃田乐。伊丹先生招呼阿君道:"要不要吃?"在当时,女孩子进田乐店是要被人耻笑的,所以阿君只能摇头走开。又有一次,阿君看到伊丹先生正在做田乐汁,取汁用的大块海带他竟然只用了一次就扔掉了。阿君想,这样下去,店里生意大约也长不了。

果不其然,这田乐店不到一年就关门了。一无所有的伊丹先生到京都投靠当时已在日活公司[1]当导演的伊藤大辅[2],并在京都写下了第一部剧本。这就是昭和六年,由伊丹先生亲自导演的作品《花火》的剧本。

而鹤万则在田乐店倒闭后因参加左翼运动被捕入狱,不知为什么,他在刑满释放的那天从监狱楼上跳下,结束了自己的生命。

之后阿君的母亲也去世了,阿君如愿以偿嫁给了伊丹先生。那是昭和五年的事。

结婚的时候,伊丹先生反复交代阿君说,什么东西都不必带,人来就好。所以阿君带到京都去的嫁妆,只有香菇、葫芦干、松子之类。来到京都太秦伊丹先生的家中,阿君惊奇地发现,伊丹先生为了迎接她的到来,已经托女演员衣笠淳子购置了和服、衣柜等等,一切都准备得井井有条。由此可知,伊丹先生是多么殷切地盼望着这一天的到来。

---

[1] 日本活动写真株式会社的简称,创立于1912年。
[2] 伊藤大辅(1898—1981),电影导演、作家。尤擅古装片,代表作有《忠次旅日记》《王将》等。

伊丹夫妇的新居位于宇治的巨椋，家居四周是一望无际的茶园，附近只有奈良线的一座孤零零的小站。阿君常常到小站去迎接伊丹先生。

一个月朗星稀的夜晚，两个人从车站顺着田埂走回家。月亮明晃晃地倒映在水田中。伊丹先生走在田埂上，放声吟诵道：

祥云弥漫在天空，轻轻包容着月亮，这样的夜晚，田中流水潺潺，黑色的土壤淹没水中，静静膨胀，皓皓夜空蛙鸣回响。

明月当空，俩人形影相随，吟着诗走在月光下的田埂上。这应该是伊丹先生最幸福的时光吧。

夜朦胧 黄莺酣眠 茶园中
草丛深处 昨日残雪 款冬冒新芽

这是伊丹先生那时创作的俳句。

昭和十三年，人们对《巨人传》的批评使伊丹先生深受打击。从这一年开始，伊丹先生的肺部开始患病，之后再也没有亲自导演电影作品。

昭和二十一年九月二十一日，伊丹先生的病情突然恶化。阿君夫人慌忙打电话向医生求救，然而医生因为刚刚离开伊丹家，尚未抵达医院。情急之下，她只好请附近的医生来救急。长子岳彦则直奔伊藤叔叔（即伊藤大辅）家。

下午六时三十分，在阿君夫人和岳彦、由加利两个孩子的守护下，伊丹万作离开了人世。

伊丹先生于这年夏天写下了一首俳句：

病卧九年 不知能否 挨过今夏

那个跑到伊藤大辅家求救的岳彦，即后来的电影导演伊丹十三[1]。

1　伊丹十三（1933—1997），电影导演、演员。本名池内义弘（户籍名），家人多称（池内）岳彦。

女无法松

在伊丹万作先生逝世的昭和二十一年,东京还是一片一望无际的焦土。

车站附近的黑市里人群聚集,精明的黑市小贩们扯着嗓门竞相叫卖。跳蚤、虱子稀松平常。去公共澡堂洗澡时,还得在香皂上打个眼儿,穿上绳子套在手腕上,以防被人偷走。

那时,我从人民新闻社辞职,考进了八云书店。一起考上的同事当中还有一位是年轻俊美的草柳大藏。

刚进书店不久,我跟随作家平林泰子去新宿有名的口琴巷黑市采访。

口琴巷可谓名副其实,一家挨一家的小酒馆都用三合板隔开,正像口琴一样。平林女士在拥挤的人群中奋力向前走着,她突然转过宽宽的肩膀,对我大声喊道:"列宁不是说过吗?存在都是必然的。对极了!"

记得当时我被她吓了一跳。

那时,千秋实主宰的蔷薇座剧团因《堕胎医》等剧目受到世人瞩目。剧团的经理人名叫荣田清一郎，他后来改行做了电影制片人，培育了众多演员。现已不在人世的荣田先生在战争时期就为伊丹先生的作品所倾倒。他出入伊丹家，为他家承担各种杂务，在粮食紧缺的情况下，还为他们争取供应物资及食物。因为伊丹的夫人阿君不是个善于应对黑市交易的人，伊丹先生的日记里有这样的诗句：

手拿得来的唯一一个洋葱，如同怀抱一块璧玉，我可怜的妻。
如今我重病缠身，妻啊！你是否有力量渡过难关？

对于自己死后妻儿的生活，伊丹先生无比担忧。

伊丹先生去世后，阿君夫人身边只剩下十三岁的岳彦和十岁的由加利。夫人曾在写给星野佑子的明信片上说起两个孩子的情况。佑子就是伊丹先生导演的《巨人传》中那个可爱的小演员。

由儿自打语文得了全年级最高分，完全变成一个迷恋分数的书虫，成天拼命学习。岳儿却连课本都不知扔到哪儿去了，看样子非得要品尝两三次落第的滋味才甘心。人活得越久，就越发有担不完的心啊。

179

即便如此，不爱学习的岳彦依然成绩优秀，而且会做装帧设计，还在上初中的他已是才华横溢。

岳彦即后来的导演伊丹十三。

荣田先生是世间罕有的热心肠，他把住在东京、跟伊丹先生多少有些渊源的人招呼到一起，名曰"板万会"。大家在酒馆相聚，荣田先生请客。

荣田先生似乎是听阿君夫人说起过我，于是我也成了其中一员。成员当中还有俳句诗人中村草田男，剧本作家滩千造、桥本忍等人。

桥本先生给我读过他写的剧本《三郎床》，据说伊丹先生也读过。这个剧本后来拍成了一部名为《我想变成贝壳》的电视剧，之后又改编为电影。

昭和二十四年早春，荣田先生第一次带着我拜访了京都的伊丹家。

当时伊丹家已把主屋退还给房东，搬到曾经是藏书室的一间三叠[1]大的偏房和隔壁一间四叠大的斗室里。我跟在荣田先生身后，进了正门，沿着主屋窄窄的走廊进去。阿君夫人已经站在藏书室门口迎接我们。她等不及我们走近，就远远地招呼道："哎呀呀，正等你们来呢！你就是野上小姐吧？"

夫人容貌端丽，美得像伊东深水[2]的美人画里的人物。

---

1 "叠"是日式房屋通用的面积单位。一叠为一块榻榻米大小，面积约1.6平方米。
2 伊东深水（1898—1972），日本画家。以美人画著称。

"每次有你的信来，我都送到丈夫枕边，告诉他这是玛德末瓦赛勒[1]寄来的。"夫人说着，做了个拿着信摇晃的手势。

我们在一起还不到一个小时，就已感觉到一种亲戚般的熟稔。夫人问我："你怎么不早点儿来呢？"我也为最终未能面聆伊丹先生的謦欬而遗憾不已。

荣田先生他们都称夫人为"阿妈"。"阿妈"拥有无限魅力，这么说似乎都还不够充分。

夫人很会做菜，可惜当时没有能供她发挥技艺的材料。还记得她扇着蜂窝煤炉子，对我们说："今天的大酱汤里，什么汤料都没有啊。"

夫人还擅长刺绣。枕套上绣满了星座图案，连抹布都被她绣得花团锦簇。

"阿妈"还有一个绝活儿。她能把大和田建树的《铁道唱歌》[2]（多梅稚作曲）一口气唱到第六十六段。从"汽笛一声出新桥"开始，一段接一段地唱下来，那长得仿佛没有尽头的铁道之旅让我叹为观止。

阿君夫人要支撑全家人的生活，却难以找到一份可以糊口的工作。他们决定返回故乡松山，可是岳彦坚决不愿回松山。于是荣田先生问我是否愿意去京都，一边照顾岳彦的生活，一边在电影厂工作。

---

[1] 法语 mademoiselle，"年轻小姐"之意。
[2] 日本明治时期的创作歌曲，共334段。歌词内容描绘日本各地铁道沿线的风土人情。起初的目的是用作学校地理教材，由于受到男女老幼的喜爱，曾广为传唱。

刚好那时八云书店的经营每况愈下，且我对电影工作很有兴趣，就接受了这个建议。

荣田先生不但是个热心肠，还是个天才推销员。他把我带到大映京都制片厂的上层领导曾我正史先生那里，在荣田先生的一通夸大广告之后，我被录用为大映的见习场记。

那年暑假，阿君夫人带着由加利回了松山，我作为岳彦的保姆搬进了京都的伊丹家。

"就当是个'女无法松[1]'吧。"荣田先生对板万会的朋友们这么说。然而我没能像无法松那样伟大，连个存折的影子都没能给岳彦留下，最多只是在加班时把剩余的供应盒饭带回去给他。

第二年即昭和二十五年，黑泽明导演的《罗生门》剧组从东京飒爽出师来到京都，我担任了他们的场记。那时，我还是个之前只经历过一部电影的新手。

有人曾对黑泽明创作的剧本《达摩寺的德国人》（昭和十六年发表）赞不绝口，又对《宁静》（昭和十七年发表）给予好评，而且早于任何人预言这位电影作家"前途无量"。此人不是别人，正是伊丹万作先生。

---

[1] 取自伊丹万作编剧并导演（因中途卧病而交由稻垣浩执导）的电影《无法松的一生》。该电影讲述外号"无法松"的人力车夫富岛松五郎无私照顾亡友妻儿的感人故事。

断　章

导演伊丹十三还没有改名为十三的时候，我向别人介绍他时总是说："您知道大导演伊丹万作吧？这位是他的儿子。"最近情况却反过来："哎，您不知道伊丹万作？怎么可能？就是伊丹十三的父亲呀！"

不久前我对伊丹夫人（不是宫本信子[1]，而是伊丹万作的夫人阿君）说起这件事，她听了笑得像个孩子，说："不知不觉，岳儿竟成了大导演。万作泉下有知，一定也很开心吧。"

昭和十九年，为治疗肺结核在山口县大岛郡疗养的伊丹先生，挂念着留在京都的妻儿，途经松山返回了京都。

阿君夫人带着岳彦到神户港去迎接，半道上遇见坐着人力车而来的伊丹先生。

一家人一起坐上火车回京都，伊丹先生从衣兜里郑重其事地掏出一个鸡蛋交给岳彦。也许是为了逗岳彦开心吧，鸡蛋上

---

[1] 宫本信子（1945— ），伊丹十三的夫人，活跃于日本影视界的演员。曾主演伊丹十三导演的多部作品。

用鲜艳的颜色画着偶人的脸蛋。当时，鸡蛋是城市里难得一见的珍贵食品。

"可是岳彦在火车上就把鸡蛋剥了壳吃掉了。"阿君夫人笑着回忆道。我仿佛看到了他们父子久别重逢的动人画面。

伊丹先生从小学时代就是个为了在黑板上画画、可以一个人留在教室里的孩子。

明治[1]四十五年，伊丹先生升入松山中学后不久，就显露头角，与伊藤大辅等人创办了校内杂志《乐天》。

伊丹先生立志成为一名画家，到东京后，他开始以池内愚美的名义为博文馆的杂志《少年世界》画插图，那年他才十八岁。

虽不见得画画的都改行当了电影导演，但优秀的电影导演当中擅画的人确实不少。从爱森斯坦[2]到费里尼[3]，还有小津安二郎[4]及黑泽明都是如此。

黑泽先生也曾立志做一名画家，但现在只有在拍电影需要的时候才画。黑泽先生说，通过画画，让人不得不认真考虑拍摄对象的细微之处。

---

[1] 1868年为明治元年。明治天皇在位期间（1868年10月23日—1912年7月30日），史称明治时代。
[2] 谢尔盖·爱森斯坦（1898—1948），苏联电影导演、电影理论家。代表作有《战舰波将金号》等。
[3] 费德里柯·费里尼（1920—1993），意大利电影导演、作家。代表作有《大路》《甜蜜的生活》等。
[4] 小津安二郎（1903—1963），日本电影导演。代表作有《晚春》《东京物语》等。

比如铠甲的纽绳该如何系，或是说明服装的花样等等，通过画图可以使形象更加鲜明。

大正十一年，曾经以画插图为业的伊丹先生回到了故乡松山，因为他惭愧地认识到自己对美术的造诣还很肤浅。

阿君夫人至今仍然清楚地记得伊丹先生回到松山后来野田家拜访的情形。

阿君夫人说："回来啦!"伊丹先生只"嗯"了一声。

然后他直接请求道："我想为你画像。"

从那天开始，伊丹先生每天前往野田家，画阿君坐在藤椅上的肖像画。阿君的母亲总是守候在一旁，不时给阿君整整衣襟什么的。伊丹先生总是对她说："又不是照相，不要紧的。"

后来，伊丹先生开了一家田乐店，不到一年就倒闭了，结果是除了一身债务之外一无所获。无奈之下，他只好去京都投靠在日活公司当导演的伊藤大辅。在那里，伊丹先生写下了第一部剧本。

昭和三年，由伊藤先生推荐，伊丹先生第一次使用"伊丹万作"的笔名写下剧本《天下太平记》，这是千惠藏制作公司[1]创立后拍摄的第一部电影。四个月之后，伊丹先生亲自导演了自己的作品《复仇轮回》———一位新锐导演飒爽登场了。

昭和五年，阿君夫人的母亲去世，有情人终成眷属。伊丹夫妇在京都嵯峨野暂住了一段时间后，搬到了京都郊外的久世

---

[1] 即片冈千惠藏制作公司。1928 年，由演员片冈千惠藏在京都创立的电影制作公司。1937 年，并入日活公司。

郡巨椋村。

阿君夫人曾向我说起家里进小偷的经历。

有一年夏天,半夜里忽然听到枕畔有个男人的声音在喊:"老爷!老爷!"阿君夫人吓得缩在被窝里不敢动弹,心脏狂跳不止,心跳的声音恐怕连小偷都听到了。

这时伊丹先生起了身,到隔壁房间与那个小偷说着什么,好像还给了他钱。天色渐渐发白,伊丹先生对小偷说:"你可以乘头班车回去。"阿君夫人起床一看,只见伊丹先生面前坐着一个蓬头垢面的年轻男子。

小偷闯进新婚燕尔的伊丹夫妇家,居然吃上了早饭

伊丹先生让他顺便吃了早饭再走。小偷说:"那我得去把藏在堆肥小屋后面的鞋取回来,要不然被人偷走了可不成。"说着就出去了。伊丹先生的一句话叫阿君夫人忍俊不禁:"你自己就是小偷,还怕人偷?"

吃早饭的时候,窗外路过的农夫以为伊丹家来了客人,还特地问候一声才走。不一会儿到了头班车的时间，小偷说："谢谢！有机会我再来打扰。"

伊丹先生回敬道："不必了。"

这段故事简直就像伊丹先生电影里的一个片段。

直到最近，阿君夫人还对我说："万作去世的时候才四十六岁，将来在那个世界遇见他，他一定不认识我这个老太婆了。"

阿君夫人现在已经年过九十了，也许是英年早逝的伊丹先生希望夫人能代替自己长命百岁吧。

《巨人传》

伊丹万作先生于昭和十三年执导的作品《巨人传》由"电影俱乐部"发行了录像带。应伊丹十三的要求，我曾委托电影中心的相模原分馆为我们放映收藏在那里的《巨人传》。

当时同去的有伊丹十三、佐伯清、桥本忍、星野估子等人。十三与我都是第一次看《巨人传》。

电影结束，十三站起来，回头对我感慨地说了一句："拍得真好！"

也许对于现在跟父亲成了同行的他来说，父亲万作当年历经的艰苦亦是感同身受。

《巨人传》是根据法国作家维克多·雨果一八六二年发表的《悲惨世界》改编的。伊丹先生亲自改编和撰写剧本。原题意为"悲哀的人们"，作者雨果也是一位政治活动家，他同情穷苦人民，曾致力于社会制度的革新。

在日本，自从明治三十五年《万朝报》开始连载黑岩泪香以"噫无情"为题翻译的《悲惨世界》以来，这部作品一直深受广大读者的喜爱。

长篇巨著《悲惨世界》讲述了主人公冉阿让跌宕起伏的一生。冉阿让在穷困中因为偷了一个面包而被捕入狱。在主教的感化之下他悔过自新,当上了市长,处处与人为善。警官沙威却千方百计地追究冉阿让的过去,而冉阿让在逆境中仍然无私地照顾可怜的孤儿珂赛特。

一九〇七年以来,《悲惨世界》在世界各国被改编为电影。令人吃惊的是,在日本,以一九一〇年M·百代商会[1]拍摄的《噫无情》为始,除伊丹先生的作品以外,还有过多部根据《悲惨世界》改编的电影:

一九二三年松竹[2]的《噫无情》(第一部,牛原虚彦导演;第二部,池田义信导演,井上正夫、栗岛纯子主演);一九二九年日活的《噫无情》(志波西果导演,鸟羽阳之助、梅村蓉子主演);一九三一年日活的《冉阿让》(内田吐梦导演,浅冈信夫、入江隆子主演);一九五〇年东横映画的《悲惨世界》前篇(伊藤大辅导演,早川雪洲、早川富士子主演)。从世界范围来看,堪称名作的则有法国拍摄于一九三四年和一九五七年,分别由哈里·博尔和让·迦本主演的两部《悲惨世界》。

伊丹先生在千惠藏制作公司崭露头角之后,又经日活公司、

---

[1] M·百代商会,成立于1906年的电影公司。1912年与福宝堂等公司合并为"日本活动写真株式会社",简称"日活"。
[2] 即松竹株式会社,创立于1895年。日本五大电影公司之一。

新兴电影[1]进入J·O[2]。由于J·O公司与P·C·L[3]合并成为东宝映画，伊丹先生于次年即昭和十三年从熟悉的京都搬到东京，并作为东宝的一员开始着手拍摄《巨人传》。

自千惠藏制作公司的时候起，就一直担任伊丹先生第一副导演的得力助手佐伯清这时也一同进入东宝。佐伯先生回忆说，那是他第一次到东京，担任的又是规模宏大的作品，只记得当时不顾一切地埋头工作。

令佐伯先生难忘的是在砧[4]的第一摄影棚的一次拍摄。扮演阿国的堤真佐子的一句对白"哈依"[5]怎么也不能让伊丹先生满意，于是整整一天单单重复一句"哈依"，直到天亮。

到了最后，连守在一旁的佐伯先生也听糊涂了，不知哪句好哪句不好，干脆打起瞌睡来。

后来大家还为伊丹先生戏作了一句诗："回响寒夜天空中，一声'哈依'到天明。"但我在录像带上反复看了多次，也没找到阿国说"哈依"的片段。也许彻夜拍摄的成果最终没能派上用场。

《巨人传》里的冉阿让即大沼三平由大河内传次郎扮演。珂赛特即千代则由原节子扮演。

---

1 "新興キネマ"，成立于1931年的电影公司。二战期间并入"大日本映画"。
2 "J·Oスタヂオ"，1933年成立于京都的电影公司。后与P·C·L合并为东宝映画。
3 "P·C·L映画製作所"，成立于1933年的电影公司。东宝映画的前身之一。
4 东京世田谷区的地名。东宝制片厂的所在地。
5 即"はい"，日文中表示应答的感叹词，相当于中文"是""遵命"等。

扮演原节子儿童时代的是片桐日名子，她是个大眼睛的可爱女孩，也就是与我们同去相模原观看《巨人传》的星野估子。"片桐日名子"是伊丹先生为她取的艺名。

小估至今仍清楚地记得二月八日这个日子。因为那天拍摄了这样一个场景：提着桶在井之头公园打水的千代对着天空喊"妈妈，妈妈"。伊丹先生说这个场景太悲凉，因此特意安排在第一天拍摄。

小估跟大河内先生一起泡温泉的场面剧本里原本是没有的，所以这个镜头重拍了多次。小估说，温泉泡得她头都晕了。

关于这一段，伊丹先生的《吧咦》一文（《伊丹万作全集2》）曾有提及。借用的是演员香川良介的妻子的故事。他家的小孩出生的时候，妻子说："生怕从肚子里生出个粘着饭粒儿的小孩，哪知是个漂亮孩子，真让人吃惊。"伊丹先生似乎很中意这段故事。

被提拔来扮演原节子恋人的是佐山亮。这也是他的出道之作。佐山亮是个美男子，毕业于美术学校，可惜翌年因病退职。

电影于昭和十三年四月十一日首映，在日本剧场隆重上映。

这天伊丹先生和佐伯先生一同前往日本剧场，宽敞的剧场里人影稀疏，观众反应平平。两人意志消沉地出了剧场。走到大门外，伊丹先生说："去喝两杯？"

伊丹先生平日几乎不喝酒，而受邀的佐伯先生也是酒量小得连喝啤酒都用小酒杯的人。他们进了附近一家名叫"醉心"的小酒馆。

佐伯先生回忆道："两个人喝闷酒，那酒可真不好喝！"

佐伯先生说，他们俩单独喝酒那是第一次也是最后一次。每次听他说起，我心里总是很难过。

后来伊丹先生因肺结核病倒，只好搬回京都。《巨人传》成了他导演的最后一部作品。多么希望这部电影叫座或得到影评家的交口称赞，只因这是先生最后的作品。然而大多数评论都非常刻薄："这部电影由失败之作接二连三的大河内主演，同样毫无起色的伊丹万作由于过度地故作高深，反而自己把自己绊倒了。"

伊丹先生对此不曾辩解，也没有表示抗议就离开了第一线。

我想，伊丹先生把这部电影的时间设定为西南战争[1]时期，不过是想向人们诉说：在动荡的社会环境下，一个人想严以律己地活下去是多么困难，对贫者的关爱是多么可贵。

事实上，翌年爆发了诺门坎事件[2]。根据电影法的规定，电影剧本的事前审查制度开始了。军靴的声音正渐渐逼近。

---

[1] 1877 年 2 月，以西乡隆盛为首的士族出于对明治政府的不满而发动的一场叛乱。叛军于同年 9 月被政府军镇压。
[2] 即 1939 年 5 月至 9 月期间的诺门坎战役。日本和苏联因为伪满洲国与蒙古的边界争端大动干戈，最后以日军的惨败告终。

面对死亡

平成[1]四年五月二十二日，伊丹十三导演在那天夜里被暴徒袭击。

我从电视新闻中得知他没有生命危险，总算松了一口气。我冷静下来，首先给十三的妹妹由加利打了电话。我们一起赶往医院。医院周围已经停着好几辆电视台直播车，到处是伺机守候的媒体记者。

由加利作为受害者的妹妹当然可以突破谢绝入内的限制，我则乘机跟随在她身后。昏暗的休息室里黑压压地挤着一群东宝宣传部的人，大家都沉默地坐在那里。其中一个熟人小声告诉我，手术尚未结束。

上了三楼，在监护病房旁边的电话间里，宫本信子夫人蹲着身子躺在长椅上。看我们走近，她立刻坐起来道谢，脸色青绿憔悴，说是由于过度的紧张引起了头痛和恶心。

1　1989年为平成元年。平成天皇在位期间（1989年1月8日—2019年4月30日），史称平成时代。

我们在走廊上等待了数小时,直到手术结束。其间几个警探模样的人匆忙地进进出出,又有亲友们赶来看望,每当来人的时候,信子夫人就在额头上敷一块冰毛巾,招呼他们。

过了深夜,我们得到通知说病人不久即可从手术室移到监护病房。之后一群白大褂迈着自信的脚步前呼后拥地推着一台担架车朝这边走来。一群人经过我们身边时,透过白大褂的缝隙,短短一瞬间,我看到了十三的脸。借用拍电影的术语来说,那一瞬只有两三英尺那么短。

之前我还不知道如今的绷带已经如此先进,十三的头部除了面孔之外都被一个白色的网罩住,网的顶端部分在头顶上打了一个结,尖尖的,像葱头又像丘比娃娃。这么说好像不太严肃,但当时心里怎么也生不出悲怆的感觉。

十三脸色苍白,紧闭着双眼。我目送推着担架车的人群走过,心里想到的只是:活下来就好。

自那以后我再没有见过十三。难能可贵的是,通过电视、报纸就足以了解到他的近况。

平成四年九月八日,各报醒目地登载了十三导演发表新作的报道。作品名为《大病人》。我想,十三的构想之所以总是能够抓住独特的着眼点,原因在于他善于把最普遍的问题具体化。

十三说:"我也到了开始在意'死'这件事的年龄,所以想尝试拍一部关于'死'的电影。"(《产经体育报》)因为那次身负重伤的经历,有这样的想法也是情理之中的。当时十三大概想象过死亡这件事。虽然他以沉着的行动和冷静的观察来面对，但心底一定在与死亡的恐惧搏斗吧。

十三的严父伊丹万作在病榻上面对死亡八年之久，仍然奋斗不息。八年时间里，他严于律己的精神不曾有过丝毫松懈。

每次阅读他的病床日记，我都为之深深打动。

（昭和十六年九月九日）——"傍晚，忽然预感死期临近，栗然。平时的觉悟顿时灰飞烟灭无影无踪。眼见自己的双脚日渐枯瘦，极为明显。不由想起胞兄临终的模样，感觉一股自己终究无法抗拒的力量正步步逼近。与其说是恐惧，不如说是一种深不可测的焦灼，心脏悸动迅速异常。（《伊丹万作全集1》——"新稿旧稿——病床杂记"）

对人们来说，无法估量伊丹万作的死是多么大的损失。唯一的安慰是，伊丹先生在战争结束后，还活了短短一年的时间。

战败后不久，伊丹先生在八月二十一日的日记中写道：

晚上，阴历十三的月色清明。细细思量和平之可贵，深感不可思议。夜不成眠，为剧本研究会打腹稿。再次点灯草拟会则。（《伊丹万作全集2》——"静身动心录"）

由此可知，可以自由撰写剧本的时机终于来到之时，伊丹先生虽病卧在床濒临死亡，心中洋溢的却是沸腾的热情。

然而战后的粮食紧缺和营养不足使伊丹先生衰弱的身体更加恶化了。

（昭和二十一年四月二十二日）——傍晚体温升至三十七度八分。近来体温升高，忧心忡忡。我虽长年病卧在床，却一直为支撑家人的生活而奋斗。但病情严重之时，常常感觉精疲力竭。我告诫自己不能这样，要重振精神，然而……（《伊丹万作全集2》）

伊丹先生去世于昭和二十一年九月二十一日。我听阿君夫人说起过那天的情形。

伊丹先生自发病以后，每天都用图表记录脉搏和体温。那天也像往常一样，医生来打了针之后回去了。伊丹先生打开成卷的图表记录数据，说道："体温和脉搏交叉了……"

阿君夫人之前曾听说两条线交叉不好，她弯下腰把头凑到伊丹先生身前想把图表看个究竟。就在这时图表掉在地上，伊丹先生伸出两手想搂住阿君夫人的脖子，却失去力气。阿君夫人吓坏了，急忙给医生打电话。但是医生刚离开伊丹家，还没有回到医院。阿君夫人只好请附近的医生迅速赶来，为伊丹先生做了应急治疗。然而伊丹先生的病情仍未好转，阿君夫人只好让儿子岳彦（伊丹十三）赶去找伊藤大辅。

伊藤大辅在回忆文章"初·冬"(《伊丹万作全集2月报》)中这样写道:"我把住他的手腕一看,脉搏已远,微弱无力,那搏动在我手中越来越弱,渐渐消失。"可是据阿君夫人回忆,伊藤先生并未在伊丹先生临终前赶到。也许是时间与记忆的错误。

  故乡就是 我死去的地方 吾亦红
  落在我坟上 冰冷的雨声

这是伊丹先生最后的俳句("静身动心录")。

第二章
盆景人生·大映京都制片厂

在狭小的区域之中

伊丹万作先生在著述中留下很多至今仍有生命力的名言箴言。

> 清早上班的时候,来到能够将制片厂一览无余的地方,请务必在那里稍做停留。
> 且最好在那里做一番思考。试想在那片狭小的区域里,众多人挤在其中嘈杂喧嚷,是件多么无聊的事。弄清这一点之后,请把你的灵魂原样停留此处,只需让身体走进制片厂即可。(昭和十一年九月十一日)
> (《伊丹万作全集1》——"壁听闻")

我在东宝工作的时候,制片厂门口的路有个拐弯,所以开车经过时总需要踩一脚刹车,这时我总会反刍伊丹先生的那些话。

昭和二十一年伊丹先生去世。后来阴差阳错,我被大映京都制片厂录用为见习场记,那是昭和二十四年的事。

自那以后,我几乎一直都身处这片"狭小的区域"之中,继续着无聊的喧嚷。在我看来,这里有人与人的瓜葛,有嫉妒,有欢乐,有悲伤,人生的缩影尽在其中。

我第一次到制片厂报到那天,制作部的工作人员把我介绍给一位名叫木村惠美的前辈场记。她个头娇小,衣着得体,头戴一顶登山帽。看外表,她给人一种走在职业妇女前列的感觉。木村小姐非常亲切地带我参观制片厂内部,为我一一解说:这里是某某摄制组,那边是某某摄制组。我这才知道,原来摄制组的名称是以导演的名字来命名的。巨匠伊藤大辅先生依然健在,正在拍摄《花笠飞山间》。

惠美就在伊藤摄制组工作。她带我参观了伊藤摄制组的拍摄现场,并告诉我,只要多观摩现场,就能逐步把握工作内容。

《花笠飞山间》的情节我已经完全不记得了,记得片名是因为它很有伊藤先生的特色,仿佛可以看到摄影机追随一顶笠帽高高飞上天空拍摄上摇镜头的样子,别有意趣。

那天在巨大的布景下搭了一个戏园子,摄影机正从戏园子一楼看台拍摄二楼观众席上某演员的镜头。

主演花柳小菊小姐这天本来没有戏,这时却穿着一身漂亮的和服出现了。她站在摄影机后面一边观看二楼的演员演戏,一边说人家的风凉话。她掩着嘴娇滴滴地说了一句:"这拍的什么电影呀?!"众人大哗。

在我眼中,那时的花柳小姐美得令人目眩,那个华丽的场面至今仍然鲜明地留在我的记忆里。

我从惠美那里领取了秒表、铅笔和用纸夹夹着的场记表。这些都是场记的必备用具。秒表用来计算每个拍摄镜头（shot）的长短，场记表则是用来与洗印厂和剪辑部联络的备忘录。

洗印厂洗印拍摄好的成卷的负片时，就是依靠被称为"场记表"的场记备忘录才知道"这个镜头第三次才OK""这个镜头第一次就OK了"。然后再把各个镜头按顺序重新排列（众所周知，拍电影时并不按照剧本的顺序拍摄），只把OK部分洗印为正片。这么做当然是出于节俭的精神。

这些OK正片被交到剪辑部，剪辑师剪辑各个镜头的时候，也是参照场记的剪辑用备忘录才得以了解"这个镜头说的是这句对白""这个演员之后走出了画面"之类的信息。

上述方式在现在是理所当然的程序，而当时的大映却把在洗印厂洗印OK正片的工序省略了。

OK的负片直接交到剪辑部，剪辑师一边转动负片一边参照"场记表"，毫不留情地挥刀剪接，然后才将其洗印为正片。

这种做法出于节约再节约的节俭精神，试映时导演和其他工作人员看到的所谓工作样片就是洗印好的正片。此时的影片经过剪辑已经没有了拍摄时的原貌。这种方式称为负片剪辑，可以说是剪辑师大显身手之处。

当时的名剪辑师之中最有名的是宫本升太郎。他总是歪戴着帽子，叉腿站立，把负片狠狠绕上看片机（电动式小型放映机），嘴里还吆喝着"什么玩意儿！"，做派十分豪放。

昭和二十五年，黑泽明导演带领《罗生门》剧组来到大映，他第一次看到这种采用负片剪辑方式制作的样片时，着实震惊了一回。他首先向公司提出的条件，即要求洗印未经剪辑的负片。

然而在这半近代的"狭小的区域"之中，这种方式自有其原始而有趣之处。

已经忘记是什么电影，只记得摄影师是宫川一夫。拍摄的是大河内传次郎策马疾驰在河埂小道上追赶的场面。远景的骑马镜头已经由替身在外景地拍摄完毕，接下来只需在摄影棚内拍摄大河内的脸部即可。

把一个用坐垫包裹的箱子放在合适的位置上，然后请大河内跨上去。背景是一片空白。在这么简陋的条件下，就算名演员大河内先生弓着身子做出满面威严的表情，也还是怎么看也不像是在骑马。因为背景没有移动的物体。就像儿歌《火车》唱的那样，"森林树丛水田旱地，往后飞去"。

这种时候，最先被揪出来效力的一定是副导演。他们不得不各举一根树枝，互相保持一定的间隔，跑过大河内的后景。穿过画面之后，还得立刻绕到摄影机后面，再次横穿画面。也就是说，大家是边跑边围着大河内打转，这样一来，大河内总算有了像是在骑马的样子。

若是哪根树枝不能跟大伙儿保持一致的步调，就会显得很奇怪。每个人都必须跟前面的人保持同样的奔跑速度，树枝上下摇动也不行。要是副导演的脑袋被拍入画面就更不像话了。

"单凭这个，电影就叫人欲罢不能啊！"

各位副导演都在一丝不苟地转圈，我们在旁边看得捧腹大笑。宫川先生看着摄影机画面笑道："单凭这个，电影就叫人欲罢不能啊！"

见习场记

由"电影俱乐部"发行的录像带当中,有几部昭和二十四、二十五年前后大映京都制片厂摄制的作品。当时我正在那里担任见习场记,所以这些作品让我觉得格外亲切。

衣笠贞之助的《甲贺屋敷》、伊藤大辅的《我们看见虚幻之鱼》、冬岛泰三的《鬼蓟》、木村惠吾的《痴人之爱》,循着这些片名,当时食堂酱汤的味道、剪辑室走廊上木板嘎吱作响的声音及制片室沙发的感触,也一同在我的记忆里复苏了。

因为经常熬通宵,场记更衣室兼休息室里只放着衣柜,在地板稍高的一块两叠大小的地方放着叠好的被褥。能在这里打盹儿已经很不错了,我曾连续一个星期不眠不休。

毕竟单大映一家一九四九年上映的电影就有四十九部,一九五〇年五十一部。算上其他公司的话,这两年的产量更令人震惊:分别是一百五十六部和二百一十六部。(《电影旬报增刊·映画40年全记录》)

因此大多数情况下,工作人员都分为B班、C班及大部队之外设立的特别班组，大家分工合作，否则就赶不上首映日。衣笠导演的《甲贺屋敷》的首映期限在年底，摄影工作从一开始就以长谷川一夫相关人员，以及黑川弥太郎相关的 B 班分别进行。

这部电影本应由长谷川一夫和山田五十铃的"新演伎座"制作公司与东宝共同制作。由于东宝和另一家合作伙伴新东宝两家公司的财务问题，新演伎座受到牵连，亏欠了一亿多日元的债务，于是改为与愿意承担这笔债务的大映合作拍摄。

曾担任 B 班场记的前辈秋山美代子说，开拍《甲贺屋敷》的时候，所有的工作人员聚集在礼堂，倾听衣笠导演声泪俱下的诉说。大意是，在东宝的拍摄被迫中止，新演伎座正处于危机之中，请各位工作人员一定要多多给予关照和支持。

制片厂到了午休的时候，不时能在摄影棚里见到虚无僧打扮的长谷川一夫。我还记得当时对他矮小的身材感到很意外。

我的师父木村惠美曾跟长谷川先生一道工作过，她在场记休息室对我说过这样的话："好久不见的长谷川先生居然笑着对我说：'如今在当年割伤我脸的人的公司工作，真是不可思议。'"

这说的是昭和十二年，当时名为林长二郎的长谷川因为换公司的问题被暴徒破相的事件。

因为这个缘故，长谷川先生的心头一定萦绕着复杂的思绪吧。

但大明星长谷川一夫和其他明星相比，依然有着与众不同的性感魅力，尤其是那脉脉含情的眼波最为不凡。

午休时我与惠美回休息室的路上，遇到了做艳丽公主装扮的长谷川一夫和他的随从一行。好像正是拍摄《蛇姬道中》的时候，长谷川手提着大红罩衫沉重的前裾，步履维艰。惠美不胜感慨地对他喊道："长谷川先生，真美！"

"你是说我的花衣裳吗？"长谷川先生仪态万千地回过头来，一边向惠美递送了一个迷人的眼波。

一年之后的昭和二十五年，我作为一名新手场记刚刚开始走上正轨的时候，参加了冬岛泰三导演的《鬼蓟》的拍摄。忘了是在哪一处渔港，只记得是拍摄船上的场面。

为了看那天的外景摄影，当地的渔夫们把工作撂在一边，从一大早就像过节一般热闹起来。

大大小小的渔船挤满了渔夫和他们的家人，簇拥在外景队的船只周围。就像有名的香港水上人家的船队那样密集，还有阵阵尖叫传来。

我们的船较大，加快速度想要突出重围，却还是被后面成群的渔船一齐追上来。

即便这时，长谷川一夫仍然站在船头，不断向渔船上的大娘大婶们抛送秋波。当他目光向右，就听见右边的渔船传来一阵尖叫；目光往左，又听到左边的渔船欢声沸腾。那本事真是不得了。

各个方向一一送过秋波之后，长谷川才转回身来，说道："四处都是人，这不是叫我连撒尿都没法撒吗？呵呵呵。"

我想，他不会真的打算站在船上往海里撒尿吧……

言归正传，当我还是见习场记的时候，剧组到外地出外景时从不带我去。我只需在大清早目送外景巴士出发。留在制片厂仍然有很多工作，在剪辑室帮忙整理、搬运胶片，也没有时间回家，勉勉强强能在剪辑室的油毡地板上枕着干瘪的坐垫躺一会儿。

在剪辑部狭长拥挤的房间里，背靠背地摆着各个摄制组的剪辑台，让人感觉仿佛是在一所野战医院里工作。

衣笠导演擅长熬夜，他总是立着单边膝盖独坐在剪辑台前，右手转动着胶片。后来回想起来，那副模样活像黑泽明导演的《蜘蛛巢城》里浪花千荣子扮演的那个妖婆。

像我这样被临时雇用的见习场记日薪不过一百二十日元，似乎也没有加班费。不过加班时有盒饭供应，这让我很开心。我不加班的时候，惠美常常把从别的摄制组要来的盒饭送给我，还说："没事儿，拿去吧！"

午休时惠美一回到休息室，就嚷嚷"累死了！"，然后把剧本扔到一边，衣袖一捋，就往胳膊上打希洛苯[1]。我至今难忘惠美注射时惬意的表情。

当时希洛苯尚未被禁止，故而能够堂而皇之地盛行于制片厂。

连日熬夜的制作人员用送饭的木盘盛着一堆希洛苯胶囊和

---

[1] 一种用甲基苯丙胺制成的药物，有兴奋作用。二战后曾在日本泛滥，1951年后被法律禁止。

注射器，四处向工作人员提供服务："怎么样？要不要来一支？"这可是真事。

"怎么样？要不要来一支？"
连续熬夜的时候，制作人员四处提供希洛苯服务，真事儿

在战争期间食物匮乏的条件下，大家那种为着一个目标忘我工作的习惯还保留着，也许正因如此才坚持下来。

目不斜视

最近我见到了久违的小林桂树，我们一起吃了一顿饭。老友相见分外亲切。

还记得很久之前，我在东宝的录音楼里偶然遇见过小林。在配音（配合拍摄画面录制对白的工序）室前的走廊上拥挤着正等候工作的演员们，我因为有事要办，只好分开人群尽力往前挤。在成群的演员当中，我发现了小林。

"阿桂？""嗯？哦！""好久不见啊！"

"真像在撤退船里碰到了战友啊！"小林说。以当时的境况来讲，这句话真是再恰当不过。我们之间的情谊正如战友一般。

我终于升任为一名正式场记是在昭和二十五年，拍摄电影《复活》的时候。编剧是依田义贤，导演野渊昶，原作不用说，是托尔斯泰。

喀秋莎的扮演者是大映正当红的京町子。而聂赫留朵夫公爵的角色竟然派给了小林桂树，为此特地把他从大映多摩川制片厂叫到京都来了。

在拘留所的布景下，京町子身穿肮脏的囚服，侧着脸倚在铁栅栏上的模样，还有小林扮成海军军官的潇洒身姿，我只记得这些，其余全都忘记了。不过我还记得小林当时说过这样的话："我之所以能到这儿来演主角，是因为男演员太少。大家都参了军，还有很多人没有回来嘛。"

小林一向如此，总爱说些大实话来逗笑大家。

导演野渊先生是关西新剧运动的先驱者之一，也是著名的话剧编剧，曾任同志社高等商业学校的教授。他总是一身笔挺的西服，头戴礼帽，就像把永井荷风往竖里拉长一截的模样。野渊导演叼一支烟，迈着内八字步踽踽而行的身姿，仍然浮现在我眼前。

在当时的大映京都制片厂，还活跃着巨匠伊藤大辅、森一生、冬岛泰三、木村惠吾、安田公义、加户敏、安达伸生，以及来自新演伎座的衣笠贞之助等导演。

如前所述，当时每年拍摄的电影多达五十部，平均每月四部，也就是说每周必须完成一部电影，简直就像办周刊杂志一般。

拍摄现场如同战争时期的军工厂，"今天的一架飞机胜过明天的两架"，大家只管拼命增产，连日通宵达旦成了家常便饭。

熬夜的时候可以领到早餐券。去食堂的时候，经常在食堂一旁的水龙头前遇到腰上别着毛巾来洗脸的副导演们。大伙儿一边刷牙一边互相发着牢骚，"今天已经是第三天了""我已经五天没着家了"。

名曰早餐,其实不过是酱汤之类。当排队得到一碗热乎乎的酱汤时,可以白吃一顿的满足感让我感喟不已。而在家中,还有伊丹十三这个当时还不知是龙是虫的雏儿。我连日熬夜工作的时候,那雏儿究竟如何度日……(虽然现在才来担心已无济于事)我还记得曾经像母狐狸那样,搜罗一些剩余的夜宵盒饭带回去。这么说来,我也算捎带过一些食物给他。

还不单单是粮食困难。由于战后物资匮乏,胶片产量仅二百五十万英尺(昭和二十二年),从业者只有靠黑市采购来克服"胶片饥荒"。昭和二十三年,胶片价格大幅上涨到每英尺十日元四十五钱[1],讽刺的是,与此同时胶片产量大增,超过了消费量(一九五〇年版《映画年鉴》)。但在当时的大映,胶片仍然是贵重物资,导演也不敢轻易喊"NG"。

众所周知,电影的画面和声音由摄影机和录音机两种设备分别录制,之后再洗印到同一胶片上。把画面和声音合到一起时,唯一的识别标记就是那块场记板。后期录制的时候,把场记板出现的镜头与录音中场记板的拍板声重合,后续的对白和声音才能与画面同步。

然而在拍摄资财紧缺的时期,最初这"准备,开始!啪!"所用的两三英尺胶片也让人觉得可惜。于是有人说:"拍板就免了吧!"到头来,剪辑人员不得不费尽心力把画面中演员的口型合上对白。

---

[1] 钱,当时日元的货币单位之一,等于一日元的百分之一。

无论怎样，电影公映的日期是绝不容延迟的。随着期限逼近，上述拍摄工作是否顺利进行也会影响到剪辑和录音的完成。

实在无法如期完工的情况下，剧组会分为A、B、C、D班分头行动。A班的导演录音的时候，别的班同时也在拍摄的情形并不少见。更有甚者，这边已在录制音乐，而跟音乐相配的镜头还没有拍摄。

向作曲家说明未拍摄的镜头

这时候只能估摸镜头大致的长度，接上被称为"白味"的空白胶片做替代。我们把这种方式称为"幽灵"。向作曲家说明的时候，就说这一段有"幽灵"。

如果"幽灵"的段落长达几分钟，就必须要求作曲家对画面有一定程度的想象。所以我们会在"白味"上画上红线或蓝线，同时说明："画红线的段落是两人的特写。蓝线段落是两人一同步行的长镜头。"

在当时担任作曲的都是制作公司专属的作曲家，对这样的做法他们也许早已习以为常，但说来也真不容易。

时为昭和二十五年，麦克阿瑟将军的反共政策[1]也波及电影界，加之朝鲜战争爆发，世界局势动荡。在这样的状况下，我却在这狭小的区域之中，为了电影的如期上映，目不斜视地拼命工作着。

---

[1] Red purge 政策。1950 年，驻日盟军总司令部对日本各地的共产党员及亲共人士采取了大规模排斥政策。从政府职员到企业员工，万余人因此失去了工作。

黑市香烟

内田百闲有一篇名为《二钱记》的作品，说的是少年百闲从京都回冈山的时候，因为车资仅差两钱而走投无路的往事。

别无他法，他只好用身上所有的钱买了到中途姬路的车票。在姬路下车后，他灵机一动，把随身带的书卖掉，终于回到冈山。令他懊悔的是，在京都竟然没有想到这个办法。

事实的确如此，哪怕只少一钱，就买不到你要的票。我在京都给伊丹（十三）少年做保姆的时候，从我们的住所到大映京都制片厂上班必须乘坐电车。首先乘市营电车从乌丸车库到北野白梅町，然后换乘岚电北野线在帷子路口下车，最后还需步行一段才能抵达。

已经忘记是哪部作品，有一天预定于大清早出发到市内拍外景，我匆匆忙忙地从家里赶去。一边往车站跑，一边摸口袋里的钱，发现金额太少，但我还是跳上了电车。带的钱勉强够买市营电车的票（当时好像是八日元？），之后就所剩无几了。在白梅町下车后，再往前，我就不知该如何是好了。

前往外景地的出发时间就要到了。这会儿管理人员一定正焦躁不安地在外景巴士前抱怨我这个新手竟然姗姗来迟。但我不过是个见习场记，搁下我出发，工作也不会受什么影响，时间一到，他们自会按时出发。这么一想，我反倒变得出奇地冷静，干脆决定走路去制片厂。

就在我恨恨地从岚电车站走过的时候，就像在黑夜里看见了灯塔的光亮一样，一座点着红色电灯的四角岗亭映入我的眼帘。走近一看，一个典型公仆模样的年轻警官独自坐在桌前写着什么。我像抓住了救命稻草一样跑进岗亭，摸着原本什么都没有的口袋告诉警官说，我的钱包丢了。年轻警官听我诉说完前因后果，笑眯眯地站起来，从自己的钱包里拿出十日元借给了我。当然后来我把钱还给了他。

像这样，伊丹少年如何在我们上顿不接下顿的日子里活了下来，至今仍然是个谜。不久，住在大屋里的房东提出要我们搬离偏房，于是我们搬到了帷子路口站前。从那里到制片厂只需步行五分钟，从此我不必再担心车票钱。我们租的是二楼的两间房，从窗口几乎可以识别电车上乘客的面容。

房租每月九百日元。离制片厂近了虽好，下班的时候同事们常常顺路来访，吃吃喝喝的事渐渐多起来，我们又陷入了慢性的经济困境。没几天我们就成了附近当铺的熟客，大部分衣物送进去就没有再回来。

那是天气即将转寒的时节。难得工作空闲，我在场记休息室的时候，很稀罕地来了一个找我的电话。

对方说："很吃惊吧？我是市田家的阿幸呀！你小学时候的……现在我到京都来了。"

多年前，阿幸住在我家附近，她父亲是国营铁道的职员，母亲是有名的专科学校老师，家里生活很富裕。而我家却是：父亲因触犯治安维持法被抓进了拘留所，母亲在小学教书，勉强支撑着一家人的生活。

已有十四年没有听到阿幸的声音，她依然那么活泼开朗。阿幸告诉我，她丈夫从事跟占领军有关的工作，待遇很好。这次来是为了进货。"我还带了三个孩子呢！"在电话里，她依然笑声朗朗。

"我帮很多人买过洋烟什么的。你那里有人要买好彩烟的话，我可以帮你订货。"——听阿幸谈论着黑市烟草买卖的话题，我回想起当年去她家时看到的景象。

虽然还在打仗，她家的柜子里却满满堆放着成袋的砂糖和一箱箱肥皂。看来时至今日，她家依然过着优裕的生活。跟她搞好关系，也许以后还能得到好的回报——不能说我内心里没有这样的期待。我答应帮阿幸找一些想买洋烟的人，并邀请她全家到我家来做客。

在昭和二十五年秋天，一包和平烟要五十日元，光牌四十日元。而好彩烟的黑市价是多少，我却想不起来了。惠美前辈及导演、摄影师等很多人都想买这种烟，因为阿幸说要先付款，惠美帮我把烟钱收齐，一会儿工夫，就凑成了一笔一万五千日元的巨款。

阿幸来到我家，带着两个男孩，手里还抱了一个小的。同来的还有一个穿夹克的男人，阿幸介绍说是她丈夫。男人不怎么说话，给人的感觉有些阴沉。阿幸却说个不停，大声地笑着。

阿幸收取巨款后就告辞了。她与我约定次日四点在四条大桥靠京极一侧等候，还说一定亲自把香烟送到。

第二天，还不到约定的时间，我就站在了四条大桥下。河上吹来的阵阵冷风让我后悔不该来得太早。可是过了四点半仍不见阿幸的身影。我担心她弄错了桥上的等候地点，在桥上走来走去找她。或许是她的小孩生病了，这样想着，我一直站到六点多。然而阿幸始终没有出现。四周完全暗下来，路灯亮了。我怕让惠美久等，拖着沉重的双腿回到制片厂。惠美听了我的讲述后说："这事有蹊跷。你不会是被骗了吧？"听了这句话我才回过神来，脸都吓白了。那么多钱都是别人的，无论如何我都得把钱要回来。我向惠美借了钱，直奔大津阿幸留宿的旅店。

到达大津的时候已是深夜。我一路打听旅店的名字，好容易才找到。站在大门口的掌柜告诉我说："那个客人今天一大早就出发了。"我问他阿幸是否留下什么东西给我，回答是否定的。那之后，我是怎么回到京都的都已经忘记了。无奈之下我只好回到东京老家，向叔母借钱来偿还。

我凭着向旅店打听到的市田幸子的住址，在阿佐谷来回寻找。终于找到她家的时候，我怀着满腔的激愤只想大骂一场，我怒气冲冲地拉开她家大门口的玻璃推门。

开门一看，眼前的景象让我不知该如何形容。屋里没有一件家具，几乎就是一座空房。天色已暗却没有点灯。一位只穿了一件和服的老太太从里屋走出来，脸虽然看不清楚，但我知道这就是阿幸的母亲。

她听我讲完后平静地说："请您报警吧。"

"我女儿自从在沼津因为吃饭不给钱被抓之后，她东躲西藏地把父亲口袋里名片上的人、熟人亲戚都挨个儿骗了个遍。我这里您也看到了，能向您表示歉意的东西已经一件都没有了。"

多年以后，我在报纸的一角看到了一则题为"女诈骗犯落网"的报道，还附着一张阿幸的照片。

第三章
女神的微笑·《罗生门》

黑泽明驾到

昭和二十一年，伊丹万作去世后，曾经照顾他的制片人荣田清一郎创办了"板万会"，把住在东京、跟伊丹万作相熟的人聚集到酒馆里，举行了一场"追思会"。与会者有被伊丹先生称为"芭蕉转世"的中村草田男、曾担任伊丹先生的第一副导演的佐伯清，以及刚入行不久的桥本忍等人。

桥本先生于大正十七年生于兵库县，因一个偶然的机会走上了剧作家的道路，后来师从伊丹先生。

伊丹夫人曾对我说，年轻时的桥本先生是个光彩照人的美男子，于是戏称他为"光源氏[1]先生"。

然而这位光源氏自幼体弱多病。肺结核、肠梗阻、肾炎、胰脏炎、肝炎、骨折等等，他似乎把所有的病都集于一身，做过多次大手术，浑身缝缝补补，可谓"满身疮痍"。可他总能

---

[1] 光源氏，古典小说《源氏物语》的主人公。

迅速恢复，生命力之强，就像那个拉斯普京[1]一样。

要是桥本先生没有患结核的话，今天的著名编剧桥本忍也许就不会诞生。不，更加穿凿附会地说，若是那样，也许世界上就不会有《罗生门》这部电影。

伊丹先生有一部未完的作品名为《假如……》（*IF*），讲述一个旅途中的武士到渡口乘船，却因晚了一步，船离岸而去。武士大喊："喂——请等一下！"船没有回头。于是假设"假如"武士赶上那艘船的情形，剧情由此展开。

"命运之神"的恶作剧有时会打乱人的一生。

桥本先生应征入伍至鸟取第四十连队时得了肺结核，被送进冈山县一所收容结核病人的陆海军伤残军人疗养院。六人间的病房，桥本先生的床位就在屋子正中。

有一天，邻床的士兵借给桥本先生一本杂志，说是给他"读来解闷"。

那是一本名为《日本映画》的协会杂志（大日本映画协会发行），杂志末尾附着剧本。读了剧本，桥本先生想，这样的东西我也能写。于是他向邻床打听剧本写得最好的是谁，回答是伊丹万作。看来，这人还不是普通的电影爱好者。

不久，桥本先生搬到了新病房。他开始准备动笔写剧本，却不知从何下笔，只好去商店买来四百字格的稿纸，写了场景1，

---

[1] 拉斯普京（1869—1916），俄国宫廷宠佞。因擅长巫术深得尼古拉二世及皇后的宠信，后因干涉朝政被保皇派暗杀。据传说，他临死时生命力极强，保皇派用尽各种手段才得以把他杀死。

并用粗体字标出场景的名称。剧本描写来疗养的士兵们的群像。因为疗养院被当地人称为"山上疗养院",题目就叫"山上的士兵"。

桥本先生把剧本寄给东京的伊丹先生,回信却是从京都寄来的。伊丹先生那时因为得了肺结核,已辞去东宝的职务迁居京都。那是昭和十六年。

伊丹先生在信中写道:"你文笔稚拙,看似没有写作才能。"接着又写道,"不过好像有超越其上的东西。"桥本先生回忆说:"也许伊丹先生的兴趣并不在剧本,而是想知道结核的新疗法。"

伊丹先生的回信让桥本先生欣喜不已,他去找那位邻床的士兵,想让他也看看这封回信,可惜他已经回松江去了。再打电话到松江询问,却被告知那个士兵已于三个月前去世。

从那以后,桥本先生写了剧本就寄给伊丹先生过目。战争结束后,桥本先生在姬路的一家自行车公司担任会计,有一次因为腰椎受伤在家中休息时,阅读了芥川龙之介的小说。他发现芥川的小说从未被改编成电影,于是产生了把《筱竹丛中》[1]改写为电影剧本的念头。

桥本先生把书桌搬到外廊,一旦动笔便沉浸其中,外面下起雪来都没有觉察。剧本写成仅用了三天时间。题为"雌雄",篇幅很短,一共用了九十三张两百字格的稿纸。

遗憾的是,此时伊丹先生已经去世,没能请他阅读这部作品。桥本先生去京都出席伊丹先生的法事时,阿君夫人把佐伯

---

[1] 《藪の中》,芥川龙之介的短篇小说,又译《草丛中》或《竹林中》。

清先生介绍给他。阿君夫人说:"今后就让他帮你看剧本吧。"于是桥本先生就把包括《雌雄》在内的几部剧本寄给了住在东京的佐伯先生。

佐伯清先生于大正十三年生于松山。他在松山中学的同窗前辈里有伊藤大辅、伊丹万作。因为这个缘故,他成了伊丹先生的副导演。

伊丹先生引退后,佐伯先生留在东宝担任熊谷久虎、岛津保次郎的副导演。就在那时,他与担任山本嘉次郎的第一副导演的黑泽明成了好朋友。

昭和十六年,佐伯先生作为海军报道班的成员被派遣到婆罗洲,直到战败那年的四月才回到日本。其间黑泽先生导演的第一部作品《姿三四郎》大获成功,如潮的好评也传到身在海外的佐伯先生耳朵里。

佐伯先生于终战前夕恢复了东宝的职位。黑泽先生特地为他写好一部题为"天晴一心太助"的剧本,以支持佐伯导演的正式登场。

但是佐伯先生因为战后的东宝罢工事件去了新东宝,黑泽先生则在大映执导了《静夜之决斗》。

有一天,各奔东西的两人在东宝制片厂的喷泉前偶然相遇,不能不说这又是"命运之神"的安排。黑泽先生说,大映希望他拍摄一部古装片,问佐伯先生有没有好的剧本可以推荐。

佐伯先生说起桥本先生寄给他的《雌雄》,黑泽先生立刻表示很想拜读一下。于是两人就从砧的制片厂一路走到佐伯先生在乌山的家。黑泽明先生拿着《雌雄》粗粗翻阅了一遍后说："能不能把这个本子借给我？虽然篇幅短了一些，我可以想想办法。"

佐伯先生说："如果剧本可以用，我就把桥本从姬路叫来。"就这样，剧本被交给了黑泽先生。

不久，姬路的桥本先生收到了一张来自制片人本木庄二郎的明信片，于是受邀来到东京。

桥本先生借宿在佐伯家，每天到狛江的黑泽家商讨剧本。这就是日后创作了《生之欲》《七武士》等名作的剧作家桥本忍与黑泽明的相遇。

为了扩大篇幅，桥本先生把芥川的另一篇小说《罗生门》的故事情节也加入剧本，尝试重新修改。可是这样一来，剧本又变得过于累赘了。加之桥本先生因腰痛再度复发无法自如行动，《罗生门》的剧本由黑泽先生亲自动手才得以修改完成。

昭和二十五年，在大映京都制片厂，人们争相谈论着"黑泽明要来"的小道消息。

黑泽明导演的《野良犬》刚刚上映，乘着可谓如日中天的势头，英姿飒爽的黑泽明先生带着老搭档本木制片人、三船敏郎、志村乔等人出现在我们面前。

当黑泽先生和三船先生他们走过制片厂的时候，我们兴奋地挤在休息室窗前，热烈地谈论着："那就是黑泽导演呀！""个头儿真高啊！"

那时，黑泽先生他们连走路都是那么活力四射，散发着凛然的气势。

若草山的《矿工小调》

当时,洋烟的威力确实非同小可。

野村芳太郎[1]导演说起拍摄《丑闻》时的往事。

> 我们公司(松竹)的巨匠们都抽洋烟,所以我很惊讶黑泽明导演竟然抽日本烟(笑)。没多久就听黑泽先生说:"我戒日本烟了,这附近有卖洋烟的吗?"(笑)(《电影旬报增刊74·5·7号/黑泽明纪实》)

那个时代就是如此。

拍《罗生门》时也有类似的回忆。

在奈良拍摄外景的时候,剧组住在若草山脚下的一家旅馆。副导演的房间楼上是主要工作人员和演员们吃晚饭,也就是举行宴会的房间。我在副导演房间里商谈工作时,只听见从二楼

---

[1] 野村芳太郎(1919—2005),电影导演。曾担任黑泽明的副导演,代表作有《砂器》等。

传来一阵阵欢笑声，又看到有烟头从二楼落下来。可能是坐在窗边的人掐灭了烟顺手扔下的。弯曲的烟头落在庭石上，久久地冒着细细的白烟。第三副导演田中德三笑道："看来二楼抽的是洋烟。你看烟头那么久都不灭。"

当时的第一副导演是加藤泰。第二副导演是后来去了民艺[1]的若杉光夫。三位副导演后来都各自成了独具风格的导演。

加藤先生那年三十三岁。他的姨父是著名导演山中贞雄。通过山中先生的介绍，加藤先生进入砧的东宝制片厂，后来在东映连续拍摄了多部侠义电影的名作。可惜不知为什么，这位富有才华的导演与黑泽先生格格不入。

电影开拍之前，三位副导演去拜访黑泽先生的居所，说是完全无法理解剧本，想请导演讲解一下。黑泽先生回答他们：剧本要说的正是人心不可理解。从那时起，加藤先生的工作态度开始变得消极起来。

他在即将开拍的时候姗姗来迟，总是叼着烟斗站在一边，用一种批判的眼光看着拍摄现场。不过，第一个用"小侬"[2]这个昵称叫我的，正是这位加藤先生。

还在拍摄准备期的时候，黑泽先生常常在制片厂跟志村乔等人练习棒球。有个球没有被接住，刚好滚到了我的脚下。头戴遮阳帽，身穿白T恤、牛仔裤的黑泽先生高高举起戴着棒球手套的那只手对我喊道："啊——，球……"然后问站在一旁的

---

[1] 即剧团民艺。日本最著名的话剧团之一，成立于1950年。
[2] 作者的姓"野上"（nogami）的第一个音节与"侬"的发音相近。

加藤先生:"她叫什么名字?"加藤先生看了看我这个还没有昵称的新手,稍微迟疑了一下,然后随口为我取了个名字:"嗯……小侬,就叫小侬。"

我没有把球从大老远扔回去的腕力,于是拘谨地走近黑泽先生,把球递给他。黑泽先生脸上露出黑泽式的迷人微笑,对我说:"谢谢你,小侬!"从那以后,"小侬"就成了我的昵称。

"小侬——拿水来!"

"小侬——有没有冰块?"

黑泽先生开始接二连三地叫我"小侬"。我每次都是满心欢喜地跑上前去听候吩咐。日子久了,也会听到叫人情绪低落的怒吼:"小侬!搞什么名堂?"

时值烈日炎炎的盛夏。我端着水走到黑泽先生身旁,一股汗臭混杂着大蒜味儿扑鼻而来。这大概是昨晚宴会的余韵。每晚的宴会上必有一道名为"山贼烤肉"的菜,据说是把蒜末涂在生肉上烤着吃。

那时候我还没有资格参加宴会,滴酒不沾的摄影师宫川一夫和照明师冈本健一也没有出席。

宴会这个传统后来一直保持下来,大概是因为对于黑泽先生来说,宴会也是工作的重要场合吧。有时他会在喝得正起劲的时候突然开始谈论重要话题,叫人不敢掉以轻心。

宫川先生是个做事有条不紊的人,他总是一回到自己的房间就开始整理摄影资料和笔记。

在昏暗的树林中要尽可能地缩小光圈以求画面鲜明，用八面镜子（四英尺见方）从树上、山崖上反射阳光，让人物形象及演技黑白分明地得以体现。（《摄影备忘录》）

《罗生门》在奈良的深山里拍摄，首先开拍的是志村乔扮演的樵夫扛着斧头快步走入深山的镜头。

黑泽先生特别喜欢镜子。不过，使用镜子是为了反射不断移动的阳光。照明组必须循着向阳的地点，肩负沉重的镜子在树林里的斜坡上奔走。

"龟冈仔，能不能把镜子再偏西一点儿哈？"冈本先生朝着上方喊道。

"不行啊，那样的话，太阳就照不到嘞。"

京都话太柔和，所以听起来总觉得有些拖沓。太阳就快落山了，开始着慌的导演大声叫道："那就赶紧找太阳照得到的地方不就得了吗，你！"

导演的怒吼在深山里回响。难怪京都同事都说东京话凶巴巴的，受不了。

深山的拍摄现场里山蚂蟥特别多。而且不单是从脚下，有时也会从树上掉下来。大伙儿听了难免胆战心惊，每天早上都要坐下来往鞋袜缝里、脖子上都抹上盐才敢出门。冈本先生却说，山蚂蟥比蛇要好多了。有一次在树林中为摄影做准备的时候，在高处指挥的冈本先生突然大叫一声，像孙悟空一样一蹦老高，黑脸膛都吓绿了，说是以为看到了"蛇!!"。其实不过是照明组拉的电线在地上滑动而已。大伙儿笑话说，照明师怎么可以被照明的电线吓得跳起来呢？看来冈本先生对蛇真的是深恶痛绝。

深夜里，每当黑泽先生他们的宴会进入高潮，一群人就会跑出旅馆，到若草山去比赛爬山。这时副导演们也一起跑出去，我也气喘吁吁地跟在后面。若杉光夫先生写道：

> 我和田中德三一起，只穿一条短裤跑上山就是那时候的事。阿德高喊着"回归野性！"之类的口号，把短裤也脱了下来，我也手忙脚乱地效仿他。(《黑泽明纪实》)

大家那时都那么年轻，《矿工小调》一直唱到深夜

大伙儿在山顶聚齐了，就围成圆圈手舞足蹈地唱起了《矿

工小调》。

月亮出来出来月亮出来啦 / 月亮照着咱三池煤矿呀 / 烟囱那么高啊 / 会不会把月亮熏黑了呀

这一段大伙儿跳的好像是盂兰盆舞。接下来的"挖呀挖呀使劲儿挖呀"一段,则一边做出挖煤的动作一边往前进。

大家都曾那么年轻。黑泽先生刚满四十岁。

摄影打一百分以上！

京都的制片厂习惯把导演称为"老师"。不论你是第一次拍电影还是二十出头的年轻人，只要当上了导演，立刻就升级为"老师"。

有一天，黑泽先生禁止了"老师"的称谓，让大家只叫"黑泽桑[1]"就好。怎么说京都也是个注重传统的地方，"黑泽桑"这个称呼让人有些忐忑，但习惯成自然，渐渐地，大家甚至觉得这么叫分外亲切。因为《罗生门》，黑泽先生在大映京都制片厂留下了种种"产业革命"的业绩。

其中之一，是前面稍有提及的问题——正片剪辑。当时不单是大映，大部分公司都采用负片剪辑。我们工作人员看到的工作样片虽说是第一道剪辑，但多余的前后部分都已被剪除，胶片的剪辑程度已接近完成的状态。我几乎以为剪辑就应该是这样的。这种方式的目的当然是在于节约经费，同时也是为了

---

[1] 日语中称呼某人时，通常不分男女，在名字后面加一个"さん"（音同"桑"）作为敬称。

大致判断整部影片的长度。

《罗生门》一行从最初的外景地奈良回到了京都的制片厂。没有比外景归来后第一次试映样片更加让人感到期待和不安的事。尤其是摄影师宫川一夫先生，这是他第一次与黑泽先生并肩观看样片播映，内心一定是一种等待审判的心境吧。不仅宫川先生，所有剧组成员都面带紧张的表情聚集在试映室里。

那次试映却不欢而散。室内灯光一亮，导演就直冲出来，向制片人本木庄二郎愤愤地说着什么。负责剪辑的西田重勇先生是个温厚的老者，只见他忧心忡忡地站在一旁竖着耳朵听着两人的交谈。其他工作人员也表情怪异地鱼贯而出。黑泽先生边走边向本木先生诉说着什么。我不明就里地追上去询问出了什么事。

"我不记得我拍过那样的片子！"导演的回答饱含着愤怒。

然后他回头对我说："叫他们照原样给我全部洗印出来！"

剪辑师只是像往常一样把各个镜头的前后剪掉，然后再按顺序连接起来而已，但在导演看来，胶片如同被人肆意剪接过一般。

"弄出这样的东西来，完全把我的节奏打乱了，简直是！"

导演一副怒不可遏的样子，他向公司提出：今后所有的胶片都必须按拍摄时的原样洗印，剪辑也必须由导演亲自动手。

奈良的外景部分是志村乔扮演的樵夫走进树林深处的重要场景，画面的节奏感剪辑起来难度尤其高。

数日后，黑泽先生亲自动手重新完成剪辑之后，感叹道：

"终于放心了。"而今用正片来进行剪辑的方式在任何一家公司都已成为常识。

由于这场意外事件，宫川先生始终没能找到合适的机会询问黑泽先生对摄影的评价。黑泽先生则以为自己已经对此表示过称赞，也忘了再提及这件事。当他从志村先生那里听说宫川先生正在担忧，才慌忙说道：

> 一百分。摄影是一百分！甚至一百分以上！（《蛤蟆的油》，岩波书店）

其二。当时说到拍外景，理所当然是拍无声（不录音）的。就连拍摄用的摄影机都不会为它扛上那重得不能再重的电瓶。摄影机单靠手摇，是名副其实的手工操作。就像一个带曲柄的卷尺那样，安装在驱动装置上，摄影助手必须紧盯着幅数表，以每秒二十四格的速度来转动手柄。如果只转十秒或二十秒还好，持续超过三分钟的话，助手已是满头大汗，还要像一只大虾那样弓着腰不停地转动机器。

《罗生门》的外景当然也使用了这种手柄，后来因为黑泽先生不喜欢，才禁用了。

其实黑泽先生自己就有操作手柄的经验。

《泥醉天使》里有一个在梦里三船敏郎的亡灵追赶三船敏郎的场景。拍摄用作背景的大海时，形状理想的海浪涌来了，摄影助手却不在旁边。黑泽先生二话不说就上前去操作。要想保持匀速转动非常不容易，任何心情的波动都会影响到手。黑泽先生说："转速不均匀，拍出来的画面更有意思。"最后那些画面是否用上，不得而知。

黑泽摄制组的外景要求同期录音，所以还必须有使声音同步的同步器。说是同期录音，能直接采用的声音却不多，大多数情况下还需事后配合原声重新录制对白。这是最合理的办法，所以一直沿用至今。在此之前，拍外景时并不需要录音组同行。大伙都感叹"真不容易呀！"。也是看在黑泽摄制组的分儿上，公司才默许了这种方式。

其三。说到录音组，当时组里职位最低的是红谷愃一。他现在已是大名鼎鼎的录音师，那时候还是个小伙子，常常为搬运沉甸甸的电瓶累得大汗淋漓。我一直叫他"阿红"。

跟阿红说起《罗生门》的话题，回忆总是多得说不完。特别值得一提的是在室外进行后期配音的往事。后期配音指镜头拍摄完毕之后的录音工作。大多数后期配音都是拍摄完成后在录音棚内一边放映剪辑好的影片，一边进行录制。

但是黑泽先生认为，远处传来的声音及大吼大叫的声音在录音棚里录不出宽广的空间效果，所以坚持要在室外录制。这个观点很有道理，可是这样的录音方式还未曾有人尝试过。录音师大谷严先生哭诉道："这不是要人命嘛！"这件事阿红也记得很清楚。

我们在录音棚后面的空地上挂上一块当作银幕的布，然后再用两面镜子从放映机上把画面投射过来。镜子因为在摄影中经常用到，很容易找到足够大的。先把一面镜子固定在放映机右侧，另一面镜子放在门户大开的放映室入口处，画面就从镜子到镜子，最后投射在银幕上。

阿红说："那是破天荒头一回，所以记得特别清楚。"

"白天太嘈杂，根本无法录音。还有岚电（京福岚山线）的噪声。只好等末班车过后，深更半夜里才能开始。"

这么说来，我也回想起三船敏郎和志村乔他们盯着银幕大声"哼！""哈！"的情景。

回忆往事，我们不由得想到，当年参与拍摄《罗生门》的制作人员中，在世的人已经不多了。我和阿红商量，有机会一定要邀请黑泽明先生，大家一起办一个"《罗生门》聚会"。那肯定会像一场老战友聚会。

拍摄太阳

现在才来感慨似乎不合时宜，我觉得黑泽先生对摄影机堪称了如指掌。不论哪个镜头，即使也征求了摄影师的意见，导演必定要通过取景器亲自决定画面的构图，甚至连选择摄影机镜头的尺寸都很在行。所以在拍摄现场，黑泽先生对镜头画面所收的范围把握得十分准确。

比如雪天摄影的时候，工作人员来回走动都小心翼翼，生怕在雪地上留下脚印。只有黑泽先生一副不以为意的样子，大大咧咧地走到摄影机前面去。周围的人露出讶异的表情，仿佛在说"啊呀呀，那么大的脚印！"。导演却把握十足地说："放心吧！这地方拍不进去。"光凭这一点，就足以让我对黑泽先生拍电影的技术敬佩不已。

很多人因此以为黑泽先生会喜欢普通照相机（过去称为"写真机"）之类。出游海外的时候，常有人赠送高级照相机给他，其实黑泽先生对照相机毫无兴趣。他是那种罕见的连照相机快门也没按过的人。

很多人都知道，黑泽先生在《七武士》之后开始采用多机拍摄的方式。在此之前都是单机拍摄。当然，《罗生门》的时候也只用一台摄影机。

宫川一夫先生总是一旦在摄影机前坐下来就一直盯着取景器直到最后。黑泽先生紧挨着坐在他身旁，两个人都是一副争先的架势，取景器总是被他们当中的一个所占据。摄影助手小平（本田平三）忍不住抱怨："这叫我们啥时候才看得着呢？"

黑泽先生到现在都还常常对着副导演们怒吼："给我盯着摄影机！"或是："看摄影机不就知道了？把过路人放在那样的地方，摄影机是拍不到的！别做无用功了！"

问题是，不是副导演不看摄影机，而是像黑泽先生那样能在脑子里精确把握摄影画面的本事不是谁都能做到的。

开场白说得长了些，其实我认为，《罗生门》的美体现在简单的构图与光影的绝妙配合之中。

扮演盗贼的三船敏郎躺在大树下睡觉的时候，一个女子骑马经过。

盗贼的眼光紧随着女子的身影，一阵"原本不该吹来的"风吹过，吹动了落在盗贼胸膛上的树影。那是一种不祥的美。

还有，女子在山谷里跳下白马，独自在小溪边等候。这时有一束光从空中射下来照在她身上。那是在清晨拍摄的外景，那处山谷是黑泽导演偶然经过时发现的。

盗贼欺骗女子："你的同伴被蝮蛇咬伤了。"说完拉着她就跑。两人在树林的光影之间飞奔的速度感可谓绝妙。这样的画面通常是把摄影机安放在移动车上，由工作人员全速推着摄影机前进。黑泽先生却认为移动摄影无法体现速度感，必须采用摇摄的方式，即以摄影机为中心画一个圆，演员则围绕摄影机一直与之保持同样的距离奔跑。摄影机只需旋转三百六十度拍摄，这样演员不论跑多远都没有问题。

说来轻巧，可是要像电影当中看到的那样，在那片树林中全速奔跑并不容易。京町子的脚摄影机拍不到，于是请她穿上运动鞋。我还记得她一身古装配运动鞋的样子看起来很滑稽。

黑泽先生最爱太阳。他的自传《蛤蟆的油》也曾提及《罗生门》中太阳的拍摄。

> 这部作品的重要课题之一是：树林中的光与影是整部作品的基调，所以，如何捕捉制造光与影的太阳十分关键。我的打算是：通过正面拍摄太阳的办法来解决这个问题。

在当时，摄影师对直接拍摄太阳依然心存畏惧，据说是因为担心太阳光把胶片烧坏。宫川先生壮着胆把摄影机对着太阳仰摄，拍下了在树梢后闪闪发光的太阳。盗贼搂住女子强吻的场面使用了各式各样的拍摄角度。两位演员坐在英塔勒台［即高架台。一九一六年大卫·格里菲斯导演的《党同伐异》（*Intolerance*）最早使用，由此得名］上，以树梢后的太阳为背景仰角拍摄。

回忆起来，战后凭吻戏吸引大批观众的首部"接吻电影"是一九四六年大映的千叶泰树导演的《某夜的接吻》，到《罗生门》的时候已经不那么稀奇了。即便如此，扮演盗贼的三船敏郎还是一副紧张兮兮的模样。他从前一天晚上就不再吃大蒜，拍摄前还郑重其事地漱了口。

摄影即将开始，三船敏郎在吻京町子之前，腼腆地说："那，我就失礼了。"

被誉为具有划时代意义的、对着太阳拍摄的接吻镜头

拍摄京町子的镜头时，反而需要把摄影机搬到高架台上去，从高处才能拍摄到她的脸部。还记得黑泽先生站在台子上反复提醒：

"小京，眼睛睁大一点儿。要一直睁着！"

演对手戏的三船敏郎冒着汗珠的肩膀上，摇动着树叶的影子。其实真正的树影由于位置较远，很难拍摄出清晰的效果。于是就让照明组每人手拿树枝在照明灯前摇晃。汗珠则是由化妆师用一棒水洒出来的效果。需要大面积的树枝影子的时候，用手摇树枝还不够，还要在头上套上网罩，然后在上面适当地插上树枝一同摇晃。

筱竹丛中的"犯罪现场"位于京都的桂附近一座名叫光明寺的寺院后面。

那里本是一小块被杂木林包围的空地，摄制组到来，搬入摄影机、照明灯，不一会儿工夫，空地就变成了拍摄现场。大家刚开始清除碍事的树木枝条时，还小心翼翼地说声："实在对不住，这根树枝就砍掉吧。"那砍下来的树枝不知什么时候都变成了拍摄道具。寺院的住持虽有些无可奈何，但眼见电影原来是如此努力的结晶，也没有再多说什么。据说，黑泽先生还从住持那里获赠一把题写着"益众生"三个大字的扇子。

拍摄工作从昭和二十五年七月七日开始，至八月十七日结束，一共四十二天。以现在的眼光来看，应当算是相当迅速。在那段时间里，天晴的日子在光明寺，雨天就在片场里罗生门的露天布景下拍摄。

据资料记载，这座罗生门占地面积达 1980 平方米（600 坪[1]），门面宽 33 米，进深 22 米，高 20 米，是个庞然大物。由于过于庞大，梁柱难以支撑整个屋顶，因此不得不把屋顶拆

---

[1] 坪，面积单位，1 坪约等于 3.3 平方米。

掉一半，也算营造了荒废的氛围。

门洞里总有清凉的穿堂风吹过，在夏日里凉爽宜人。午间休息的时候，道具工人们常常像刚打捞上来的鱼一样横七竖八地躺在下面午睡。

黑泽先生要求在门前制造一场瓢泼大雨，于是找来三辆消防车专门负责放水。没想到，这在后来的火灾事件中立了大功。

"负片！把负片搬出来！"

很多事现在回想起来只觉得不可思议。《罗生门》在拍摄过程当中遭遇了两次火灾，最后居然奇迹般地如期上映。这段往事作为一则美谈记录在大映的社史中：

> 然而在该片完成前夕的八月二十一日傍晚，京都制片厂第二摄影棚不幸起火，一时影片的如期完成危在旦夕，全体工作人员团结一致，群策群力，终于顺利完成任务。以八月二十五日在帝国剧场举行的，由读卖新闻主办、汤川奖励金公开募集的特约上映为始，自翌日二十六日起，全国同时公映，并获得巨大成功。《罗生门》剧组的奋斗精神也是大映的骄傲。（《大映十年史》，一九五一年）

火灾发生在八月二十一日，而二十五日就要举行特约上映，而且是在东京的帝国剧场，这怎能不叫人惊慌失措？中间只有三天时间，实际这三天里还有一起没有烧起来的火灾事件。如此短时期内发生两起火灾，影片居然能够如期上映，也许是因为大家还保留着战败前夕那种本土决战的魄力吧。

二十一日的火灾是从第二摄影棚烧起来的，当时那里正在拍摄安田公义导演的《虚无僧屋敷》。据说是漏电引发了火灾。《罗生门》的摄影已在八月十七日结束，记得我们当时正在为剪辑和录音（把对白和效果音、音乐混录在一起的工序）做准备。

我已经记不起是在哪里听到有人喊"着火了"。剪辑室自然是乱成一团。因为是负片剪辑，无论哪个摄制组都堆着成堆的负片。而且当时还在使用易燃性的胶片，和赛璐珞一样是易燃品，可谓一触即发。加之剪辑室所在的是一座木结构平房，就像细长的鳗鱼窝一样连接着各个房间的，是走起来咯吱有声的木板走廊，那简直就是现成的柴火。

一旦着火，其他制片厂的人也立刻赶来救火，当时的太秦[1]还保留着这样的传统。那一次附近的东横映画（后来的东映）的同行们也纷纷赶到剪辑室，一时间到处是进进出出抢运胶片的人们。我还记得在东奔西跑的人群中，鹤立鸡群的黑泽先生大喊："负片！负片！把负片搬出来！"

曾参与拍摄的救火车拉响了警报熟门熟路地飞驰而来。露天布景一旁的水箱正好还在那里，水柱从水喉里喷出，就像拍摄雨景时那样，纵横交错着浇在第二摄影棚的屋顶上。所有胶片都搬完以后，站在围观的人群里，我远远看到摄影棚上方的白烟和

1　京都市右京区的地名。各大电影制片厂云集之地。

红色的火苗逐渐熄灭了。剪辑部的一个女孩激动地大哭起来。

如果烧毁了的话，历史将会改写吧

后来听黑泽先生说，他在一片混乱的剪辑室里偶然看到一条负片落在地上，于是把它卷好顺手放在了口袋里。就在这时，门卫大叔来找黑泽先生，说是"摄影师宫川先生在门口晕倒咧"。黑泽先生责备道："什么叫'晕倒咧'？快送医务室呀！"赶到宫川先生那里，宫川先生说有一个重要镜头的负片找不到了。黑泽先生掏出刚才塞进口袋的那条负片，宫川先生看了大喜道："就是它！就是它！"

有一件事让副导演田中德三至今难忘。他在制片厂里跑出跑进的时候偶然撞见黑泽先生。黑泽先生突然说："看样子这电影是赶不上公映日了。"他说这话时表情里似乎透着喜悦。然而，东宝出身的黑泽先生日后将会知道，这样的小事是不足以让大映把公映日推后的。

第二副导演若杉光夫对我说起当时的情形：他把《罗生门》的负片盒载在自行车后座，来到制片厂前的旱地避火。正观望火势的时候，看见黑泽先生忧心忡忡地从对面走来。若杉先生没说什么，只对着他拍了拍自行车后座的负片盒。黑泽先生也只是点点头，报以会心一笑。看样子也松了一口气。

若杉先生回忆道："不过，后来收拾残局可真是麻烦死了！"

因为各摄制组的胶片盒都混在一起，堆得到处都是，必须先按作品分选才能恢复原状。

"《罗生门》里混杂着《狸御殿》的胶片，真叫人哭笑不得。"若杉先生说。

为了找三船敏郎的一段对白，我也和剪辑助手们一起，把袋子（用来装胶片的布袋）里的声带负片翻了个底朝天。

洗印厂告知我们，多襄丸有一句对白的录音找不着了。就是那句："我从来没见过性子这么烈的女人。"

可是声音跟图像不同，无法用眼睛来分辨。声带上只有条形码似的条纹，必须一卷一卷用机器放出声音来才行，极其费事。公映日已迫在眉睫，然而还是找不到，最后只好请已经返回东京的三船敏郎再来重录一次。

听说录音师大谷严至今仍活跃在工作岗位上，于是我打电话向他确认当时的情形。

"四十五年没见面了。"电话里他好像很吃惊，声音依然没有变。大谷先生告诉我，当时因为录音室紧邻着最先起火的第二摄影棚，着火的同时大家慌慌忙忙往外搬机器，把机器也拆散了。临时只好用一台老式的外景用录音机来重新录音。

"怎么弄都弄不好哇!"电话那头,大谷先生的声音听起来仍有些懊恼。接着又说:"可我们也不想因为条件恶劣抱怨……"

那段录音真的是呕心沥血的结果。录音助手红谷恒一还记得在录音前夜,请东横映画的专家来组装七零八落的机器,熬了一个通宵却没有成功。

火灾过后第二天,摄制组就十万火急地开始录音,哪想又着了一次火。银幕上正在放映的画面突然停止不动,似乎是放映机里的胶片卡住了。就在那一瞬间,胶片正中刺啦刺啦地烧焦了一个洞,紧接着"呼!"的一声冒出火苗,把银幕都映红了。"又着火啦!"听到喊声,大伙儿一齐从屋里跑出来,只见放映室正往外冒黑烟。于是大伙儿又冲进去抢救胶片,不过这次红谷他们已习以为常,当即往放映室里一桶接一桶地递水。火是灭了,却招来一个恶果——胶片所含的赛璐珞转化成毒气弥漫整个室内。大谷先生、红谷他们被熏得眼泪鼻涕直流,继而晕倒在地。红谷说醒来时发现自己躺在医务室外面的席子上,身边还躺着包括大谷先生在内的好几个人。

录音工作被迫再次开始。那时还没有录音带,音乐都是现场演奏,稍微出错就得从头再来。

那段有名的波莱罗舞曲长达十分钟。黑泽先生和作曲的早坂文雄先生一起坐在现场倾听。我现在还能回想起他们一动不动的背影。结束后,黑泽先生面带满足地看了早坂先生一眼。这时天已经大亮。

幸运女神

拍摄《罗生门》的时候，录音还是一件充满了惊险与感动的工作。可惜现在的年轻人已经永远无法体会个中滋味了。

录制配乐的紧迫感尤其强烈。眼看胜利在望，却常常因为某个人的失误而不得不从头来过，大伙儿唯有摇头兴叹。

而现在，出错的时候只需说声："那就从刚才那段开始吧，鼓声一响大家接着来。"如此便利，在当时是无法想象的。而且现在录音带用起来就像不要钱一样，可以随便剪了又贴。不知现在的年轻人是否理解这来之不易呢？录音带出现之前与之后的差距，几乎跟用电和不用电一样不可同日而语。

如今二英寸的录音带就有二十四个磁道，且可以区分不同乐器的声音。录音后如果想把合唱的声音调大，或是把钢琴声去掉，都不过是举手之劳。交响乐团也无须全场到齐。因为根据乐师时间安排的不同，另行录制也不碍事。

可是过去，相熟的乐师们每次都得一个不少地会聚一堂。银幕上一旦出现需要配音的场面，乐团指挥就配合画面挥动指挥棒。乐师们面对指挥，当然是背对着银幕。每逢放映男女亲热的画面时，也会有几个空闲的乐师忍不住地转过身去看银幕。

那是一个一家电影公司每月要拍四部电影的时代。乐师们身上揽着各公司的活儿，背着乐器奔走在各个公司之间，到了晚上还要到歌舞厅挣外快。背地里赌钱、赌马的都有，大叔们个个堪称老江湖。

即使是这些乐师，对早坂文雄先生也都是另眼相看。

有一次一个乐师对早坂先生说："这里是不是有点不对头？"早坂先生回敬道："没有什么不对头，不对头的是你的脑袋。"

《罗生门》紧锣密鼓的音乐录音完成了，大伙儿打开门，嘴里抱怨着"已经早上了"。我也走出门外，在夏日清晨凉爽的空气里，早坂先生正满脸惬意地抽着烟。我走过去，不知天高地厚地对他说："那段波莱罗舞曲听起来，好像很瞧不起女人似的。"早坂先生只说了声"是吗？"，脸上露出了满意的笑容。

那时候，早坂先生是我仰慕的对象，所以我才会说出那种故作高深的话来。早坂先生好像很爱说"是吗？"，据说有人多管闲事，特地跑去告诉早坂先生说我对他有意思时，他也是那句"是吗？"，丝毫不为所动的样子。

前面说到，因为火灾，多襄丸的一句对白丢失了，只好急忙把三船敏郎从东京叫回来。

"听说出事了，真难为你们了！"

三船敏郎出现在录音间，胡须已经刮去，一脸清爽。

录音技师大谷严清楚地记得，那句"我从来没见过性子这么烈的女人"是在录音乐的时候用另一个麦克风同时录的。可见当时时间有多么紧迫。

八月二十五日在帝国剧场的特约上映已迫在眉睫。二十一日的火灾使制片厂陷入瘫痪状态，加之二十二日放映室再度起火，接踵而来的事故仿佛是上天的考验。

放映室起火时，大谷先生和红谷恒一等重要成员被类似沙林的毒气熏得不省人事。这实在是毁灭性的打击，怎么可能赶得上首映呢？大概他们刚刚被抢救过来，就强撑着当夜就开始了录制工作。应该大约是从二十三日早晨开始，熬通宵直到二十四日中午左右。录音室外面，去洗印厂的车一定是开着引擎等候在那里，只听得"完工了！""好嘞！"，载着原音带的车子就冲出了制片厂大门。

记得第一份拷贝是在当晚七时完成的。我应当是和导演他们一同观看了片子，然而那次试映在我的记忆里是一片空白。可能是因为近一个星期都在熬夜，意识模糊了吧。总之，不由分说，那拷贝就被快马加鞭地送往了"江户"。这个任务自然应该由副导演来完成。副导演田中德三抱着刚出炉的拷贝，乘最后一班夜车直奔东京。那情景如果用电影来表现的话，激昂的音乐声之外一定还要配上火车汽笛声。

田中先生于二十五日清晨抵达东京，立刻赶往大映总社。永田雅一社长等大人物已等候在那里，试映立刻开始。关于当时的情形，田中先生在书中写道：

试映完毕,试映室的灯亮了,却没有人吱声。要是往常的话,一定会听到"这可不行""片子恐怕不卖座"之类平庸的意见,这次却静悄悄的,大人物们一个个面带不安地窥探社长的表情。一阵沉默之后,外号"永田喇叭"的社长开口说:"我也没看懂是怎么回事,不过片子很高雅嘛。"试映室这才顿时恢复了往日的热闹。(田中德三《电影的幸福时光》,JDC发行)

就这样,奇迹般完成的《罗生门》在总社试映后一小时,即在帝国剧场首映。第二天,全国公映同时开始,真可谓神速。

然而观众的评价并不理想,电影差点儿沦为一部只引发了少许话题的作品。若不是意大利电影公司的负责人斯特拉米·乔丽女士注意到这部电影的话……

在斯特拉米·乔丽女士的热心推荐下,《罗生门》于一九五一年九月正式参加了第十二届威尼斯国际电影节,并荣获最高奖项。

这个令人振奋的消息给战败后的日本人带来了不可估量的鼓励与勇气。接到消息后,永田社长问:"格兰普瑞[1]是什么?"一时传为笑谈。那时大家对这个奖项还一无所知,而黑泽先生更是连影片参展这件事都不知道。

就在那时,黑泽先生由于在松竹执导的《白痴》票房不佳,使得预定在大映拍摄的下一部电影也被迫解约。失意之中,黑

---

[1] 即 grand prix,最高奖项之意。

泽先生去多摩川钓鱼，刚一扬竿鱼钩就挂住了，鱼线也挣断了。他心想，人倒霉的时候真是诸事不顺，于是垂头丧气地回了家，刚进门就听夫人说："恭喜！"黑泽先生这才得知电影获奖的消息。

回想起这件事，黑泽先生说："多亏了这部片子，总算可以不坐冷板凳了。"

荣耀的背后，也有遭受不公的人。那就是副导演若杉光夫先生。

《罗生门》公映后不久，他被贴上赤色分子的标签，不得不离开制片厂，甚至连工会也把他除名了。正当孤立无援的若杉先生沉浸于悲观失望中的时候，他收到了一张明信片。

> 那是黑泽先生寄来的。——请趁着这个好时机赶快写剧本，不要惧怕 NG！——我感动得大哭了一场。但又很开心，我感到自己仍然是个电影人。不管怎样，在那种严酷的时代环境之下，仍旧给予我鼓励的电影人只有黑泽先生。（若杉光夫，《黑泽明纪实》）

黑泽先生也亲身经历了那场东宝罢工的纷争。他对若杉先生经受的"放逐"想必是感同身受。

黑泽先生荣获大奖之后成了各电影公司争抢的红人。一九五二年，黑泽先生时隔四年回到老东家东宝公司，开始拍摄《生之欲》。

再见了！太秦的电影人

回想起来，一九五〇年是电影界动荡不安的一年。

五月，东宝进行了一千三百人的人员调整。麦克阿瑟将军下达了对赤色分子的驱逐令，这道命令顷刻间渗透全国。九月，大映也向三十名员工发出了解雇通知。另一方面，电影行业被革除公职的二十九名战犯全部官复原职，相继回到了工作岗位。时局变换的景象，可谓讽刺至极。

《大映十年史》中有如下记述：

> 我司于二十五日最早公布相关名单，除正在从事拍摄的工作者之外，即日起不得出入公司。其后大映严守公约，绝不容许破坏分子入内，同时也得到公司内部的积极配合。

一个电影般的场景令我难以忘记。那些直到昨天还是亲密同事的人们，在大门口隔着紧闭的栅栏冲突起来，他们互相对骂着，还有人把手伸过栅栏推搡对方。我对此只有假装视而不见地从远处走过，可是在内心里，我到现在还留着一丝惭愧。

同年，我在《罗生门》之后，又参加了冬岛泰三导演的《鬼蓟》的拍摄。这是长谷川一夫在大映出演的第七部作品。一年前拍摄《甲贺屋敷》时，他与整个新演伎座剧团一同投靠了大映。关于长谷川一夫，前文已有所提及，恕不赘述。

冬岛泰三先生是剧作家出身，当长谷川一夫还在用林长二郎这个艺名的时候，冬岛先生就为他撰写过大量剧本。冬岛先生对歌舞伎也很在行。说来当时冬岛先生不过五十岁左右，看起来已经像个老头儿，走路也显得老态龙钟，说话很小声。他肤色极白，像白种人一样。茂密的头发，黑色湿润的瞳仁，长相算得上秀美，但不知为什么总给人一种阴沉的感觉。跟冬岛先生相反，摄影师杉山公平是个开朗又潇洒的人。在拍摄现场，杉山先生总是一边测试移动或上摇镜头，一边还不忘说笑："练习了这么多次，满以为正式拍的时候不会有问题，哪想导演都说'好！OK！'了，我才发现竟然忘了转动摄影机。这下完了！只能说'对不住！'唉！"

那时候的老式摄影机在传输胶片的时候，还需要扳动片盒部分的滑轮才能正常运作。

昭和二十六年新年刚过，我就参加了森一生先生执导的《阿修罗判官》的拍摄。森先生是松山人，此前我们在制片厂里碰见，常常聊起伊丹万作先生的事。森先生身高体胖，身材像一头熊，我还记得他走路时大摇大摆的模样。不过人不可貌相，森先生其实性格腼腆，讲话的时候，眼睛在镜片后面眨个不停，还总爱微微噘着小嘴说话。

"别看我这副样子，考京都大学的时候可是以第二名的成绩合格的。第二名哦！不过那年考美学的也就两个人。"说着，森先生脸上露出羞涩的微笑。

一旦开始拍摄，森先生就像变了一个人，凡事当机立断。间不容发地发挥他的快速摄影术。为了节约时间，采用的是所谓"中空"的方式。森先生擅长把方向相同的背景画面汇总来拍摄，所以一天时间可以轻松拍就五十个镜头。

"好——嘞，OK。跳到下一个。好——嘞，OK。什么？不要紧，不要紧。下一个，再跳过去两个，好——嘞，OK。下一个是长镜头，下一个。好——嘞，OK。"像这样，副导演几乎来不及在场记板上写下新的镜头编号。因为我是东京人，森先生说"朝这个方向的镜头都拍好了吗？"的时候，故意模仿我的口音把"好了"说得很用力。

《阿修罗判官》的原作是吉川英治的《大冈越前》，大河内传次郎扮演大冈越前，长谷川一夫扮演将军吉宗。同时出演的还有入江隆子，几个主角都是大明星。

记得剧情中不知为何安排了大冈越前跟入江隆子的床上镜头。说是床上镜头，毕竟是在那个年代，不过是让大河内在入江隆子身边躺一躺而已。可是大河内尴尬得不行，听到"停！"的同时就跳了起来，一边抱怨："怎么这么久才喊停？"逗得众人哄堂大笑。

之后不久，传来一条让大映为之精神大振的好消息。各报在九月十二日的版面上同时报道了《罗生门》获得大奖的新闻。

[发自威尼斯，十日消息=UP特约]在日前举行的威尼斯国际电影节上，参展的日本电影《罗生门》（大映，黑泽明导演作品）荣获金狮奖（最高奖项）……《罗生门》于八月二十三日上映，正在当地避暑的英国前首相丘吉尔也出现在放映会上，他给予了《罗生门》高度赞赏……（《每日新闻晚报》）

制片厂一片沸腾。"真了不起呀！""听说是国际知名的大奖呢！""太好了！"连我这样什么功劳都没有的人都会逢人便得到一大堆祝贺的话。

各国纷纷向大映要求购买《罗生门》，制作外国版的拷贝成为当务之急。上级决定在大映多摩川制片厂重新录制配乐，于是我被调往东京。

我之所以下定决心回东京，还有另一个理由。那段日子里，周围的人都警告我说："不要和森一生进入禁泳区域。"森先生的夫人也曾担任场记，相当于我的前辈。大家都劝诫我千万不能做对不起森夫人的事。

我对森先生说起要回东京的事，他忽然不眨眼睛了，说道："我也正要去东京呢。"他是去东宝执导黑泽明编剧的《决斗键屋十字路口》。

又说："已经决定好了的。"

后来，我也转职去了东宝，自那以后从未在森先生手下工作过。

岳彦于昭和二十六年返回松山，转入松山东高中念书。当时与岳彦同校的大江健三郎对我说起当时的岳彦，"他总是穿着短外套，就像钱拉·菲利普[1]那样"。想象着岳彦的做派，我的脸上不由得露出了微笑。

我于昭和二十七年新年前离开了京都。

再见了！太秦的电影人。回想当年，记忆里浮现的，依然是一张张令人怀念的面孔。

---

1 钱拉·菲利普（1922—1959），法国演员。因主演《肉体的恶魔》而一举成名，是世界影坛最优秀的演员之一。

第四章
东宝乐园

喷水池

我离开了京都,把送进当铺的铭仙绸和服及恼人的流言蜚语都抛在了脑后。然而在京都约一年半的生活决定了我的后半生。那时我不过是个初来乍到的新手,却托伊丹万作先生的福,参加了《罗生门》的拍摄。又因为这个缘故,我转职到东宝,从《生之欲》(一九五二)到《袅袅夕阳情》(一九九三),我有幸一直身为黑泽明导演的摄制组成员。回想起来,人生真是不可思议。

不过,为了黑泽明导演的名誉,我必须说明一点。我被特地叫到东宝,并非因为黑泽先生在拍摄《罗生门》的时候认可了我。

我进入东宝的缘由,大概是因为早坂文雄先生的一句话。当时我正在大映多摩川制片厂协助制作《罗生门》的海外版录音工作,前来录制配乐的早坂文雄先生对我说:"接下来黑泽先生要在东宝拍一部片子,你要是愿意我可以推荐你。"

《罗生门》的录音工作结束后的一天,我去世田谷区砧的东宝制片厂拜访了制作部长西野一夫。

东宝制片厂是一个具有历史意义的地方。自一九三三年作为东宝前身的P·C·L电影公司的摄影棚投入使用以来，无数名片在这里诞生。东宝罢工争端也发生在这里。

就像黑泽先生在自传中描绘的那样：

> 照片里白色的摄影棚前栽着椰子树，不知为什么，我一直认为这个制片厂位于千叶县的海滨。(《蛤蟆的油》)

一进制片厂的正门，摄影棚前边的确种着几棵椰子树，颇有南国风致。想到黑泽先生也是在这里接受了入社考试，我不禁感慨万千。摄影棚面对的广场中央是一个喷水池。名为喷水池，我却完全没有它喷过水的印象。

水池里倒是蓄着水，边缘是石头做的，正好可以让人坐下来休息，周围还有草坪，所以这里也是晒太阳的好地方。

东宝招收的第一期新人当中的三船敏郎、久我美子等人曾围着这个喷泉留影纪念。我还记得那张大家目光炯炯地仰望着天空的照片。

山本嘉次郎先生和黑泽先生也曾坐在水池边合影。那张照片我见过多次。黑泽先生当时似乎还是副导演，照例是登山帽配半长外套，笑容可掬地看着山本先生膝上摊开的书本。

后来听黑泽先生说起，当年在这座喷泉周围，岛津保次郎、成濑巳喜男、山中贞雄、伊丹万作这些著名导演曾经聚在这里谈笑。黑泽先生说："那样肯定能拍出好片子啊。"语气中充满着怀念。

西野一夫向来难得面露笑容,在制片厂里擦肩而过的时候,也只是"噢"一声点点头而已。我以为他是个严厉的人,后来才意外地发现其实他也有和蔼的一面。

初次见面的时候西野先生也只是对我"噢"一声,点了点头。我们在喷水池边坐下来。询问了我的家庭情况后,西野先生说:"给你一部(片子)四万的报酬怎么样?"

"一部(片子)四万的报酬怎么样?"的条件下,
我欣然应允转职东宝

西野先生是个九州大汉,却操着一口老电影人常说的关西土话。我当然是欣然应允。在大映的时候,我一个月才挣四千日元。

我坐在也许伊丹先生曾坐过的喷水池边,抬头仰望天空。在我心目中,东宝宛如一座乐园。那是一九五一年冬天的事。

同年三月,东宝与全映演(全国映画演剧工会)达成了劳动协约的改订,实现了新的劳资关系转换。随分裂出去的新东宝离开的导演、明星、摄影师们又相继回到了砧的制片厂。

一直从事独立制片活动的藤本真澄制片人还未决断是否复归，新东宝的市川崑导演就以拍摄贺岁电影为由把他带回了东宝。市川导演出身东宝，跳槽新东宝后，凭《三百六十五夜》一炮而红。市川导演一九五二年执导的贺岁电影是喜剧片《结婚进行曲》。制片藤本真澄，编剧是井手俊郎、和田夏十（市川夫人）以及导演自己。主演有上原谦、山根寿子、越路吹雪等人，是一部所谓"初春竞演"的片子。

我与东宝签约后参与的第一份工作就是这部《结婚进行曲》。因为场记的工作性质，搭档的导演大多是一直固定的。那是市川先生回归东宝后的第一部作品，所以他还没有固定的场记。也许正是因为这个原因，新来的我才被选中了。

不过，我与市川先生也不能说是素不相识。市川先生曾经在伊丹万作导演的《权三与助十》（一九三七）中担任第三副导演。我向市川先生问起伊丹先生当时的情况，他说："从没见过那么可怕的人。"当时担任伊丹摄制组负责人的佐伯清先生对此颇为不解地说："为什么小崑会那么怕伊丹先生呢？"

我曾听市川先生说起过一件事：有一次市川先生把演员的衣服弄错了，他战战兢兢地跑去向伊丹先生道歉。伊丹先生却说："你不必道歉。这是导演的责任。"

我听了不由得感慨伊丹导演的和善。市川先生却说："话是这么说，可他就是叫人害怕呀！"丝毫没有改变看法的意思。

其实，在拍摄《结婚进行曲》的过程中，我也在服装上犯过同样的错误。那是越路吹雪从另一个房间来到宴会会场时的一个镜头。

她出现在宴会会场的时候，身穿的服装跟在另一个房间时的服装不一样。我在样片试映时才发现这个错误，那可真叫五雷轰顶，吓得我脸都白了。那个宴会的场景如果要重拍的话，不知要耗费多少资金。事已至此，只有向市川先生坦白说明。我忧心忡忡地离开试映室去找市川先生。

市川先生吸着烟，正跟摄影师们交谈着什么，表情严肃极了。不一会儿，交谈的内容发生了变化，说是市川先生对宴会场面的几个细节不太满意，想跟大家商量要不要重拍，最后的结论是重拍。

太好了！我在心里欢呼起来。我和服装师一起，为这个失误可以一笔勾销而谢天谢地。

不久前我向市川先生说起这件事，并说："好在已经过了追究责任的时效。"市川先生却说："其实我当时并没有觉察。"后来我才知道，市川先生属于时常重拍的导演。而对我而言，那次重拍令我心存感激且难以忘怀。

总之，市川先生是个风趣洒脱的导演。他告诉我，人家都说"夏十女士的对白写得真是好！"。

市川先生在《结婚进行曲》中尝试了快速的对话。就像体育比赛一样，导演要求演员的语速"快！再快一点！"，记得我当时总在计算秒数。评论家们大为惊叹，如此快节奏的作品在当时的日本电影中还不曾有过。

场　记

拍摄《结婚进行曲》的时候，我在服装上的失误所幸没有张扬开来，否则初来乍到就犯错的事弄得尽人皆知的话，我的面子可就没处放了。危险呀危险。

如此这般，服装、小道具要是出错的话，虽然责任也在担任具体工作的人身上，但拍摄现场的最后检查，是场记员肩负的责任。"连续"还是"不连续"，是场记员决一死活的生命线。

我想读者对摄影的方法已是了然于心，但也许有人还不太了解什么是"连续"或者为什么会"不连续"这样的问题。

虽然时机稍迟，且让我讲解一下场记员究竟是做什么的。近来场记员也称司克里普特（现在又因这个名称太长而改称场记），名称源于国外的所谓 scripter girl。实际上，担任场记的大多是些很难称之为 girl 的中年妇女。

提起当年的外景地，联想到的肯定是黑压压的人群。看热闹的人总是把道路挤得水泄不通，场记员得一边拉胶带一边扯着嗓子喊："参观学习的人请不要超过这条线！"好笑的是，把

"看热闹"叫作"参观学习",好像真要学习什么似的。于是来"参观学习"的大妈们一定会问:"男演员,来的是哪一个?"或是"喂,电影名字叫什么呀?"这时候,如果是个说起来叫人脸红的片名,场记员会很尴尬。

终于可以开始拍摄了。只听见导演说:"预备!"副导演把场记板举到摄影机前。所谓场记板,就是一块类似在拍子木上加了一块小木板的东西。录音部同时对着麦克风录下"场号十,镜号五,第一次"之类的编号。

导演说"开始!"的话音一落,摄影机开始转动。副导演拍响场记板,一个转身跃出摄影画面。

演员开演。比如会说这样的对白。女:"你到了以后立刻给我打电话呀!"男:"嗯。"导演喊:"好,停!OK。"但有时也会是:"再来一遍!"

不过是十秒左右的一个镜头,拍得不顺利的时候却要重复数十遍"你到了以后立刻给我打电话呀!"。来参观的人也腻味起来,渐渐有人离开,嘴里还嘟囔着"怎么老是这个?没意思!"。

这就是拍电影的实情。就算剧本摆在那里,也不可能按情节发展的顺序从头到尾拍摄。同一个场景也需要划分为多个镜头来拍摄。整个剧本通常可以细分为三百个镜头,多者可达八百多个。很少能够依照一、二、三进行,顺序是打乱的。要根据太阳光线的强弱、照明器材的调度,还有演员的日程等等来安排,总之就是一句话:要以如何才能节约资金而定。

拍摄好的胶片在洗印厂制成负片，剪掉所谓 NG 的无用部分，然后按照镜头编号的顺序把 OK 部分洗印为正片。NG 即 NO GOOD 的略称。洗印胶片时判断哪些是 NG，哪些是 OK，则必须要看场记员记录的"场记表"才知道。场记表上记录着拍摄的镜头号、每个镜头的秒数，以及该镜头是 OK 还是 NG。录音方面则是把六毫米声带上 OK 的声音转录到三十五毫米的声带片上，交由负片剪辑部来处理。然后在剪辑那里制成画面和声音合一的工作样片。

把声音和画面合到一起时，必不可少的就是那块场记板。场记板下方的小木板上用粉笔写着将要拍摄的镜头的场号、镜号，以及拍摄次数，以便在镜头的初始部分留下标识这个镜头的"固定名称"。场记板又叫拍板，得名于开拍时副导演那响亮的一拍。剪辑部把负片上场记板出现的那一瞬间与声带上录下的"啪！"的声音重合在一起，后续的对白与口型就能准确对上。从道理上讲，也不见得非要拍那块板子不可，只要能拍出声，拍脑袋也一样能合得上。

工作样片只是拍摄时的原样，把各个镜头恰到好处地衔接在一起则要看剪辑的手腕。这道工序仍然少不了场记员的场记表。帮助不了解拍摄现场的剪辑者把握每个编号的镜头的拍摄内容，这也是场记的职责。

场记表上详细记录着各种事项，比如这里说的是哪句对白，镜头的最后演员已走出画面，等等。有时还要记录导演"这段戏请用第二个镜头"之类的传话内容。

唯一的例外是黑泽导演的剪辑。那可真是世上无人能够模仿得了的独门绝技。根本无须场记表的记录，事无巨细他全都记在脑子里了，正可谓无人能及。

黑泽先生常常把同一场戏的各个镜头放在不同的地方摄影。

比如人物走向窗口的部分在御殿场[1]外景地拍摄，他从窗口往下看的镜头则是在九州，等他回过头来的时候又是在摄影棚中。而且九州的镜头在夏天，摄影棚的在冬天，时间上也有间隔。如果在窗口往外看的时候人物戴着眼镜，回过头来眼镜就不见了，那简直就是怪事一桩。这种情况即所谓的"不连续"。

我的这类罪状细数起来可能有相当的数量。其中最难忘的是拍摄《战国英豪》（一九五八）时的一件事。

电影的第一个镜头是太平（千秋实饰）与又七（藤原釜足饰）走在炎炎烈日之下，嘴里牢骚不断，这时落败武士突然跃入画面，追赶而来的一群骑马的武士也拥上来袭击落败武士，一阵刀光剑影之后又疾驰而去。两人吓得缩成一团。又七说要回老家，两人不欢而散。故事到这里是一个场面，用一个长约三分钟的镜头来拍摄。

这个镜头不仅长，而且拍摄起来很困难，耗费一天时间才得以完成。但是这个长镜头中的一部分，即太平、又七的脸部需换用不同尺寸的镜头，这个部分只好挪到第二天进行。

---

1 市名。位于富士山东南麓，属静冈县。

拍摄这个部分的时候,我犯了一个大错。

藤原釜足的肩上斜挎着一个包袱,长镜头的时候是挎在右肩上的,近镜头的时候却挎在了左肩上。几天后我在剧照上发觉了这个令人震惊的错误。除了重拍似乎没有别的补救办法,我只好垂头丧气地去向黑泽先生自首。

"您哪怕稍稍注意一下也好啊。"我怨恨地向藤原先生说起这件事,他笑笑说:"是吗?要是记得那么多,我这个演员怎么当呀?"就这么一句话把我打发了。

那天因为天气情况不好,摄影中止了。听说黑泽先生正在住处打麻将,我带着沉重的心情来到旅馆,在导演房间外面的走廊上跪下。

黑泽先生朝面色忧郁的我瞟了一眼,一边问"什么事?",

本该十年徒刑的重罪,结果却是不起诉

一边继续打麻将。"对不起！"我俯身道歉，说明了情况。黑泽先生两眼不离麻将牌，说道："那可不行啊。必须重拍……嘿！来了！碰！……重拍吧。"

他一门心思都在麻将上，我只觉得越发沮丧。

真的没事吗？我正想着该不该站起来，黑泽先生哗啦哗啦搓着牌又道："小事一桩。"

托麻将的福，没有挨骂，不过，还记得后来我又提着啤酒去向摄影、照明人员们四处道歉，这事才算了结。

场记员的职责还不只这些。等到拍摄接近尾声，还有音乐的秒数、对白的更换，各种任务就像海啸一样汹涌而来。

摄 影

在过去,操作摄影机的人被称为摄影师或摄影技师,也有人语带自嘲地说自己是"看摄影机的"。听说最近流行叫"摄影导演",真够气派。

既然是拍电影,掌管画面的就是摄影师,片子是死是活,就要看这个人的手艺如何了。导演再厉害,也不能一边操作摄影机一边做导演。如果不满意,就只好换摄影师,或是在剪辑的时候把不满意的镜头去掉。

我的老师伊丹万作对摄影师所持的观点是这样的:

> 也许是生性愚钝的关系,我到现在都没有勇气断言日本的摄影师谁风格柔和、谁风格硬朗,更不用说判断谁技术好、谁技术差。我只觉得听从我的意见的人就是好的。(《伊丹万作全集2》——"关于风格柔和这件事")

也许这正是导演的真心话。我听黑泽导演亲口这样说过："说是什么著名摄影师，把内容搁一边去讲究艺术效果，导演可受不了。"

黑泽先生做副导演的时候，大牌摄影师很多，比如以擅长摇摄（即 panorama shot，横向或竖向转动机身进行拍摄的技术）闻名的唐泽弘光、理论家宫岛义勇等人。

有人曾放言道："我要是脑瓜再笨一点可能就当导演了。"其架势可见一斑。

因拍摄《罗生门》被黑泽导演打了满分的宫川一夫先生在自传《一代摄影师》（PHP 研究所）中写道：

> 电影导演和摄影师的关系就像夫妻。也许这么说太古板，但一直以来我都是依着这个观点来从事工作的。

就像一位为丈夫默默奉献的贤妻，宫川先生的确是这样的摄影师。更重要的是，他无比热爱摄影这项工作。

《低下层》（一九五七）、《战国英豪》（一九五八）的摄影师是山崎市雄。他是黑泽摄影组的摄影师当中独具个性的一位"贤妻"。

山崎先生身材魁伟，脸长得不能再长，正好应了人们常说的那句话："骑马的人，脸比马脸长。"不过人不可貌相，山崎先生是个和善开朗的人。

山崎先生不擅拍摇摄镜头，这是包括他自己在内的所有人公认的。当我亲耳听他本人这么说的时候，惊讶得无言以对。

"你知道对着一架飞机摇摄是很难的。我最烦的就是这个，真烦！有一次要用埃摩（便携式摄影机）摇摄，我一看取景框，飞机不偏不倚在正中飞着呢，不管镜头跟到哪儿，那黑点都在正中。心想，这回拍好了。再仔细一看，原来是沾在取景框上的一块灰尘！我就说嘛，我怎么会拍得这么好呢？哈哈哈！"一副无所谓的样子。

长期担任历代摄影师助手的斋藤孝雄也许应该算得上实际支撑着黑泽摄制组的幕后管家。

他摇摄和移动摄影的技术尤其高明。用的是五百或八百毫米的超望远镜头，所以画面富有速度感。他特别擅长拍摄黑泽先生喜好的"仿佛要溢出画面的""豪放的"画面。

黑泽先生采用多机拍摄是在《七武士》（一九五四）之后的事，其中摄影机 B 总是交给斋藤先生来操作，导演特许他按自己的喜好来拍摄。看样片的时候，每当出现摄影机 B 拍摄的画面，就听到黑泽先生喜滋滋地称赞："有意思！"而今，斋藤先生成了黑泽先生信赖的最后一位"贤妻"。

中井朝一应当算是斋藤先生的师父。黑泽明作品当中，他担任摄影师的部数是最多的。以《我对青春无悔》（一九四六）为始，中井先生默默担任"贤妻"的工作，与黑泽导演同甘共苦了一辈子。

我认为《七武士》绝妙的黑白色调是中井先生的最高杰作。

虽然我不懂摄影技术,但我知道要想拍摄出微妙的色彩,曝光的控制一定极难掌握。

有一个黄昏的场景:农夫利吉终于带领武士们回到村庄。剧本这样写道:

58　山岭上＝勘兵卫一行到来。利吉走在最前方往山下眺望。大家和利吉并排一同往下看。利吉默默用手指前方。夕阳——村庄沉在山影中。

村民们别说是赶来迎接,干脆连个人影都没有,四周一片寂静。

那是昭和二十八年六月九日在伊豆下丹那[1]进行的拍摄。那天因为拍摄准备比较费时,只计划拍摄这个黄昏的镜头。外景队早早吃完午饭从驻地出发。拍摄现场位于可以俯瞰全村的一座半山坡上,山脚下零星分布的农家是美工为了这次摄影特地搭建的。

大家安置好摄像机后开始准备照明。演员们排练了几次,各自确认了自己的位置。因为八位演员往摄像机前一站,总会有人被遮住,而且一定要把他们身后的整个村落也拍摄到。就这样排练了多次,太阳仍然高挂在天上。剧组成员都随便找个树桩什么的坐下来闲聊。

1　伊豆下丹那,位于静冈县东部。

不知过了多久,摄影机周围的摄影组成员开始用仪表测量,中井先生频频仰望太阳,确认着摄影机画面。

黑泽先生走过来关切地看了看中井先生的脸,问道:"怎么样?能行吗?"中井先生回答说:"得再等一会儿。"

"注意焦点一定要放在前面的人身上!"

"没问题。"

"整个村子都看得见吗?"

"嗯。不过,拍的只是黄昏的景色呀。"

"黄昏的景色怎么啦?这里可是最重要的场面!"

导演立刻再三叮嘱。演员也都聚了过来。拍摄现场的气氛为之一变,一下子紧张起来。一问一答之间太阳渐渐西沉。可惜我们没有平清盛[1]那种把落日唤回的本事。短短十六秒的一个镜头,中井先生一定是想在短时间内抓住某种色调,但又有所迟疑。犹豫中,时间过得飞快。导演和摄影师交替着凑在摄影机前的次数越来越频繁,终于黑泽先生怒气冲冲地对中井先生说道:"也太暗了吧?这样拍得出来吗?"

"嗯,这个有点,看样子不行了……"中井先生摇着头,小声答道。

"停!收工!"黑泽先生的命令响彻昏暗的拍摄现场。

中井先生摘下帽子,低头说:"对不起。"

---

[1] 平清盛(1118—1181),平安时代末期的武将。传说他为了在一天之内开通抵达严岛神社(位于今广岛县)的海路,曾施法术把西沉的太阳唤回中天。

制作人员做了个"收工"的手势，摄制组在沉重的氛围中开始默默准备收工。

傍晚的光线难以捕捉，转瞬间功亏一篑

回到住处，我看见中井先生鞋也没脱，垂着头坐在门口的台阶上一动不动。

工作人员进屋时招呼着"辛苦了""您辛苦了"经过他身旁。我很想对中井先生说点什么，却说不出话来。因为我发觉中井先生好像在落泪。耗费一整天时间，带领众多工作人员和演员上山，苦等到傍晚，最后却没有拍摄成功。我非常理解中井先生难过的心情。要拍摄那么微妙的光线，条件实在过于苛刻了。

一九八八年二月二十八日，中井先生离开了人世。

美 术

美术导演村木与四郎早在一九四八年就在《泥醉天使》中担任松山崇德的助手,是黑泽摄制组的一名老兵。

村木先生制作的布景规模宏大,雄伟的外观丝毫没有局促之感,很合黑泽先生的喜好。

黑泽先生与村木先生隔着一张布景配置平面图两相对峙,那情景就像一场势均力敌的围棋比赛。图是工地上戴安全帽的大叔们看的那种蓝图。我不禁佩服黑泽先生居然看得懂,不过要是看不懂也无法胜任导演的工作。

涉及预算的问题,导演若没有一定的筹划,就会被"这边的窗户需要看得到外面吗?"或是"这一面要不要拆掉?"之类的问题难住。新手导演如果在副导演的时候没有好好学习,进了布景弄不好会迷失方向。

成濑巳喜男导演曾特地叫人制作了布景的背景,却又不满意,干脆让演员在表演中把窗子关上。

在搭建城堡方面,大概无人能超过村木先生。《蜘蛛巢城》

（一九五七）里那座耸立在富士山麓的黑色城堡最为出色。《乱》（一九八五）中燃烧的三之城则是富丽堂皇的风格。

据说三之城是以丸冈城为原型搭建的。城堡的石垣部分难度最大，单石垣就高达三间[1]半（约6.4米），到顶楼的高度是八间半（约15.5米）。整个石垣部分呈弧状，用木板制成，表层则贴的是泡沫塑料板。把名城石垣的实景照片放大之后，按照各个石块的形状裁断泡沫塑料板，再把它们拼贴到木板上。拼贴时也要按照所谓的"垒石工法"，即垒积的石块必须有三个点与邻接的石块相接。这样的拼贴工作耗费了好几个月的时间。

问题是城堡着火的场景。泡沫塑料不耐热，石垣在火中熔化或熊熊燃烧起来的话，美工可就要大失脸面了。为此要用水泥在泡沫塑料制成的石垣表面反复涂抹四遍，最后还要把颜色做旧，总之大费周章。

要说着火，所用材料大多是三合板之类，烧起来一会儿工夫就烧完了。黑泽先生说那样不够真实，毕竟是城堡着火，必须经得起长时间的燃烧。

三之城从正面和左右三方看显得雄伟壮观，绕到后面却是个搭满脚手架的空架子。村木先生为了让火能燃烧得更久一些，往城堡的顶楼里堆了方材。为了防止燃烧的方材落在石垣内侧，又在下面拉了金属网。火从石垣内侧烧起来的话，费尽心思用

---

[1] 间，日本旧时的长度单位，1间约1.82米。

水泥加固的表层就白费工夫了。

实际拍摄是在一九八四年十二月十五日。阴天,无风,一个适合着火的好日子。行动将按计划进行。黑泽先生走出御殿场的别墅,说道:"就今天了。"

插黄旗的太郎军和插红旗的次郎军约四百人从一大早就开始准备,陆续聚集到拍摄现场。

扮演秀虎的仲代达矢完成了长达三个小时的化妆,身着一袭白衣抵达现场。对这天的到来盼望已久的制作人希尔伯曼、原正人,还有从法国来的采访团都赶到了。

负责遥控火势的人员已各就各位,御殿场消防团为防止意外也守候一旁。大家心里都明白,这座据说耗资三亿日元的城堡一旦点火,就不再有机会重来。"成败在此一举"的紧张气氛弥漫在拍摄现场。

第一机位从正面拍摄秀虎从燃烧的城堡中现身,踉跄走下石阶的场景。

第二机位,摄影机从原位直接后退至正门外,共五台摄影机分别拍摄从城中走出的秀虎和目送他的次郎(根津甚八饰)和阿铁(井川比佐志饰),以及他们身后燃烧的城堡。

首先是守候在第一机位的摄影师们请示黑泽先生:"可以开始了吗?"回答是:"请。"

悄无声息的现场里只听见扩音器里传来黑泽先生的声音:"实拍!"

然后是副导演们连声喊:"实拍!""实拍!"

"点火！"遥控人员按下开关，点着了预先洒在城堡中的四百公升煤油。火焰从顶楼的窗口冒出。

实拍开始！顶楼的窗口喷出熊熊的火苗

接着有人喊道"干冰！"。为了避免仲代先生被烟呛到，在他即将走到的范围内预先用干冰代替了烟火，所以在四周吊了很多像成串的柿饼一样的干冰袋子。工作人员听到指令，即刻通过装置把干冰扔到热水中。

等候在入口处的仲代达矢奔进城堡，消失在众人的视线之中。

"预备！"黑泽先生的声音一下子提高了许多。摄影机同时开始转动。

"烟火点火！"白色和灰色的浓烟从顶楼的窗户涌出。"烟火完毕！""点火完毕！"从城堡的方向传来回应。

"开拍！"的吼声之后，只听见场记板"啪！""啪！"的响声。"仲代！"这是出镜的号令。

在场所有人都屏住了呼吸，目不转睛地盯着城堡的入口。黑泽先生也满脸不安地紧握着扩音器。纯白色的干冰翻滚着喷涌而出，却不见秀虎出来。斋藤（孝雄）先生眼睛一边盯着摄影机，一边很担心地小声对助手说："怎么还没出来呀？"

就在这时，秀虎终于腰别大刀哐当有声地从烟火中出现了。中间不过二十五秒钟，我们却觉得过了很久。

仲代达矢昂着头一步一步地从石阶上走下来。已经精神失常的秀虎在这时如果还注意脚下，一定会很不自然。但我还是一个劲儿地担忧他一脚踩空了可怎么办。

"快让路！"听到黑泽先生的喊声，士兵们左右分出一条道来。紧接着黑泽先生又喊道："停！OK！第二机位。"到这里时一分三十二秒。

摄影助手扛起摄影机直奔城外，身后还拖着电源线。其他工作人员也一起小跑着转移到第二机位。

在这个镜头实拍的最后，目送着秀虎离开的次郎他们朝左边走出画面的同时，导演喊道："停！OK！灭火！"

顿时间，场内欢呼四起，鼓掌喝彩不断。几辆救火车同时往城堡顶楼喷水。现场的紧张气氛烟消云散，取而代之的是洋溢在整个现场的爽朗笑声和欢快的话语声："太好了！""我刚才……"

还没等面带喜悦的仲代达矢走到面前，黑泽先生就急切地问道:"那么久不见你出来,我可担心死了。你没事吧?"

仲代达矢笑道:"我想千万不能慌张,所以故意慢慢走出来。"

话虽如此,我想那么大的压力集于一身,他一定还是害怕的吧。后来我向仲代达矢问起这件事,他对我说:"不如说是一种快感,或者说是为电影献身的激情吧。"

不愧是专业演员的回答,有胆有识。村木先生说:"烧了虽然可惜,可不就是为了烧掉才做的嘛。只要能拍出理想的画面,我这个美工师也就心满意足了。"

黑泽先生看起来很满意,他转身对工作人员们说道:"那,我先走一步,今晚要喝酒庆祝一下。灭火就拜托了。大家辛苦了!"

说完,留给我们一个价值千金的微笑,然后坐上车扬长而去。

拍摄从上午十点二十分开始,至十二点五十分结束。使用了两千八百英尺胶片(约三十二分钟),画面实际使用时间两分零五秒。

副导演

很多人都认为黑泽导演是个可怕的人,实际上在拍摄现场遭受他的集中炮火的,大多是各位副导演。其他人员那里就算偶尔有流弹飞来,也不过两三人受害而已。比较起来,副导演简直就像冒着枪林弹雨走在雷区一般。为什么这么说呢?

一般说来,导演相当于统率整个拍摄现场的司令官。而副导演名副其实就是导演的副手,拍摄现场各个岗位的所有工作都在他的职责范围内。

尤其是小道具,涉及的范围最广最琐碎。而最麻烦的要数与"活物"有关的工作。这其中让人哭笑不得的故事多得数不胜数,在这里我只谈关于《八月狂想曲》中出现的蚂蚁的事。

一九八四年《乱》募集副导演,通过剧本考核仅录取了最为优秀的三名,田中彻是其中之一。人如其名,他是个凡事不彻底解决就决不罢休的人。在《梦》(一九九〇)梵高篇里麦田场景那一段,他成功地让成群的乌鸦振翅而飞。从此,一提到动物,大家就想到田中。

《八月狂想曲》是黑泽导演一九九一年的作品，其中有一个场面是这样的：在八月九日长崎原子弹爆炸纪念日，一群老人在村公所聚会，一同念诵《般若心经》。理查·基尔扮演的日裔美国人克拉克先生也在其中。剧本写道：

> 信次郎看着脚下，长长的一队蚂蚁正爬过地面／克拉克也目送着那群蚂蚁爬过／蚂蚁随着诵经的声音爬向一棵蔷薇的枝干。

大概连黑泽先生也没想到，这几行描述竟然招来一场"蚂蚁的悲剧"。

田中君首先从学术调查开始着手，查阅关于蚂蚁的书籍，挨个打电话询问专家和研究所，然而得到的回答都是：剧本里描述的情景是不可能实现的。唯一的一线希望是有人说京都工艺纤维大学的副教授山冈亮平先生或许对这件事感兴趣，说不定会愿意帮忙。

于是田中君火速赶往京都说服山冈先生，成功地得到了他的支持。只是蚂蚁的场面预定在八月十一日正式拍摄，而这一天山冈先生必须到印度出席学术会议。摄制组这边又因与理查·基尔的合同的关系，日期无法变更。最后，山冈先生出于一番好意，决定派遣研究室的助手前来协助拍摄。

据说，好像是山冈先生"乐观地认为：'蚂蚁有费洛蒙这东西作路标，只需有效运用这一点，就应当可以满足电影拍摄的要求。'"。在山冈先生的著作《解开共进化之谜》的"蚂蚁为什么列队行走"一文中详细记述着这条经验，内容有趣到我几乎想引用全文。

首先是出场蚂蚁的种类。山冈先生听取了黑泽导演"要有蚂蚁样儿的蚂蚁"的意见，选定了一种黑色有光泽的"黑草蚁"。这名字听起来很像"黑泽明"[1]。

据说即使是同种的蚂蚁，如果不属同一窝，在一起也要打架，更不用说一同演电影。所以必须把同窝的蚂蚁一锅端地捉来。而且按每次摄影至少需要两千只来计算，就算有一万只蚂蚁，也只能拍摄五次。这可不是用镊子夹几只来就能对付得了的。最后的办法是，买了十台小型吸尘器，两个小时左右就捕获了数千只蚂蚁。

对蚂蚁们来说这真是一场灭顶之灾。其中最不幸的牺牲品要数那些被用于制作费洛蒙的蚂蚁。它们被放进一个研药的擂钵中捣碎，然后用酒精冲淡制成费洛蒙药液。不过，这正是确保拍摄成功的寻宝图。

八月六日，山冈先生研究室的秋野顺治、中古康弘，以及一位名叫柴山伸子的女性共三位成员受命从京都赶来。冒着正在逼近的台风，他们开着一辆载着三万只蚂蚁的微型车直奔御殿场外景地而来。因为天气不佳，车子迟迟未能抵达，食堂为他们三人准备的晚饭白白地晾在桌上。"终于来了！"田中君领

---

[1] 在日语中，黑草蚁（kurokusa ari）跟黑泽明（kurosawa akira）的发音相近。

着三位出现在食堂的时候,已经大半夜了。他们就那样穿着湿衣服,默默吃完简素的晚饭。

从第二天开始,趁着大部队拍摄别的镜头时,蚂蚁小组就在后面一次又一次地全力进行蚂蚁的预备演习。可是田中君的脸色不见明朗。问他"怎么样?",他也只是低着头说:"还不行。"满脸的疲惫。

不仅如此,还发生了一场"出埃及记"式的蚂蚁大逃亡事件。装蚂蚁的容器内部本应涂上一层白色的滑石粉,这样蚂蚁爬上去就会滑落下来,秋野却错把用来做蚂蚁窝的石膏涂在容器里。夜里他恍然醒来,只见三万只蚂蚁形成的黑带从墙壁一直延伸到天花板。起初他几乎不敢相信自己的眼睛,以为是做噩梦或是产生了幻觉。哪知聪明的蚂蚁们为了逃命,上演了一场集体大逃亡。可惜它们最后还是被吸尘器的强风尽数吸了回去。

就这样,为了补充在准备阶段消耗的蚂蚁,柴山小姐匆忙开车赶回京都,就像变魔术一般又载着两万只蚂蚁回到御殿场。

忙乱中到了八月十一日,轮到蚂蚁出场了。场景是这样的:一个摇摄镜头随着理查·基尔的目光落在脚边,一队蚂蚁正向着前方行进。

黑泽导演的构思是,把人物与蚂蚁的关系表现在同一个镜头中,并传达给观众。蚂蚁小组在离摄影画面近得不能再近的地方拿着装蚂蚁的容器做好了准备。接到实拍的指示后,田中君把装在注射器中的费洛蒙液在理查·基尔脚边的地上洒成一条线状。

只听导演喊:"预备!开始!"基尔开始表演,蚂蚁小组敲打容器驱赶蚂蚁。全体人员满心期待地看着地上的蚂蚁。摄影机朝着地面下摇。爬出来的蚂蚁并没有好好排队,而是朝着各自的方向四散而逃。蚂蚁的镜头长度不过五秒钟,重复拍摄了不知多少回,蚂蚁们仍然不按费洛蒙液画出的路线行走。

蚂蚁的"悲剧"——两万只蚂蚁仓皇逃窜

"这怎么成?""到底怎么回事?"导演的声音里怒气越来越浓。蚂蚁们被吸尘器吸进容器,一会儿又被赶出来,然后又被吸进去,被折腾得无精打采。无奈之下只好中止当天的拍摄。

憔悴不堪的田中君和蚂蚁小组成员留在现场,经过一番讨论,最后断定费洛蒙液之所以无效,是因为拍摄现场的地面原是水田,土质太过松软,以至把液体都吸收了。

道具组的成员们毅然决定在翌晨来临之前把地面的土换掉。他们在土里混入水泥加固,再用煤气喷灯烘干,并涂上自然的颜色。

翌日的摄影中,蚂蚁虽没有走出完美的队形,但比起昨日已经很不错,这才终于OK。

接下来的部分只需另行拍摄蚂蚁即可。说起来轻巧,为此又特地派了一个约二十人的小组前往京都。这次在山冈先生的亲临指导下,田中君耗费了三天时间,终于成功拍摄了蚂蚁抵达蔷薇花的镜头。

出现蚂蚁的镜头一共七个,总计仅一分零六秒。可是那些胶片里凝集着所有工作人员的汗水。

如今用CG可以制作任何图像,这些辛酸故事也许只有在"等云到"的时候才会被当作笑话来讲吧。

第五章

往日不再——追忆《德尔苏·乌扎拉》

摄影队奔赴西伯利亚

那段日子里，黑泽先生深陷在极度的孤独中。

"朋友们看着无利可图就都疏远了""一个电话都没有"，从他口中开始经常听到这样的话。

即便是来到赤坂的事务所，黑泽先生也是两眼冷冷地盯着某个点，平时很少摇腿的他开始无意识地摇个不停。

那是一九七三年春天。

大约一年前，黑泽先生曾以自伤企图自杀，留下的伤痕仍然历历在目。周围的朋友肯定是觉得让他一个人静一静比较好，所以都尽量避免打电话，生怕打扰了他。

就在那时，黑泽先生与制片人松江阳一同去莫斯科，与莫斯科电影制片厂及全苏电影合作工团签署了《德尔苏·乌扎拉》的拍摄协定。

协定规定："《德尔苏·乌扎拉》是苏联电影。但是，导演黑泽明有关创作方面的意见将得到百分之百的尊重。"

可是，接下来要攀登的是险峻的山路，成堆的问题挡在眼前，几乎看不到顶峰。黑泽先生只能在登山口茫然等待。

当时，黑泽先生撰写的剧本第一稿已经送交苏联，对方的剧作家尤里·纳基宾的第二稿的翻译刚刚送到我们手边。纳基宾的剧本里增加了打斗场面，显然想把故事情节戏剧化，这样的改动令我们难以接受。

黑泽先生读过之后，把剧本往桌上一扔，说道："总之，这样的剧本，我没法拍！"

十月，与纳基宾的讨论持续多日，我们私下里称为"日俄战争"。到最后，还是依据协定采用了黑泽先生的剧本。

苏联方面向日本人员传达了严格的人员限制条件。经过一番讨价还价之后，黑泽先生的日方随行人员才确定为松江阳一等五人。

其余四人即摄影师中井朝一，导演助理河崎保、野上照代，演出助理箕岛纪男四人。

河崎先生的专业是话剧导演，也当过演员。他擅长俄语，苏联方面对他寄予了很高的期望。但在一九七四年冬，电影拍摄过半的时候，他被撤换了。这并非河崎先生的本愿，原因在于日苏之间的复杂情况。

就这样，我们怀抱着各种不安和期待，向着苏联出发了。

一九七三年十二月十一日，包括黑泽先生在内的我们一行六人于下午一点乘坐苏联航空的航班从羽田机场起飞。

如今也许会觉得不可思议，当时黑泽先生的座位和我们一样都在经济舱，在狭窄的座位上要熬过大约十一个小时。

但黑泽先生没有一句怨言，在我的邻座一直默默地看杂志。

我感觉到他全身散发出一种不容退却、如磐石一般坚定的凛然之气。

因为晚点，我们在晚上十点抵达莫斯科舍列梅吉耶沃机场。

我们分乘前来迎接的轿车前往俄罗斯饭店。窗外，积雪的白桦林连绵不断，雪静静地下着，一派宛如圣诞卡片的风景。

进入市区，司机得意扬扬地对我说"银座、银座"，其实外面只不过零星地闪着两三处霓虹灯。

十二月十二日，我第一次走进莫斯科电影制片厂的大门。

进大门的时候，需要一种叫作"普罗普斯克"的通行证。不过，无论哪里的制片厂这点都是一样的。

然而这里的规模之大是日本的制片厂无法比拟的。

《德尔苏·乌扎拉》的工作人员办公室设在办公楼三楼。房门上挂着门牌，上面用日语写着"黑泽"两个字，从中我可以感受到苏联的同行们是怀着怎样的好意期待着我们的到来。走进屋里，所有工作人员都站起来鼓掌欢迎我们。

黑泽先生和松江先生已经来过一次，有很多熟人，我们几个初次碰面的则是挨个儿握手并介绍姓名。

墙上贴着的，是美术导演克拉西亚画的场面构思图，如同在举行克拉西亚的小型个人画展。

还有采外景拍回的照片。上面附有日文的说明，真叫人感激涕零。

第一副导演瓦西里耶夫想给我们看看主角阿尔谢尼耶夫的

候选人的试拍样片，于是我们去了试映室。对于副导演来说，拍样片似乎是一个一显身手的机会。他拍得极为讲究，有布景，有室外雪景，不用说对白，连鸟鸣都录进去了。可惜演员不怎么样。

两位主角——探险队队长阿尔谢尼耶夫和西伯利亚密林向导德尔苏·乌扎拉的演员迟迟未定，扮演队员的演员们的面试也无法进行。

一天，黑泽先生正说："演员阵容和交响乐队一样，协调最重要。"这时瓦西里耶夫进来说："第一小提琴驾到。"

莫斯科马利剧院的尤里·索洛明登场了。

扮演德尔苏的演员初步确定为马克西姆·马克西莫维奇·蒙祖克。他在南西伯利亚的图瓦自治共和国领导着一个剧团。

两位的试拍反复进行了多次，正式敲定是在过了年的一九七四年二月一日。

其间，我一直在与瓦西里耶夫反复讨论拍摄日程。

据说苏联对每日拍摄的胶片长度有定量规定。布景摄影的时候是五十五米。夏天的外景摄影是三十五米，冬天则是二十五米。动物出场的画面是十七到二十一米。

照这样的算法，电影的全长除以每天的定量长度即可计算出拍摄所需的天数。

可是，实际的变数不可能用计算器来衡量。我问，如果不能按计划实施会怎么样？回答是："扣我们的工资。"

"列宁说过，要计划经济。为了争取最大的成果，我们一定要努力！"

"开什么玩笑！黑泽先生可不会按计划定量拍摄。我先按我的方式做日程，然后再来考虑双方折中的办法吧。"我表示不愿让步。可这些话经过翻译，到头来收效甚微。

当时的苏联还没有复印机这么便利的用具，我只能同时把多张复写纸夹在纸里，为抄写日程表用尽了浑身力气。

然后，我和瓦西里耶夫把各自计算出来的摄影天数两相对照，才发现我们的答案相差无几。这结果真叫人哭笑不得。

最大的问题是翻译。之前请到一位名叫玛丽亚·多利亚的女性，她是个日俄混血，而且熟悉电影知识。但她不能随同我们去西伯利亚。况且又是长达八个月的日程，就算是男性翻译也很难有合适的。最后选中的是东洋研究所的列夫·克尔希科夫。

他是个非常优秀的翻译，可以看着黑泽先生飞快写下的字条当场向工作人员传达导演的指示。如果没有克尔希科夫，拍摄一定更是难上加难。

苏联方面的工作人员共七十人，还有协助作业的一个排的军人约三十人。相比这个大部队，日本方面的工作人员只有五个人。

到了五月，近百人的摄制组分为几个小组开始大规模转移，奔赴东西伯利亚乌苏里地区滨海边疆区的阿尔谢尼耶夫市。阿尔尼谢耶夫市顾名思义，正是为了纪念这部电影的主人公——探险队队长阿尔尼谢耶夫而命名的。一九〇三年开通的乌苏里铁路上也有一个名为阿尔尼谢耶夫的车站。

一九〇六年,阿尔尼谢耶夫与一位赫哲族男子德尔苏·乌扎拉相遇于这片土地。

电影依照史实,选择在这里拍摄。

就这样,一切顺利就绪。

有蜱螨有蚊子没有厕所

黑泽先生与我们一行人于五月八日从莫斯科乘国内航班飞往哈巴罗夫斯克。阿尔谢尼耶夫市也有机场，但据说这一带属于外国人禁止入内的区域，不容许外国人乘飞机从这里起飞和降落，说是害怕外国人从上空把军事机密尽收眼底。但从天上也好，被带到内部也罢，我们当中本来也没有能弄明白所谓机密的人，大家说起来都觉得可笑。克尔希科夫作为向导也加入我们一行。

从飞机上俯瞰，西伯利亚密林就像一片无边无际的墨绿色大海，只有翻滚的河流宛如银蛇蜿蜒其间。

黑泽先生望着窗外叹息道："难怪契诃夫也说密林的魅力在于它的宽广无边。这样的景色，要怎么拍才能在电影中表现出来呢？"

令人惊叹的是，早在一八九〇年，还没有西伯利亚铁路的时候，契诃夫就乘坐船和马车横跨西伯利亚，走完了莫斯科到萨哈林四万公里的路程。

我们的飞机中途因为引擎故障，又在鄂木斯克停留加油，抵达哈巴罗夫斯克已是当地时间五月十日上午八点。

然后从哈巴罗夫斯克经乌苏里铁路南下六个多小时。夜里十一点坐上火车，一觉醒来已是早晨五点。我们在一个名叫斯帕斯克达利尼的车站下车。

从这里我们分乘两辆车前往阿尔谢尼耶夫市。莫斯科距离此地九千公里，而日本近得几乎伸手可及。

司机很体贴地把收音机调到日本的电台，他的表情好像在说："怎么样？"

收音机里传来"××崎，××毫巴"的播报，随后流行曲悠然响起。

对面开过的小型货车的牌子多是日产、小松之类。

我们在车上颠簸了三个半小时，终于抵达阿尔谢尼耶夫市。

这是一座建成约二十年的新兴地方城市，或许称之为开垦农场更为恰当。我们投宿的加斯提尼察·泰约加纳亚（"密林宾馆"之意）坐落在一个红土铺就的广场上。外观就像受灾地区的避难所，容量却相当大，我们整个摄制组住进去还绰绰有余。接下来，艰苦卓绝的拍摄生活将持续达九个月之久，可是当时的我们还没有意识到这一点。

每当夜晚来临，远远就能听到摇滚风格的乐队喧嚣声乘着风传过来。说是附近的公园里年轻人每天晚上都在那里跳舞。

黑泽先生说太疲劳先睡了，我们几个日本人和克尔希科夫一道去公园看热闹。乐队演奏正酣，年轻人像下饺子一样你拥我挤地跳着摇摆舞。我们也在角落里学着比画了几下,当地人就像看珍奇动物一样看我们,嘴里还议论着什么,我们只好赶快撤退。

这里属于外国人禁止入内的地区,我们是凭特别签证前来的第一批外国人。

第二天,克尔希科夫笑着告诉我们:"城里的人都说是第一次看见日本人,莫斯科人也很稀奇。何况我们还是拍电影的,很受欢迎呢。"

第二天,我们乘坐中巴到距宾馆三十公里的密林里去看外景。美术导演克拉西亚打算让黑泽先生看看他事先选好的外景地。

所谓的路不过是在密林里砍出来的一条林道,路况糟糕透顶。车上颠簸得脑袋直撞车顶,坐在后排的人被摔出座位,猛地撞在驾驶座上才终于停住。

名为密林,却没有大树,全是柏树、落叶松之类的寻常树木。

"这和箱根没什么两样嘛。"黑泽先生不满地说。

虽说才五月,白天已经很热。说到西伯利亚,大概谁都会有"天寒地冻的边境地带"之类的印象。然而西伯利亚的夏天是炎热的,密林中尤其闷热。进入湿地,每走出一步,脚下都会"嗡!"的一声,升起一股黑烟般的蚊群。

摄影的时候发了防蚊的帽子。由于需要像养蜂人一般,说好听一点像伯爵夫人一般,把防蚊网严实地罩到脖颈,越发闷热难当。

不只是蚊子。来吸血的还有一种叫作克里希的蜱螨。小得几乎看不见,跑得比蜘蛛还快。要是被它吸了血,伤口又红又肿,叫人不忍目睹。说它像蜱螨,其实就是如假包换的蜱螨,一旦被它咬住不放,就得请医生处理,一般人很难把它弄掉。所谓处理,不过是很简单的治疗,护士用绢丝那样的细线在蜱螨的嘴上绕几圈捆牢,一拉就拔下来了。

据说被这种蜱螨咬过后会得脑炎,我们都在莫斯科打了脑炎预防针。

蜱螨不但会从脚下爬上来,还会顺着头上的树枝掉下来。我们走在树林中,全部神经都放在蜱螨身上,几乎没有心思选外景。

摄影的中井先生终于忍无可忍,气急败坏地骂道:"不管了,它爱怎么咬怎么咬吧。光惦记着它叫我怎么工作呀?"

美术导演克拉西亚他们比我们早来一个月,已经习以为常,面不改色地光着上半身。

演出助手布洛斯基胖如酒桶,说是走路太吃力,不愿跟我们走。于是他就站在车子旁静候佳音。

我们从森林回到路旁的时候,大伙儿都像投降兵一样举着两手,走到布洛斯基面前,请他帮我们检查身上是否有蜱螨。路边的车子旁变得像盘查哨所一般。

如此小心,大部分人还是被蜱螨咬了。黑泽先生的侧腹部被咬,制作部和克尔希科夫急忙用车载着黑泽先生直奔医院而去。

大伙儿互相检查有没有蜱螨，活像在盘查投降兵

没多久他们回来了，大家都笑着从车上下来。原来他们去的医院竟是一家妇产科医院。

电影里有这样一个场景：阿尔谢尼耶夫一行试图乘木筏横渡大克马河，当阿尔谢尼耶夫险些被激流吞没时，德尔苏机智地搭救了他。可是适合拍摄这个场景的河流迟迟没有着落。

我们在上午九点离开阿尔谢尼耶夫市的宾馆，到达奥勒加已是傍晚五点多，自然要在奥勒加住一宿。

途中，制作人员基尔肖恩在车里站起来对我们说："奥勒加在乡下，没有阿尔谢尼耶夫市那样的宾馆，只好请大家两人共住一间。最大的问题是厕所，要到宾馆外面才有，而且不是水洗的，比较脏。"

到那里一看，果真如此。与其叫宾馆，不如说是职工宿舍。一楼是商店，即所谓商住两用式。踩着嘎吱作响的楼梯上去，二楼并列着几个房间。

黑泽先生与中井先生同住一间。我和录音技师（当然是女的）奥利亚同屋。

最担心的是厕所。我想趁着天还没黑，先去侦查一下。下了楼梯再绕到屋后的农田里，有一座木结构的公共厕所。虽然也分男厕女厕，里头却脏得叫人头晕目眩。

我把厕所的情况告诉了黑泽先生他们。河崎先生提醒我说，夜里上厕所一定要准备好手电筒。

于是我们几个日方人员在河崎先生的带领下，来到楼下的商店买手电筒。

在这里我们又吃了一惊——手电筒竟然不用电池而是靠手动发电。我是第一次见，中井先生却说："哎呀，真亲切。我小时候用过这个！"

黑泽先生也很稀奇地拿在手上摆弄，笑道："我握力太弱，用不了！"

那构造其实就像自行车的把手，或者说像个大订书机，就靠用手使劲反复握来发电。

既然是必不可少的东西，大家就一人买了一个。中井先生开心地说，要把这东西带回东京做纪念。

夜里，我随黑泽先生他们去了海边。西伯利亚的星空之美，只有亲眼见到的人才能体会。无数的星星布满整个天空，不留一丝空隙，给人一种天空摇摇欲坠的错觉。繁星密密层层，一直延续到天空尽头的海平面。

同来的克尔希科夫居然把泳裤也带来了。

"我可以游泳去日本嗖，哈哈哈！"他欢呼着跳进了海里。

深夜，我拿着新买的手动式电筒去上厕所。

我"咔嗒、咔嗒"地握着手电筒在走廊上走，只听得楼梯下有人"咔嗒、咔嗒"地握着手电筒走上来。是从厕所回来的河崎先生。我们忍不住笑起来，相互问候"晚上好！"，然后擦肩而过。说实话，这电筒是个很累人的东西。

第二天早上，黑泽先生笑呵呵地对我说："昨晚哪，我和中井两个人嫌上厕所太麻烦，干脆从窗子往外尿尿。"说着缩了缩脖子。

早晨的空气清爽宜人，雄鸡们争先恐后地啼叫着。一匹马独自漫步在没有行人的路上。

拿破仑的心境

一九七四年五月二十七日,拍摄终于开始了。

一大早就接到黑泽先生的电话:"今天这天气没事儿吧?"

无论是拍摄什么,这样的电话就像一日之始的寒暄。这时有人敲门,进来的是第一副导演瓦西里耶夫。

"今天天气很好,我们出发吧。"

不管怎样,今天是第一天,让我们以愉快的心情开始吧。我立刻通知黑泽先生出发。

我们前往从宾馆窗口就能看到的哈拉扎山。

　　场号55,新绿点点的密林。阿尔谢尼耶夫一行
　经过的场景。

虽然剧本上只是一行字,拍摄起来却没那么简单。由于云彩太厚,或是队列不齐等等问题,下午三点半才终于拍完一个镜头。

炊事班的士兵们在空地上做好了午饭等待着我们。我们轮流在临时搭起来的长桌边坐下来吃饭。

桌上放着一个个切成手风琴状的黑面包，俄国人喜欢手撕黑面包就着蒜末吃，这种有点酸味的黑面包非常美味。午饭一定有汤，大多是罗宋汤的风味，大锅里积着一层约五厘米厚的鲜黄油脂。肉多是烤羊肉。一个景象令我吃惊不已：一只蜱螨从克拉西亚的头发上落下来，正好掉在他面前的汤盘里。只见他神态自若地用汤匙把蜱螨捞起来，"咻！"的一声扔到身后去了。

中井先生是京都人，说是闻到葵花子油的味道就没了食欲，还说："哪怕有凉豆腐和腌白菜都好。"

"没有凉豆腐呢"
午餐的景象，美术导演把落在汤里的蜱螨随手扔了出去

宾馆里为日方工作人员准备了一个吃晚餐的房间，一位胖大婶为我们端饭送菜，可惜菜品还是坚硬的肉块和油腻的食物居多。

黑泽先生通常一个人喝干一瓶伏特加。说来他也六十四岁了，这体力可不一般。据称不喝就睡不着觉。

有一次，克尔希科夫与我们共进晚餐。

黑泽先生又要了一瓶伏特加。这时如果对他说"您还是别喝了……"只会适得其反，于是我和箕岛一同去餐厅里把那瓶伏特加往洗脸池里倒掉三分之一，然后再装满水拿回来。伏特加看起来跟水没有两样，所以兑了水也看不出来。

我正要往黑泽先生的杯子里倒伏特加的时候，克尔希科夫瞪大眼睛朝我做了个鬼脸。他后来告诉我：

"你骗得过黑泽先生的眼睛，可骗不过我。这里卖的伏特加哪有装那么满的？我一眼就看穿了。"说着大笑起来。

到了夏天，宾馆附近有露天集市。卖货的几乎都是亚裔人种，长年的艰辛刻在他们的脸上。有的人只是把在自己地里摘的三条黄瓜摆在面前，静静等待买家的光顾。

我从一大早就期待着去逛集市，因为那里可以使我身心放松。

一个星期天的早晨，我买了鸡蛋回到宾馆，嘱咐餐厅的厨房晚餐煮俄国米饭。厨房的女孩子们都才十五六岁，大概是因为第一次见到日本人，不管什么事都乐意相助。

晚饭的时候，虽然外国米饭干而散，但浇上酱油味的生鸡蛋，那味道可口极了。中井先生更是高兴得几乎要落泪。黑泽先生平时总是笑话中井先生，说这家伙大老远跑到外国来还想吃日本菜，这次却开心地说："还是日本饭好吃啊！"

我的房间渐渐变成日式厨房，黑泽先生打电话来不再只谈天气，叫"外卖"的电话越来越多。"能不能做点儿粥？"，或是"肚子饿了，来碗蒜蓉炒饭吧。"

中井先生的艰辛还不只是饮食问题，关键的摄影器材及劣质胶卷也害苦了他。

首先，七十毫米的摄影机重得要命，三个壮实的助手才搬得动。况且随时都是两台机器，地点转移的时候特别辛苦。

中井先生一句俄语都不会说，却无法从日本带助手来，只好"只身赴任"。跟俄国人说话时，他总是自顾自地说日语。即使这样，苏联方面的助手们也还是都喜欢他，"中井"长"中井"短地叫个不停。

前半部分担任摄影机 B 的费吉亚是个好脾气的胖子，他常常一边照着写在小笔记本上的日语一边追在中井先生后头搭话：

"中井先生，便秘？愁？愁？"

"嗯。愁。费吉亚先生，不便秘？"

"不，不。"就这样无关紧要的话题，两人也能谈得很开心。

这个费吉亚后来却因为苏联方面的考虑，被共产党员冈特曼替换了。

使用的胶片虽然说是爱克发牌的，其实不过是占领德国时，没收了爱克发的设备带回国后开始生产的国产胶片。当时日本使用的是感光度 ASA100 到 120 的胶片，而苏联胶片的感光度最多只有 ASA40 左右，质量低劣，自始至终故障不断。

制片人阿伽加诺夫说："胶片一旦受潮就会膨胀，千万不要往暗盒里塞长度超过五十米的胶片。"否则气温降到零下四十摄氏度，摄影机就转不动了。

工作样片从洗印厂送回外景地时，大概因为黑片（故障）禁止使用的关系，原来胶片上有些乳剂涂得不匀的地方都被毫不留情地打了孔。有的孔大大咧咧地打在画面正中，难怪黑泽先生要大发雷霆。

其中包括德尔苏初次出现在阿尔谢尼耶夫的野营地的场景，都是我们在十月上旬接连三天在夜间外景地拍摄的，可是样片全部都被当作黑片打了孔，因此我们将不得不重新拍摄。

我被黑泽先生叫到屋里。

"这到底是谁决定的？这可是我们没日没夜辛辛苦苦拍的片子啊！那都是些什么呀？用打孔机打那么多洞，简直一塌糊涂！不打孔的话，很多部分也许是可以用的啊！能不能用，不是说好让我们来决定的吗？"一边说着，一边用大手擦泪。黑泽先生难过得哭了。他说的这些，我也是感同身受。

十月二十日下了第一场雪，秋天的场景还剩很多没有拍。当地的天气迅速从秋天转向冬天。

随着寒风吹来，露天集市也没有了。空荡荡的摊位上，薄薄的积雪被风吹得翻飞起来。

黑泽先生望着宾馆窗外下个不停的雪，叹息道：

"我现在，整个就是拿破仑的心境！"

松江制片人和河崎保先生回了日本。

替换他们的，是从莫斯科派来的圆井一夫。他在莫斯科电影学院进修的时候曾经参加过这部电影的准备工作。中井先生以前就向苏联方面要求过，想请这个年轻人来担任技术翻译兼副导演。

这回，中井先生终于可以轻松一些了。

冰冷彻骨的夜间摄影

西伯利亚的冬天果真猛烈至极。

那曾经击退了拿破仑军队又打败了德军的严冬,仿佛在嘲笑人类的弱小。

宾馆的双重门每当有人出入的时候,就会泛起一团雾蒙蒙的水汽,连进来的人是谁都看不清楚,只因室内与室外的温差实在太大。

拍摄未能按计划进行。

年底逼近,十二月二十七日夜,拍摄野营的场面。

阿尔谢尼耶夫睡在帐篷里。德尔苏坐在外面的篝火旁,好像在担忧着什么。

"一个异样神秘的夜晚",剧本这样写道。黑泽先生说:"需要的是一种难以名状的气氛。"他让队员们在帐篷周围的枞树上挂了很多瓶子和铝罐,就像装饰圣诞树那样,这是为了让瓶罐相互碰撞,发出悦耳的声音。再用水喉往树上喷水,形成冰柱,这样也能创造出声效来。黑泽先生的这些精彩的点子,正是因为时常考虑到画面和声音才可能产生的。

日苏双方人员从中午就赶往拍摄现场,大家一边开心地聊天,一边把空罐子和汤勺等等挂在树枝上。干细活的时候我很想把手套摘下来,但手痛得一分钟都坚持不住。气温低得人内脏都快结冰了。

冬天太阳四点钟就已落山。气温急剧下降,一直降到零下四十摄氏度左右。

我们准备好时,黑泽先生也到了。装饰道具过关,接下来要试拍冰柱的镜头。消防车和大电扇已等候一旁。

负责放水的小伙子功多拉布拉体形庞大,堪比若乃花[1],却长了个娃娃脸,两颊总是红扑扑的。

他主动要求担任消防水喉的放水工作,通常由三个人承担的工作被他一个人包了。他牢牢地抱住水喉的开关,大喊:"达伊切,波多兹!(请放水!)"紧接着,他把水喉里喷出的水洒成雾状,同时上下左右摆动水喉,均匀地把水喷在"圣诞树"上。

就像施了魔法一般,树枝逐渐被冰包裹,转眼间就冻住了,连树梢上的水滴也原样凝结成冰粒。一棵棵针叶树全都被冻在冰里,仿佛是玻璃做的艺术品。

往树上反复浇水多次后,水顺着冻结的水滴流下,凝固成无数水滴冰柱。那景象有一种令人感动的美。

黑泽先生也开心起来,连声要求把这里那里也冻住。于是

---

[1] 若乃花,日本著名相扑运动员。

功多拉布拉更加卖力,抱起水喉,一边驱赶大伙儿一边嚷嚷:"让一下!让一下!"

但水喉已经冻结,硬如棍棒,水也堵塞在水喉里了。士兵们急忙跑上去,松开水喉的各处接头,或用棍子敲打冻住的部分。

零下四十摄氏度的天气,水喉也冻成了棍棒

功多拉君在大声嚷嚷着什么,淋湿的外套被冻得硬邦邦的,就像穿着一件上了浆的和服。

"怎么回事儿?水,水!""我说那边!"大致是这类意思的俄语在树林里回响。突然,一股水柱从功多拉君手里的水喉里喷出来,周围的人哀叫着纷纷逃离。

暴风雪也得准备好。

当地的雪质细而轻,于是在电扇前把雪堆成堆,实拍的时候,就让士兵们用铲子把雪扬到空中,然后用电扇吹散开来。办法原始,消耗劳力也大,且在严寒中,电扇要在强风中转动,可谓艰难之至。

说到风,不论何地都只能靠飞机发动机和螺旋桨。

从莫斯科远道运来的却是个简陋的大家伙,只有一个带驾驶座的发动机本体和螺旋桨,简直让人怀疑这是否是第一次世界大战留下的废品。负责操作螺旋桨的大叔过去一定是开飞机的,从他坐上驾驶座时美滋滋的表情就能看出来。还有一位是大叔的助手,他使出浑身力气喊着"拉斯、多巴、托里(一、二、三)",靠手动转动了螺旋桨,驾驶座上的大叔马上拼命转动小型手柄。

发动机只要稍稍开始震动,就算启动成功了。助手大喊一声"阿托宾塔!(快跑!)"就跳开了。但发动机没精打采地震了几震之后又"咻——"的一声停住了。于是只好从头再来。

看到这情形,连远远地围观事态发展的苏方工作人员也有些不耐烦了。两个小时下来,仍然没有进展。

"拉斯、多巴、托里!"咕咚咕咚咕咚。

"阿托宾塔!""咚隆、咚隆、咻——,咚!"没完没了。

树冰冻成了,演员的妆也化好了,照明准备就绪,可是电扇转不起来。

黑泽先生坐在篝火旁,听着声响,不安地问:"到底怎么回事?"

这时,克尔希科夫带着功多拉君朝这边走来。他说:"这么冷的天气发动机发动不了，如果硬来，发动机会烧坏的。看来今天是不成了。"

功多拉君脸上露出懊恼的神情。

"噢。机器转不动的话，那也没办法了。"黑泽先生站了起来，说道，"不拍了！"

这种情况下中止拍摄，心情会比较轻松。因为这不是我们的错。

大家大概也正嘀咕着这么冷的天到底要弄到什么时候。听说不拍了，立刻热闹起来，互相比画暂停的手势，甚至奔走相告"收工了，收工了"。

关掉四处的灯光，树林顿时一片黑暗，只剩下篝火微弱的亮光，映着来来回回收拾东西的工作人员的影子。我们踏着积雪，循着远处的车灯回到大路上。

中井先生从我后面跟上来，开玩笑说：

"回去咱们吃砂锅乌冬面喝烫酒吧。"

"好啊，还有热豆腐！"

"熬点也不赖！"我们就这样进行着不可能实现的对话，坐车回到了宾馆。

按最初拟定的日程，我们预定在年内结束在阿尔谢尼耶夫市的外景拍摄，回到莫斯科市。因此进入十二月以后，摄制组成员都在谈论新年将在哪里度过。

但是拍摄进度大大延迟，可以预想我们的正月是要在阿尔谢尼耶夫市度过了。

制片人阿伽加诺夫多次把我叫去质问："黑泽先生到底打算怎么办？他是想拍还是不想拍呢？"

在日本，人们观看着红白歌会吃着过年荞麦面的时候，我们却在大年三十这天登上积雪的哈拉扎山，去拍摄德尔苏打野猪失败的场面。

野猪根本不朝我们希望的方向跑。阿尔尼谢耶夫和德尔苏在摄影机前做好瞄准的姿势，野猪却不跑进画面。好不容易进来了，却又站在原地不动。

黑泽先生耐着严寒，烦躁地大吼起来："折腾这么多遍怎么都一个样儿？快想办法！"我想了一个折中的办法，建议用刚才分别拍的几个画面凑合一下，也许能行。

黑泽先生怒道："不行的东西怎么弄都不行！"

太阳渐渐西斜，又是大年三十，只好中止拍摄。最后，剪辑的时候还是只用了可用的部分。

就这样，一年过去了。

达斯维达尼亚,再见

为了装饰新年的宾馆,大伙儿忙得不可开交。

所有玻璃窗上都喷上了红、白、绿的"新年快乐"的字样,还挂上了金银的丝缎。

大门口立着一棵枞树,上面装饰着闪亮的星星,还有一个被称作"雪爷爷"、其实就是模仿圣诞老人造型的洋娃娃。餐厅里,年轻的女服务员们坐在堆满饰物的餐桌前,一边谈笑一边用丝线、糨糊制作装饰品。

我经过的时候,女孩儿们叫住我问:"想回日本了吧。"

我说:"聂特、聂特、亚、聂、哈丘、达莫依(我不想回家)。"女孩儿们听了笑话我:"瞎说的!不相信!"

一九七五年的正月到了。

我们有幸庆贺了三次新年。

以阿尔谢尼耶夫市市长为首的官员们也聚在餐厅,大家都盯着时钟。这时黑泽先生也进来了,问道:"还没到时候吗?"然后大家一同倒数时钟的秒数。时针指向十二点的同时,香槟酒砰砰地打开了。大家举杯共祝：

"司、诺毕姆、果多姆（新年快乐）!"

"为黑泽先生干杯!"

"为电影的成功干杯!"

扮演阿尔谢尼耶夫的索洛明上前拥抱黑泽先生说：

"我感到很幸福!"

夜里一点。这次是日本的新年。

又是砰砰地开香槟，不断地干杯、干杯。乐队的演奏愈加热情洋溢，跳舞的人挤满了整个餐厅。

再过五个小时，就轮到莫斯科的新年了。大伙儿大概都打算喝到那时吧。

然而，拍摄工作还剩下相当多的部分没有完成。

最后决定，除了非在这里拍摄不可的场面以外，都带回莫斯科处理。

另外，还要重拍被认定为故障（黑片）的部分。

黑泽先生承受着巨大的压力，夜不成眠的日子仍在继续。伏特加从一瓶增加到两瓶。他在拍摄现场常常冲着中井先生发怒。懂日语的只有我们几个人，苏联方面的人员也只当他在大声说话而已。黑泽先生吼道：

"里头那棵树怎么没有打灯光？快点!"

中井先生也没有输给他，回敬道："现在正打着呢！又不是点火柴，三下两下怎么弄得好!"

这样旗鼓相当也好。要是中井先生性格再柔弱一点的话，可能坚持不了多久。或许黑泽先生也是对着中井先生才能随意破口大骂，尽情怒吼，由此燃烧了心中积郁的能量吧。

一月十四日是倒霉透顶的一天。

早上九点出发，前往哈拉扎山。因为积雪，路已无法辨认。车子不断抛锚，工作人员只好下车搬运行李，或者排列成行，用接力的办法把器材传到拍摄现场。

阿尔谢尼耶夫一行拖了载着行李的雪橇，从山崖下往上爬，一行人已经精疲力竭。这次拍摄的就是这个拉着雪橇行进的场面。

镜头从队员们还没有出现的时候开始，因为要从下往上拉雪橇，做起来非常吃力，拍了四次都不理想。每次为了让积雪恢复原状，必须把脚印都抹去，这时藏在山崖下的演员和克尔希科夫只有保持着艰难的姿势等在那里。

黑泽先生从早上就一直耗在这上头，这时突然发疯似的怒吼起来："柳巴（克尔希科夫的昵称）！快一点！光线就快不行了！快！快！"

克尔希科夫从山崖下面爬上来，说道："可是，黑泽先生，雪橇太重，脚下非常危险。请您等一下。"

大家从早上一直饿着肚子，拍摄结束的时候已经是下午六点。大家疲惫不堪地回到了宾馆。

一进门，看到制作人松江阳一和阿伽加诺夫一边喝茶一边在交谈着什么。黑泽先生朝他们那边走去，我则回了房间。箕岛先生和圆井先生轮番来催问黑泽先生的饭准备好了没有，说是等着呢。我匆忙换了衣服，煮了粥端到黑泽先生的房间。

黑泽先生已经在喝伏特加，一脸的愤懑。说是我们在严寒里饿着肚子辛辛苦苦拍戏，松江他们在干什么？舒舒服服地在暖和地儿喝茶。你是制片人就必须来现场！火气十足。

又说："今天熬了一整天，一点儿收获都没有！"

"不过，雪太大了，害得车子出故障。"我说。对我的托词，黑泽先生好像很不耐烦，把一张画着画的纸递到我眼前。

"我真正想拍的是这样的画面！"说着，还对我挥舞着那张纸。眼看搁在桌上的粥被推向一边，我正想，他是不是不想吃呢？黑泽先生突然吼道："一直到现在！我真正想拍的镜头一个都还没有拍成！"接着就把手上的画撕得粉碎，狠狠扔在了地板上。

"这是什么玩意儿！"
那时，黑泽先生被不安与孤独折磨得身心俱疲

我正要把画捡起来，又是一声怒吼："这是什么玩意儿！"

接着他竟把粥碗朝我砸过来。一直以来对于怒吼我已经习惯了，但砸东西这样动真格的事是第一次。到了这地步，我也忍无可忍了。

"您这是干什么？黑泽先生！我不干了！"我砸门冲出了房间。

我郁愤难平，跑到楼下中井先生的房间去敲门。

中井先生正在为回日本的签证拍证件照，一身西服领带的打扮。他听我说完后，安慰我道："怎么可以这么对待小侬（我的昵称）呢？这也太过分了！"说着，竟忍不住大哭起来。

我就是喜欢这样的中井先生，结果反倒是我安慰了他一番。正要回房间，看见走廊上克尔希科夫朝这边走来。他喝醉了，日语变得有些怪怪的："到底，怎么回事呀？黑泽先生一个人跑到餐厅来，冲我们发火。还说：'日本人怎么一个都不在？我正生气呢！叫日本的工作人员都到我房间来！'"

接着，圆井先生也来说黑泽先生叫我们去他那里。我说："我不去。"然后就回了自己的房间。

过了一会儿，克尔希科夫敲门进屋，他抓着我的肩膀问："怎么了？阿照（我的昵称），出了什么事？"我忽然悲从中来，就像中井先生那样大哭起来。

第二天一早，黑泽先生打电话来说要向我道歉，让我去他的房间。我们言归于好。

现在想来，那时的黑泽先生身处绝境，却还要忍受不安与孤独的折磨。我本应站在他的立场上，多为他着想才对。如今真是追悔莫及。

一月十七日，我们终于撤离了阿尔谢尼耶夫市。我们乘坐中巴来到斯帕斯科达利尼车站，转乘火车沿着与来时相同的路线前往哈巴罗夫斯克。哈巴罗夫斯克正下着暴风雪。

我从此大概再也没有机会踏上西伯利亚的土地了。那些来为我们送行的餐厅的女孩子，也不会再相见了。

我们在一月十八日抵达莫斯科。

前途依然坎坷不平。

我们委托日本的人造花厂家制作了秋天的红叶及枯黄的落叶寄到莫斯科，在莫斯科郊外，我们拍摄了秋天的场面。

由于胶片故障需要重拍的峡谷里的场面，也在莫斯科电影制片厂的摄影棚里做好了峡谷的布景。

最令人欣慰的是，与我们同住乌克兰饭店的，还有日本海映画的松泽一直夫妇。

我们抵达莫斯科的第二天，就在松泽先生家里受到款待。炸肉饼、醋拌凉菜以及咸菜的味道叫人难忘。

回到莫斯科以后，黑泽先生的脾气变得愈加暴躁，拍摄的时候总在不停地发火。

西伯利亚的雪刺伤了黑泽先生的双眼。他的腿脚衰弱了许多，身形也日渐消瘦。身心的疲惫正接近极限。

拍摄终于在四月二十八日结束。剪辑和音乐等后续工作，黑泽先生拖着劳累的身体，居然也挺过来了。

黑泽先生于六月十八日返回了日本。

我因为要参加工作人员的欢送会，也为了把在动物市场买的一只俄罗斯蓝猫带回国，还需办一些手续，所以，一个人留下来，打算乘坐六月二十五日的飞机回国。

回国那天，克尔希科夫和服装、剪辑的工作人员一起来饭店送我，他们还为我做了一个装猫的纸箱。

克尔希科夫和制作部的基尔肖恩等人送我到舍列梅捷耶夫机场。

在登机口，克尔希科夫说：

"再往前走就是外国了，我们不能进去。达斯维达尼亚（再见了），阿照！

说着走上前来拥抱我，并亲吻我的额头。

"谢谢！达斯维达尼亚！"

我提上装着猫的纸箱，擦着眼泪登上了台阶。

《德尔苏·乌扎拉》于一九七五年八月二日在日本公映。九月，在苏联公映，并获得莫斯科国际电影节金奖，以及一九七六年第四十八届奥斯卡最佳外语片奖。

五年后的一个深夜，莫斯科的松泽夫人打来电话。

"野上，你千万别太吃惊了。我听说柳巴（克尔希科夫）死了，好像是被人杀害的。"

我挂断电话后仍不能相信，于是又打电话到克尔希科夫家，用我蹩脚的俄语确认这个消息。回答是肯定的。

后来听说，他因头部受伤被送进医院，却耽搁了三天没有得到治疗。我还听说我送给他的索尼手表也被人抢走了，难道是谋财害命？不过，还在拍电影的时候就有人告诉我，我们一直受到克格勃的监视，也许正因为这个原因，苏联人都刻意回避着我们。克尔希科夫没有等到经济改革的开放年代，年仅四十二岁就去世了。

他的儿子迪马，曾在电影中扮演阿尔谢尼耶夫的儿子，也在服完兵役后自杀了。

阿伽加诺夫，还有录音师奥利亚、美工克拉西亚也都离开了人世。

去年（一九九九），我在莫斯科见到索洛明的时候，听他说起扮演德尔苏的蒙祖克也于前年去世了。索洛明还告诉我，蒙祖克和德尔苏一样，在晚年丧失了视力。

中井先生也于一九八八年去世。

与黑泽先生也永远不能再相见了。明知黑泽先生是害怕孤独的人，我怎么就没能多关心他一些呢？

二十五年前那些不再复返的日子啊，唯一留下的，是令我心痛的思念。

第六章
黑泽先生与动物们

虎

在《德尔苏·乌扎拉》里，虎是重要的出场者。

密林向导德尔苏最惧怕的就是被赫哲人称为"阿姆巴"的虎，因为虎是森林之神加尼伽派来的使者。有一次德尔苏不小心朝一头虎开了枪。德尔苏非常担心加尼伽会大发雷霆，派虎来处罚自己，他的人生从此转向悲剧。

我们在莫斯科迎来一九七四年的正月，每天以伏特加为伴。眼看一月就要过去，主角阿尔谢尼耶夫（探险队长）的演员却还没有定下来。

一月三十日，我们正为两位候选人试镜的时候，负责制作的伽里柯夫斯基带着一副胸有成竹的表情走进屋来，他手拿着一封电报说："好消息来了。"

黑泽先生从一开始就看不惯这个伽里，常常挑他的毛病，所以伽里总想挽回一下自己的劣势。

"伽司帕金（先生）黑泽，这回您可以放心了！我刚刚接到通知，我们在西伯利亚的外景地捕捉到一只老虎！"

可是伽司帕金并没有露出满意的表情，而是阴沉沉地问翻译："那老虎能行吗？"

答曰："没问题。现在还是虎崽，不过等开拍的时候就已经长大了。"

"开玩笑！怎么可能长那么快？"黑泽先生的表情越发阴沉。结果确实被伽里柯夫斯基说中了。十月十三日，我们即将出发时，这头虎崽已经长成了一头壮实的青年虎。

我们为这只被捉来拍电影的可怜的虎崽取名为"阿尔乔姆"，工作人员在森林里临时搭了一间小屋作为虎窝。它每天的食物需要花费好几十个卢布，比黑泽先生一天的津贴还要高一些。我们听了都觉得很可笑。

其实这件事也是因伽里柯夫斯基而起的。他实在不该拿着一本关于马戏团的杂志向我们夸耀，说什么"我国技艺高超的马戏团里有很多优秀的老虎"。

黑泽先生的意见是：马戏团的老虎是用诱饵训练出来的，它们大腹便便，目光呆滞，没有野生虎的敏锐。这才生出前面那段曲折。

可惜十月开拍的时候，已经不见了伽里柯夫斯基的身影。他不幸被免职了。代替他负责制作的（制片统筹）是阿伽加诺夫。这位是意大利裔的格鲁吉亚人，长得就像美国侦探片里常见的胖刑警。他还是个时髦的美食家，会说意大利语，成天与日方制片人松江阳一打着夸张的手势说个不停。

这位阿伽加诺夫在拍摄老虎的镜头时，总是腰别着手枪提心吊胆地四处走动，那副模样把我们逗得开怀大笑。

拍摄时用三台摄像机，一共只拍两个镜头。野生的阿尔乔姆君对我们的意图却不予理会，把站在高架台上摄影机旁的导演气得大发雷霆。

"搞什么名堂！听到没有？阿尔谢尼耶夫和德尔苏一走到摄影机前，老虎就从树后头走出来，中途停下来朝这边看一眼，再悄悄走过去不就完了？怎么会做不到呢?！只要顺利进行到这里，德尔苏就空放一枪，然后迅速逃走。就这么简单！真没办法，再来一遍！听明白了吗?！"

阿尔乔姆君大概还是不明白，不过副导演一看到演员进入画面，立刻比画手里的棍棒想把老虎赶过去。

当然，为了防止老虎逃脱，它的行动范围是用栅栏围住的，只有摄影机的方向没有设栅栏。老虎是猫科动物，生性怕水，于是就在摄影机前方挖出一条水沟并在里面放满了水。

"好了没有？老虎呢？"黑泽先生问道。翻译回答："哈拉肖，OK。"可是阿尔乔姆仍然躲在树后。

"普里伽托毕里西（预备）！莫托鲁（摄影机开动）、纳切里（开始）!!"导演的声音响彻四围。

阿尔谢尼耶夫和德尔苏举着枪走进画面，放眼树林深处寻找老虎的身影。阿尔乔姆本应在此时登场。

老虎没有出现，没办法，德尔苏只好开口说话："阿姆巴！司鲁夏伊哈拉肖（你给我听着）！阿姆巴！"

再一看，阿姆巴正懒洋洋地躺在树荫下，毫无干劲的样子。

"不行！不行！"导演怒吼，"还不快给我把老虎赶过来！"

唉，这已经不知是第几次了。从早上开始准备，实拍都已经是第七次。后来才想到，原因也许是把老虎带到拍摄现场的时候，怕出危险给它注射了镇静剂。

总之，阿姆巴就是不乐意合作。它满不在乎地躺着，好像在说："要杀要剐随你们的便！"

"你们怎么也得给我研究出个办法来。今天就到这里！"说完，黑泽先生从高架台上跳了下来。

阿伽加诺夫和他的手下、副导演几个人在一起，这也不行、那也不行地争论得不可开交。大家都各执己见，互不相让。最后，决定三天后即十六日再次挑战。

十六日到了。拍摄现场从一大早就听见吵闹的狗叫声。阿伽想了一个让猎犬从栅栏外追赶的主意，为此特地带来了几条猎犬。阿伽甚至曾打算采用"发射实弹"这样危险的办法，最终决策是准备几根长矛，然后让人从栅栏外把老虎捅起来。

即使这样，阿尔乔姆君还是不听话。猎犬狂吠，众人拿着长矛大声威吓，如此大动干戈，更把阿尔乔姆君吓得缩在树后不敢出来。

最后它终于被逼得从栅栏边跳进了水沟，谁也没有料到它竟敢下水。"扑通！"一声吓坏了所有人。大家一边惊叫，一边用棍棒和长矛把水里的老虎赶回栅栏里去。

阿尔乔姆连滚带爬地上了岸，摇晃了几下就口吐着白沫倒下了。

西伯利亚的老虎未能理解我们的意图，最后终于倒下

翻译跑过来报告黑泽先生，说索洛明（阿尔谢尼耶夫的扮演者）说，看着老虎这么受罪，他没有办法入戏。

黑泽先生觉得自己好像被当成了罪魁祸首一般，很不高兴地对摄影师中井朝一说："我也不想这么折腾呀！"

又问："刚才老虎在两棵树之间晃了一下，拍下来没有？"

中井先生是老实人，回答得极认真："嗯，呃，那个……就一点儿。"

"反正我是看到了。拍到了，对吧？嗯，就是拍到了嘛！"

看来靠恐吓是行不通了。此时，黑泽先生一定在脑子里转动着剪辑机，想着利用拍到的部分，靠剪辑来连接，兴许还能凑合。毕竟，如此令人不快的摄影谁也受不了。

"这样下去也没法拍了。中止！这种状况下演员根本无法发挥演技。替我向索洛明道个歉。"导演话语里还不忘体贴演员。

那天实拍了十次，全都以徒劳告终。

阿尔乔姆也真是天生命苦。自一月被捕，挨过十个月孤独的笼中生活之后，等待它的却是在穷追猛赶中倒下的结局。

直到过了年之后的一九七五年，我们外景队时隔八个月回到莫斯科时，这个场面才得以继续拍摄。

西伯利亚的密林再现于莫斯科电影制片厂的大摄影棚里，老虎的角色交给了一头被驯服的、名为"塔伊克恩"的马戏团的老虎，以及一对驯兽师夫妇。

二月二十一日拍摄当天，电视台和国外媒体争相赶来采访，摄影棚里热闹得像马戏团的表演场一样。

老虎的活动范围用铁丝网围得严严实实，导演和其他工作人员及三台摄影机都在铁丝网外面。铁丝网里只有塔伊克恩和驯虎师正在排练。在镜头画面之外，女驯兽师按着老虎。她的丈夫站在另一边喊："塔伊克恩，塔伊克恩！"塔伊克恩立刻大步流星地横穿过摄影棚。习惯了这个动作后，又训练它在画面正中停住然后看镜头。

老虎一听到"塔伊克恩！"就朝着喊声走来，走到一半又要让它停下来。驯虎师喊"STOP！"听起来就像"STOOPN！"，虽然好笑，但对老虎有效，它真的就乖乖地停了下来。

场面的构成是，老虎停下来朝这边一望，德尔苏就开枪。然后老虎逃进森林。

一切准备就绪,接下来就该请扮演阿尔谢尼耶夫的索洛明和德尔苏进入铁丝网内了。

采访团一看实拍即将开始,纷纷挤上前来占领最佳位置。有记者甚至拿着相机爬上了靠近天花板的灯光台。观众席上,人满为患。

两位被送进虎笼,就像被暴君尼禄送入狮群的基督徒一样,让人看着真有些于心不忍。

后来索洛明半开玩笑地对我说:"我当时想也许今天就是我的死期,真害怕呀!况且家里孩子还小。但德尔苏那么镇定,我也只好装出不害怕的样子。可是德尔苏毕竟已经活了六十多岁了啊。"

塔伊克恩不愧是职业选手,仅两次实拍就成功了。

摄影棚里到处是掌声和喝彩声。记者们争相挤上前来,还提出很多要求。一会儿让黑泽先生和老虎合影,一会儿又让他摆出抚摸虎头的姿势。虽然老虎有驯虎狮控制,但索洛明、德尔苏、老虎还有黑泽先生的合影上,大家都是一副担心老虎随时会扑上来的惊恐表情。

其他几个镜头,如在密林中行走,以及袭击野营地的场面,都是由这头塔伊克恩君出演的。

我最喜欢的一个镜头是,阿尔谢尼耶夫夜半醒来,一睁眼看到帐篷上映出老虎跳跃的身影。那身影美极了。

剧本这样写道:

——阿尔谢尼耶夫的画外音。

德尔苏正呼唤着阿姆巴——我感到他的呼唤里饱含着的,是密林生活中难耐的孤独,以及对老之将至的恐惧!

马

电影里只要稍许有几处马的镜头,就会显得规模宏大,而且让人觉得这电影耗资巨大。实际上,的确花费不小。

如果这电影又是古装片,又是战争片,那么大部分制片人都会表示宁愿放弃。因为这种规模的工作实在艰辛。

首先,能够用几百匹马再现战国时代[1]交战场面的导演,大概已经一位都没有了。在日本,能做到这一点的导演至今只有黑泽明一人。

一九七九年,东宝与黑泽制片公司关于《影子武士》的协商有了结果,我们从正月开始了准备工作。最重要的问题是,在哪里才能搜集到足够的马匹。拍摄地点、日程都取决于这个问题。

黑泽导演打算在武田军全军覆没的最后场面里使用一百五十匹马。外景地在北海道勇拂郡。大家都以为在北海道就一定能

---

1 日本16世纪前后封建大名群雄争战的时期。始于1467年的"应仁之乱",终于1573年室町幕府的灭亡。

找到足够的马匹，实际上没有那么简单。

在此之前，拍摄《七武士》（一九八四）的时候，在御殿场外景地关照我们的是一位孙先生，我们只需说要多少匹马，他就会连同骑马的人都悉数聚齐。来的都是当地的农民，当时大多数农家都至少养着一匹马作为劳动力。那是还没有汽车也没有电话的年代。孙先生骑着马挨家挨户通知大家次日某时某地集合。天还没亮，大伙儿就已穿好铠甲骑着马从家里出发。当他们经过田间小路聚集到一起的时候，太阳刚刚升起，那情景十分壮观。

《七武士》里，有一个山贼的马队从山坡上冲下来直击村庄的场面，记得共有约五十匹马出场。

而这次要求的是一百五十匹马。

在北海道，我们通过介绍，认识了有名的白井牧场的白井民平先生。

白井先生不愧是称雄马术界的好手，身材不高却声如洪钟，性格十分豪爽。白井先生又为我们介绍了一位据称是最佳合作伙伴的长谷川敏先生。长谷川先生当时正在白井牧场拍摄纪录片。长谷川先生的确是个值得信赖的人，如今他在日高经营碧云牧场。

后来我听说，长谷川先生和白井先生一起，初次见到黑泽先生的时候，对是否有能力接受委托还没有把握，甚至想过推辞这件事。结果是："我们都被黑泽先生的魅力折服了。心想，只要能为他出力，哪怕不惜代价也甘心。简直就像《影子武士》

里的故事一般。"

长谷川先生也是受黑泽先生吸引的人之一。如果没有他们二位的话，电影里那么多马匹出场的画面是不可能拍摄成功的。

那次见面之后，到北海道开拍的十月为止的半年时间里，白井牧场搜集了一百五十匹马，并开始做训练的准备。

北海道的马多是为赛马而繁殖的纯种马。不适合做赛马的，或是骨折的马，则不幸被送到食用马拍卖会。拍卖会每周二举行一次，据说每次能聚集上百匹马。

白井先生和长谷川先生每周出席拍卖会，每次购回大约五十匹可用的马。起初约十五万日元就能购买一匹马，随着拍电影的消息传开，人们得知白井先生他们买马是为了拍电影后，马的价格就跟着上涨了。到最后，一匹马大约要四十到五十万日元。

即便如此，仍比租马划算。租一匹马每天的费用是八万日元，也就是说一天一百匹马需要八百万日元。要是这样持续拍摄几个月的话，非破产不可。所以说花五十万买一匹更划得来。

而且买回来的马从早到晚都可以听候我们的调遣。借用白井先生的话，这些被判了死刑的马儿能够绝处逢生，它们一定也开心着呢。

最后，我们一共购买了一百三十匹马。

然而前方的路依然崎岖。

总共一百三十匹马，却都是分别购入的，所以马与马之间并不熟悉。也许会有"哎呀，你也在这里！""你还活着！"这样好像被"辛德勒的名单"搭救的喜悦，但要让它们从此以后为电影的拍摄齐心协力，很不容易。

另外，既然要让马为拍电影这个目标服务，就不能容许发情这样的事发生。如果是公母混合编队的话，发情的公马往往会突然撒野。唯一的选择是为它斩断情根。

不过，这也比被判处死刑要强。想到它们为了拍摄，从此再不能品尝生之快慰，不禁让人深感同情，但兽医冲田先生对此早已习以为常，听说那时他每天要骟五六匹马。

这位经验丰富的冲田先生的手术极为麻利，打好麻醉，手术刀一挥，那东西就扑通一声落入桶中。然后往伤口上抹一点儿碘酒什么的。一星期之内马儿或许会郁郁寡欢，但很快就能恢复健康，公马变骟马。不过据说要想真正奏效，大约要两个月时间。

虽说当初尽量不买公马，但还是有三十多匹在其中。这些马经过手术，才形成了都是"母马"的阵容。

接下来是骑手的问题。

我们得到当地的骑马俱乐部、大学马术队、日高牧场的职员等各方的支持。《影子武士》的演员公开募集获得成功，我们召集了其中会骑马的年轻人组成"三十骑会"，从开拍前一个月就让他们来到北海道，开始了骑马训练。

骑马的武士背后插的旗子随风飘动的声音会令马感到恐惧。如果插着旗子硬上，马受了惊吓可能会撒腿狂奔。所以必须花费大量时间让马认识到背旗并不可怕，只不过是一块布片而已。

骑手拿着的长矛也让马儿们感到不安。因为贴着马儿侧腹的长矛会妨碍到它的奔跑，于是又必须通过反复训练让马儿们知道那长矛不过是个道具，橡胶做的矛头戳在身上也不会痛。

经过这些训练之后，总算达到了人马一体的境界。接下来还必须训练它们列队疾驰，哪怕其中一匹落单或掉队都会影响画面的拍摄。

《影子武士》的最后一个场面是：被誉为风林火山的武田军英勇突击，却敌不过信长火炮队的枪火反击，最后武田军全军覆灭。

这个场面中最感动我的是整个战场上战马尸横遍野的景象。

有外国记者说，因为是黑泽明的电影，难免会期待热火朝天的交战场面，这部电影却令人大失所望。对这样的看法，大失所望的应该是我们才对。

在此之前，可曾有哪一部电影拍摄过这样马尸累累的宏大场面？而且拍得那么漂亮。

记者招待会的时候，有一位女记者问："那些马是怎么拍摄的？我担心的是，难道真的把它们杀死了吗？"

黑泽先生微笑着回答："请放心。只是给它们注射了催眠药物。因为担心马倒下的时候会刺伤眼睛，我们甚至在地上铺了布。"全场紧绷的气氛顿时缓和下来。

这个场面得以成功拍摄，多亏白井先生、长谷川先生和冲田医师他们精心周密的准备。

只是,最难的还是天候的判断。

毕竟是要给一百三十匹马同时打麻醉,一旦注射完毕,不管天气如何,当日之内就不可能重来一次。若是第二天又接着打麻醉,马的身体会承受不了。

打麻醉的时候,如果马受惊狂奔起来的话会很危险,所以在打麻醉之前三十分钟还要给它们注射镇静剂。

在空旷的战场上,一百三十匹马保持一定的间隔排列,马身旁站着武士装扮的演员们。他们将在"预备!"的号令之后倒地扮作尸体。武士们在铠甲上涂好血浆后,纷纷各就各位。

高架台的最高处是摄影机 A,黑泽先生坐在摄影机旁边,一会儿看看天,一会儿俯瞰整个现场。白井先生则手拿扩音器站在高架台的下一层,紧盯着导演,随时准备着接受号令。

宽阔的原野一片寂静,周围弥漫着紧张的空气。一百三十匹马中间还夹杂着十五位身穿白大褂的兽医,他们也在等待着黑泽先生的命令。每个兽医负责约十匹马。说是兽医,其实是冲田先生在紧急事态之下进行了总动员,其中也包括见习医师。这阵势对大家来说都是第一遭,结果如何,谁都无法预料。

黑泽先生看了看天,说:"看来可以坚持一阵子吧。"白井先生在下头迫不及待地问:"那就开始了?"

"嗯……"黑泽先生还在征求摄影师的意见。

"好!那就试试看吧。"黑泽先生说。

紧接着,白井先生拿起扩音器喊:"注射镇静剂!"

穿白大褂的兽医们一齐穿梭在马与马之间，注射完毕。

"三十分钟后打麻醉，请大家就在原地不要动！"白井先生又喊道。

这三十分钟过得极慢。黑泽先生忧心忡忡地仰望天空。

"我看差不多可以了。"白井先生对导演说。

"好！骑兵队注意了，麻烦大家各就各位！"听到黑泽先生的命令，副导演也对着全军喊："大家听到没有？万一马受惊发生危险，可以自行逃离，但动作千万不要太显眼了！"

"麻醉，开始！"白井先生的大嗓门响彻现场。白大褂的兽医们又开始在马群里穿梭。

白井先生对站在上方的导演说："麻醉生效要三十分钟，请开拍吧！"

黑泽先生转身对摄影师说："换个镜头，摄影机转起来。"

白井先生透过扩音器声嘶力竭地喊："穿白大褂的兽医们，赶快撤出镜头画面！摄影机已经开动了！"

兽医们怀抱着医疗器具拼命地往场地外跑，但战场太大，跑起来十分费力。

马儿们对麻醉剂的反应参差不齐，有的"咚！"的一声突然倒下，有的摇晃一会儿才倒地，还有的倒下去又挣扎着站起来。不过，这样更能体现战场的氛围。

令人吃惊的是，倒下的马竟然鼾声大作。

马儿们从麻醉中醒来开始走动之前，三台摄影机一直在转动，这场规模空前的战斗终于成功地落下了帷幕。

摄影结束，马儿们各自被骑手们牵回去，有的马仍然睡眼蒙眬，一边走一边打着呼噜。

时隔多日，黑泽先生看了工作样片之后表示，战马倒下的镜头还不够。但是北海道已经是大雪纷飞，只好到御殿场拍摄不足的部分。但在那里不能给孙先生的骑马俱乐部的马打麻醉，毕竟那对马的身体不好。于是只好让长谷川先生特地从北海道运来七匹"黑泽摄制组的马"。

黑泽先生专心剪辑的时候，在御殿场，另一摄影小组又给我们的马打麻醉，花了好多天拍摄马儿倒下的镜头。

说来真应该感谢那些经过九死一生为我们工作的马儿。

拍摄工作结束后，有的马有幸被骑马俱乐部的主人选中，从此安度余生。

现在那些马儿大概都已经不在世间，毕竟那已经是二十一年前的事了。

乌　鸦

很多人都知道，黑泽先生年轻时曾立志当一名画家。十八岁的时候，他的作品首次入选二科展[1]，其画艺可见一斑。

后来由于社会形势及家庭的原因，黑泽先生于一九三六年二十六岁的时候，参加了东宝前身Ｐ·Ｃ·Ｌ的副导演招考，从此走上电影导演之路。

所以黑泽先生一直爱好绘画。晚年的他仍然时常抽空画画。放在他书桌上的绘画用具不论是签名笔还是油彩颜料，他总是像小孩一样，随手拿起就默默地画起画来。

他特别喜欢塞尚、梵高、鲁奥、铁斋等画家。

电影《梦》由八个故事构成，其中一个故事就有黑泽先生敬重的梵高登场，即第五个故事《鸦》。

剧中的主人公，学美术的学生"我"正在观赏画展。挂在他面前的，是《向日葵》《星月夜》《阿尔的吊桥》等七幅作品。

1　二科展，由日本著名的美术团体"二科会"自1914年开始举办的年度画展。

当然，都是复制品。

这些画由抽象画家滨田嘉精心临摹而成。记得拍摄的时候，为了强调油彩的层次感，黑泽先生亲自动笔做修改。黑泽先生往画上涂油彩时，颇为歉疚地说："竟然修改梵高的画作，真不像话。不过既然是梦，应该可以原谅吧！"

寺尾聪扮演的"我"在那幅《阿尔的吊桥》前停留，凑近观看。

这时，桥上的马突然动了起来，洗衣妇们也喧哗着开始洗衣服。"我"走入画面，询问其中一个洗衣妇：

"你知道梵高家在哪儿吗？"顺便说一句，扮演这位洗衣妇的，是长期担任黑泽先生翻译的凯瑟琳·加德女士。

为了忠实再现梵高的原画中洗衣妇们的服装，我们煞费苦心。

不仅是人物，所有的道具、景色，导演和摄影师都把梵高的画放在一边做比较，提出各种要求，大家忙得天翻地覆。

梵高的画里，水面的涟漪荡出大大的弧形，想要原样再现这番景象实在不容易。

这时候又该轮到副导演上场了。杉野刚君穿上潜水服潜入水中，他手拿一个篮球藏身在突出水面一截的洗衣台下。慢慢地上下晃动篮球，就能成功地制造出波纹。只是洗衣台下的水位一直浸到他的脖颈，他只能在一块狭小空间里呼吸。被指派来管理水纹的杉野君也真不容易。

到这里为止，外景地在御殿场。

杉野君躲在洗衣台下的河水里制造水纹

这之后,"我"去寻找梵高,两人相遇,梵高向着乌鸦飞舞的麦田走去。整个场面都在北海道女满别的外景地拍摄。

在那里,女满别商工观光科的科长谷本二郎先生在长达半年的时间里一直协助我们的拍摄。他热爱电影,待人极其热情。

在这个外景地最重要的是,我们必须仿制一个跟梵高最后的一幅作品"阴沉的天空下鸦群飞过麦田"相同的场景。

小林秀雄[1]曾经在梵高这幅"自杀前描绘的名画的精巧复制品"[2]前受到震撼,"以至于无法站立"。(小林秀雄,《梵高

---
1 小林秀雄(1902—1983),著名文艺评论家。《梵高的信》是其代表作之一。1952年曾以该作品获得第四届读卖文学奖的文艺评论奖。
2 指小林秀雄于1947年在东京下的名画展看到的复制品。

的信》）

据谷本先生说，画里的麦子是俗称啤酒麦的大麦。

要想种出像画里那样金黄饱满的麦穗，按八月初开始拍摄计算，就得赶在五月初撒种，待麦苗长到五六厘米的时候，还要用轧路机轧一遍。过去这叫作"踏麦"，轧过的麦苗长大后，麦秆才会壮实。

那段日子里，谷本先生每天拿着梵高的画册到麦田里去对比，生怕不能培育出像样的麦田。

还有一个重大的问题是乌鸦。

在黑泽摄制组，只要是涉及动物的工作，除了副导演田中彻之外没有第二人。他具有不达目的决不罢休的干劲，以及最后定能想出办法的才能。

梵高的画里乌鸦一共是四十二只。也就是说，至少要准备一百五十只乌鸦。因为万一拍摄不成功的话，飞出去的乌鸦不可能再飞回来。而一百五十只其实也只够放飞三次。我们就此询问了动物租借公司，说是每只每次需要七万日元，算下来，放飞一次就得花费三百万日元。

开什么玩笑！嘎嘎吵闹着的乌鸦那不是到处都是，要多少有多少吗？我们还是自力更生吧。田中君下了决心。

可是拍摄地点在北海道，事情并不是那么简单。

田中君咨询了筑波大学鸟害研究室的专家，得到一个好消息。说是在北海道的留萌，有人发明了一种捕捉乌鸦的装置：把诱饵放在一个大盒子里，上面罩上漏斗形的机关，乌鸦一旦进去就无法出来。据说网走也在使用这个方法。

谷本先生和田中君终于看到一线希望之光。但是，要饲养一百五十只乌鸦的话，必须找专人管理。这时候登场的是女满别的著名人物——自称便利店老板的大江省二先生（六十七岁）。

他首先在拍摄现场附近的松林里用铁丝网建了一个宽大的乌鸦强制收容所。在接下来的一个月里，大江先生他们为搜捕乌鸦走遍了网走、美幌等地的垃圾处理场。

到了七月中旬，我们接到消息，说是捕获的乌鸦数量已超过预想，达到了二百五十只。

七月三十一日，摄制组终于来到女满别，八月五日正式开拍，该乌鸦们正式登场了。

田中君比大部队提前两天来到女满别，商议如何才能让二百五十只乌鸦像梵高画中的乌鸦那样飞翔。

商议的结果是这样的。

依照画中五十只的数量来放飞的话，看起来太零落，最后还是决定把二百五十只分成两批，仅用两次实拍来决一胜负。为了要让乌鸦从麦田各处一起飞起来，就必须把一百二十多只乌鸦分散开来。于是又制作了二十多个木箱，每箱可装七只乌鸦。箱子的上部是左右对开的门扉。考虑到门扉打开后乌鸦不一定飞出来，所以又把下部的木板做成可以往上推动的结构。每个木箱必须有两个人负责操作，所以又临时雇用了四十个当地人，由田中君对他们进行了短期培训。

实施的步骤如下：各个木箱放到预定位置后，以田中君的口令为号，大家一齐打开箱子上方的门扉，然后左右两人把下部的木板向上推，同时在拍摄画面的左边放空枪和爆竹威吓。然后乌鸦就会像画中那样朝着右边的天空飞去。

为避免乌鸦们在收容所被分别装入木箱的时候陷入过度的惊慌，于是在装箱的时候，特意在箱外播放录有乌鸦啼叫声的录音带，以便它们保持镇静。录音带是从猎友会借来的，据说是乌鸦呼叫同伴的声音。木箱里的乌鸦们听到"嘎——嘎——"的叫声，会以为同伴们都在外面，于是会急切地想往声音的方向飞去。

据田中君说，分装乌鸦的时候，费了九牛二虎之力。因为乌鸦跟麻雀不同，个头很大，即使用网捕捉也要用两手牢牢抓住才能装进木箱。

八月五日。天晴。酷暑。

麦田一片金黄，风在麦穗上吹过，形成阵阵麦浪。麦田完全仿照梵高的画，在正中间开出一条道路。眼前的景色与画中一模一样，无可挑剔。

大江先生已经开始紧张，连声说："乌鸦啊，你们可千万要飞啊，一定要飞啊。只要飞起来就好办了。"谷本先生更是紧张得话都说不出来。

两台摄影机和一台高清晰摄像机（用于后期的特殊合成）准备就绪。

"准备乌鸦！"

听到黑泽先生的号令,摄影机旁的田中君立即向乌鸦工作队传达各就各位的指示。

金黄的麦田里,只看得见人群的上半身,戴白帽子的大婶、穿T恤衫的学生们一字排开向前。每两人抬一个箱子,远看就像运送宝物的商队一般。他们走到各自的位置后,一蹲下去,身影就消失在麦田里了。只看见金黄色的麦田一望无际,呈现着宁静的田园风光。很难想象这麦田里还有乌鸦工作队的四十名成员在屏息等待着命令。

高架台上,负责统筹全局的第一副导演小泉尧史正在与黑泽先生慎重地商量着放飞乌鸦的时机。

这个镜头从远景开始。笔直的道路上,梵高的背影正快步远去。这天,扮演梵高的马丁·斯科塞斯尚未赶到日本,出场的是他的替身。寺尾聪扮演的"我"紧追梵高的背影,顺着麦田间的道路奔去。这时,就像是为了挡住他的去路,麦田中的鸦群同时飞起,"我"惊呆在原地。

乌鸦飞起的时机极难把握,要是失败的话,就只剩下一次机会。紧张的空气弥漫在四周。

黑泽先生转过头来问田中君:

"准备好了吗?"

"就快好了。正在给乌鸦听录音,请再等一会儿。"

"乌鸦们难道还要唱唱歌什么的?"摄影师斋藤孝雄的话引发了一阵低笑。

田中君向第一副导演报告已准备就绪。

"黑泽先生,那就开拍了。"

"好嘞,开始吧。"黑泽先生平静地说道。

"准备,开拍!""开拍!""开拍!"洪亮的号令声在麦田里回响。意大利人副导演维托里奥敲响了场记板。

梵高渐渐走远。寺尾聪小跑着追赶。

"乌鸦!"小泉副导演的声音响彻四周。与此同时,只听见"乓乓乓乓!"的枪声,等候在画面外左侧的猎友会连放了一串空枪。

啊!飞起来了!飞起来了!

成群的乌鸦们终于重获自由,纷纷展翅高飞而去。

谷本先生、大江先生还有田中君都满脸激动地目送乌鸦远去。

寺尾聪驻足仰望天空。镜头到这里是四十秒钟。

"停!"黑泽先生喊道。接着又问摄影师们:"怎么样?"

"嗯,差不多吧。"

"怎么那么快就飞得不见了。"

"有的家伙光走路没有飞。"

大家的意见各式各样。摄影师上田正治也是一副不太满意的表情。负责乌鸦的田中君也不满意。

最后决定,既然还有可以再放飞一次的乌鸦,那就照刚才的步骤再来一遍。

第二次实拍的效果近乎完美,拍摄成功了。

黑泽先生大喊"停!",紧接着又喊:"OK!"他笑容满面地从椅子上站起来,朝着谷本先生他们鼓掌致谢。

欢声四起。在热烈的掌声中,一脸兴奋的大江先生一边摘下帽子,一边走向黑泽先生,深深鞠了一躬,说道:"谢谢了。"谷本先生也走上前来问:"这样就可以了吗?"田中君也不停地向谷本先生和大江先生鞠躬致谢。

"太好了,太好了!""谢谢!"大家激动的心情久久不能平静。

这个瞬间正是电影的乐趣所在。

为了今天这四十秒的拍摄,我们从二月就开始做准备,五月播种,搜集乌鸦,历经各种艰难,终于获得成功。满心的欢喜自不用说。

乌鸦工作队的队员们围在黑泽先生身旁合影留念,接着又是不断的掌声。黑泽先生摘下帽子对大家鞠了一个躬,说道:"谢谢各位!"

扮演梵高的马丁·斯科塞斯当时正忙于《好家伙》[1]的拍摄,没能按时赶来日本。八月十四日,他暂时放下手中的工作飞抵女满别机场。

斯科塞斯从机场直奔拍摄现场,他对黑泽先生说:"《好家伙》剧组听说我要扔下他们来日本,都开心得不得了,还让我向您转达问候。"

斯科塞斯当天即会同黑泽先生在酒店进行试装并选定

---

[1] *Goodfellas*(1990),又译《盗亦有道》。

服装。

后来黑泽先生对我说："怎么样？斯科塞斯很有梵高的感觉吧？那一次他给我的印象实在太深刻了。"说着，开心地笑了起来。

那一次，说的是一九八〇年，《影子武士》到纽约进行海外宣传时的事。

黑泽先生下榻在广场饭店，斯科塞斯突然登门拜访。他怀抱着多得拿不下的资料和文件，想请黑泽先生参加一个署名活动。

斯科塞斯的主张是，现在的胶片保存状态如果放任自流，所有的彩色拷贝迟早会褪色，所以呼吁大家尽早把彩色拷贝制成分解为三原色的负片来进行保存。他说话极快，翻译几乎跟不上他的语速。

经过一番滔滔不绝的讲解，斯科塞斯得到了署名，然后一阵风似的走了。

在黑泽先生看来，斯科塞斯当时那种狂热的表情正好与梵高的形象相符。

八月十五日，斯科塞斯拍摄完两个镜头之后，脱下戏服直奔女满别机场，匆忙赶回纽约去了。

"我很忙。没有时间。不能这样等下去。"梵高的这句台词说的简直就是斯科塞斯自己。这被我们引为笑谈。

曾有一个法国人对我说，荷兰人梵高由意大利人扮演，对日本人说着意大利口音的英语，这让他觉得很不可思议。的确，他说的也有道理。

当初有人征求黑泽先生的意见，问他说，在这里用英语不要紧吧？黑泽先生答曰："做梦嘛，有什么关系？"

不过梵高的悲剧实在令人惋惜。他留下那幅描绘"阴沉的天空下鸦群飞过麦田"的作品后，对着自己的胸口开了一枪。据说，那把手枪当初是梵高为了驱赶乌鸦特意借来的。

临死前，梵高留给弟弟提奥的最后一句话是：

"不要哭，我这么做是为了大家。"（向田直干等，《梵高巡礼》，新潮社）

梵高担忧的是，提奥为他提供的五十法郎（相当于现在的八百日元）的生活费对弟弟来说是多么沉重的负担。他想，只有自己死了，大家才能获得幸福。

梵高生前只卖出过一幅画。

梵高死后九十七年，一九八七年在伦敦的一场拍卖会上，梵高的《向日葵》以五十三亿日元的空前高价售出，买主是日本的安田火灾海上保险公司。

对这些不合道理却又难以捉摸的事，我感到无限愤慨。

第七章
黑泽先生与音乐

指挥独演

时至今日，我再也听不到黑泽先生动人的嗓音了。即使是在怒吼的时候，他的声音依然那么低沉和醇厚。

据说黑泽先生从小学时候起就擅长唱歌。我不禁想象少年黑泽明站在风琴旁引吭高歌的景象。

出外景的时候，黑泽先生总要和主要工作人员及演员们共进晚餐。这对他来说是必不可少的时间和场合。要是能把每次晚餐会的谈话都记录下来的话，一定能从中了解到导演黑泽明最本质的部分。

晚餐会常常持续至深夜，直到黑泽先生开口说"那明天就这么办，拜托了！"，才算正式闭幕。结束时间大多是在夜里一两点钟。几乎一直是黑泽先生独占主角，其精力之旺盛令人叹为观止。

其间若是不小心惹恼了黑泽先生，场面就会急转直下，原本欢快的气氛就像被突然泼了冷水一般，笼罩在冰冷的空气中。大伙儿连筷子都不敢动一动，只能任由黑泽先生的大嗓门在室内回响。

总的说来,晚餐会的时候,黑泽先生的兴致都很好。他说起话来活灵活现,哪怕是同一个笑话,我们也不会说"这个已经听过了",而是每次都听得捧腹大笑。

说起小学音乐课的话题,黑泽先生就会突然高声唱起《日本海海战》(文部省指定儿歌)。歌词是这样的:

> 敌舰越来越近/皇国的振兴在此一举/大家奋斗努力吧/旗舰的帆柱上升起了信号——

每当唱起这支歌,黑泽先生就像回到了童年时代。脸上微微泛着红晕,声音高昂:"敌舰——越来越——近!"唱了几句忽然又停下来,似乎有些不好意思。黑泽先生在自传《蛤蟆的油》中这样写道:

> 《日本海海战》《水师营》等等,直到现在我仍然喜欢。这些歌曲调流畅,歌词浅显上口,直率得惊人,而且简洁准确,从不无病呻吟。

《水师营会见》的词作者是佐佐木信纲[1]。

---

[1] 佐佐木信纲(1872—1963),和歌诗人、学者。以和歌史、《万叶集》研究著称。

"旅顺开城规约，敌将斯特塞尔与乃木大将军，会见在那水师营"——你看开头这句，简直就是现成的电影剧本嘛！这是全景镜头。"庭中一棵枣树上，累累弹痕依然在"——这是把镜头拉近到枣树上了。"民居残垣断壁前，两将会面在此时"——怎么样？像不像看电影？

的确，歌词把两位将军的对话都写在里头了，几乎就是一个现成的电影画面。

拍摄《七武士》的时候，晚餐的地点是个宽敞的大厅，每次都像举行宴会一样。各人面前摆着小桌套餐，座位整齐地排成四方形，跟两旁的人近得你碰我我碰你，跟对面的人却远得没法交谈。

也许正是因为隔得远，黑泽先生常常号召大家唱歌。如今喝了酒可以去唱卡拉OK，那时候完全不一样。

我们只能大合唱，就像上音乐课，或是学校的音乐节和文艺表演那样，而且黑泽先生喜欢的是跟宴会气氛很不协调的轮唱。

"唱那首吧，就是那个叮咚！叮咚！"黑泽先生提议。于是千秋马上站起来张罗：

"好！从这里到这里是一声部，这里到这里是二声部，然后从那里到我这里就是三声部。"

"大家站起来，站起来好唱歌！"既然黑泽先生站起来了，大伙儿也不敢坐着不动。还在喝酒的,一定在心里抱怨着,可还是整一整和服的前襟站了起来。

黑泽先生不知什么时候已经把一支方便筷拿在手里,摆好了指挥的架势。就像指挥在等待乐手调音那样,目光犀利地环视全场。

"好了没有,那边!从三船那里开始唱。接下来是中井那里。喂!中井,看这边。准备好了吗?"说着开始挥动方便筷,"一、二、三,唱!"那手势就像甩鱼竿一样。

"叮咚~叮咚~"
电影导演和乐队指挥,据说是两个很相似的职业

"你听你听,钟声在空中回荡。"一声部开始唱。二声部也唱:

"你听你听,钟声在空中回荡。"三声部紧随其后。

这时一声部已经唱道:

"叮咚，叮咚，在空中回荡。"歌词周而复始，唱起来总也没完。

黑泽先生就像《美好的星期天》里沼崎勋指挥乐队的那个场面一样，脸上一副严肃认真的神情。从一声部到二声部的时候，节拍稍微迟了一点，他立刻挥着筷子生气地吼道："不行，不行！跟你们说不行！这里怎么没跟上，好好看我的手势！"怒气十足，就像在拍电影似的。

现已不在人世的录音技师矢野口先生每逢这时候总是悄悄地拉拉我的袖子，说："我出去一下，这又不是工作，你说是不？我可受不了这个。"说着就蹑手蹑脚地溜走了。

矢野口先生一定是去了附近的酒馆，我们在这里"叮咚，叮咚！"地唱着的时候，他却在那里对着老板娘喝酒发牢骚："唉——真累，累死了！我受不了了！"

黑泽先生常说："要说跟电影导演这个职业最像的职业是什么，那要数乐队指挥。"

也许真是这样。一个人的意志和目标，却要依靠众多外人来体现，于这一点，两者的确有共通之处。

早坂文雄

关于电影,有三件事黑泽先生说了不算。

天气、动物和音乐。对这三样,除了等待或放弃,没有别的办法。

当然,黑泽先生是不会放弃的。他选择等待。

天气可以在资金容许的范围内等。只要等待,总有云开日出的时候。黑泽先生的电影超过预算的第一大原因就是这等待天气。

动物可以替换,再不行还有黑泽先生最擅长的剪辑这个绝招。

可是音乐不行。既不能放弃,也没法等待。

有一次黑泽先生在剪辑影片的时候叹息道:"我当初要是也学学作曲就好了。"

当然他只是说说而已,而且也很难做到。如果连作曲也要亲力而为的话,恐怕活两三百岁时间也不够用。

黑泽先生拍电影的时候总是在不停地听CD。其实他不是在欣赏音乐,而是在挑选适合自己电影的音乐。

总而言之，他不喜欢大道理，尤其不擅长抽象理论。而音乐如果不能把抽象的东西用具体的例子表达出来，就不能传达给对方。

《蛤蟆的油》里描述了这样一件事。拍摄《泥醉天使》的时候，黑泽先生与作曲家早坂文雄一同商议电影的配乐。说到《泥醉天使》，那是一九四八年的事。

黑泽先生打算播放杜鹃华尔兹来配合三船敏郎扮演的无赖在黑市漫步的场面。早坂先生听了：

> 立刻微笑着说："对位法？"我回答说："嗯，是狙击手。"
>
> "狙击手"一词是我们两人之间的暗语，因为我们看到苏联电影《狙击手》中，出色地使用了音乐与影像的对位法，我们就把这样的电影音乐手法略称为"狙击手"。(《蛤蟆的油》)

我多次听别人说起过这部苏联电影，所以虽没有看过，却可以想象电影中的景象。

第一次世界大战期间，在德军与俄军对峙的前线。深夜。倾盆大雨。德军的狙击手从战马的尸体后射击。俄军士兵匍匐上前刺死了德军士兵。就在这时，战壕里的唱机传出《这就是巴黎》的歌声。惨烈的画面与华丽的曲调构成鲜明的对位法效果。

黑泽先生一贯的主张是，电影音乐与画面不应只是相加的关系，而必须是相乘的关系。也许他向来偏爱的对位法即可说是一种理想的相乘关系。

这种情况下采用的音源，有时是画面中使用的现成的唱片，有时是收音机里播放的音乐，或者是在背景后演唱的歌声，总之必须是实况声音。

《生之欲》（一九五二）拍摄于《罗生门》在威尼斯获大奖之后的第二年，正是黑泽先生与早坂先生意气风发的时候。

黑泽先生与早坂先生讨论音乐的日子，总是搬来一大堆唱片。早坂先生的家位于东宝制片厂附近的砧町。副导演和我也跟随黑泽先生一起到早坂家登门造访过。

在早坂先生家的一个大房间里，大家一张接一张地听唱片，而黑泽先生与早坂先生之间关键的谈话内容我全都忘了。

但我还记得，早坂先生往茶壶里放了大把上好的玉露茶叶沏给我们，那茶叶竟然只泡一次就扔掉了，让我觉得很奢侈。

最难忘的是《生之欲》的初次试映。一如既往，当时公映已迫在眉睫。试映结束已是半夜。

看完影片走出试映室时的气氛非常特别。摄影、照明和录音的技师们以及制片人，都跟在黑泽先生身后提心吊胆地往休息室走。

黑泽先生沉思着默不作声地走路。工作人员也默默地跟着他，进了冷冰冰的休息室。打开灯，大家围坐桌旁，注视着导演的反应。

"大家听好。"黑泽先生终于开口，"是我失策了。不，应该说是我不对……那个回忆的场面我不应该放音乐进去。"他说着，看了看早坂先生。

早坂先生默不作声。黑泽先生又说："对不起。……画面被音乐冲淡了。渡边勘治拼死建公园的那个场面，这一来弄得太肤浅。我也没想到会是这种效果。"

早坂先生沉思一会儿，苦笑着做出决定："也许是这样吧。那就别要了。"

他的话音一落，制作、剪辑等各个部门的负责人员立刻站起来，急匆匆出门的、给洗印厂打电话的，大家都争分夺秒地行动起来。因为不赶紧重新录音的话，就赶不上首映日了。

黑泽先生向早坂先生再三道歉，并说时间太晚了，请他先回家休息。

关于这件事，早坂先生在给斋藤一郎的信中曾经提及。（"黑泽电影音乐与作曲者的证言"，秋山邦晴，《黑泽明纪实》）

> 于是只好把其中的约十四卷录音去掉，全部换成拟音。这实在是一件需要勇气才能办到的事。……我在家闷闷不乐地窝了三天，黑泽先生特地前来慰问，我才终于恢复了自信。
>
> 为了《生之欲》，我欢喜过，尝试过，或是因为一时的松懈流于平庸，最后不得不忍痛将其删去。这样几经周折，情绪也不由得随之起伏。

早坂文雄于一九一四年出生于仙台，幼时迁居北海道。自学作曲，二十四岁时以《古代舞曲》获得魏恩加德纳奖。除了黑泽明作品之外，他还为沟口健二的多部代表作创作过电影音乐。早坂先生自年轻时患肺结核，一九五五年十月十五日，他在拍摄《活人的记录》的中途突然去世，年仅四十一岁。

早坂先生在去世前六天，给黑泽先生留下了最后一封书信。

内容是关于《活人的记录》样片试映的感想和建议。早坂先生认为，二郎（千秋实）深夜里谈论老头儿（三船敏郎）的时候说话声音太大，应该压低声音，这样谈话被老头儿听到，画面才更能打动人心。这个场面后来照此重新拍摄。早坂先生卧病在床，仍竭力写下这封信，他的诚挚令我深为感动。

> 对于黑泽兄出于导演构思的深虑，或许我还有理解不足之处，那样的话，我在此表示歉意。上述意见或许词不达意，只是我的一点感想而已。
>
> 此外非常理想，无可挑剔。
>
> 早坂
>
> 致黑泽明先生

这封信竟成绝笔。

五十年前，《罗生门》在奈良拍摄外景的时候，那时大家都还年轻，常常去爬旅馆前的若草山。

早坂先生从东京来，有一天他和黑泽先生他们一道上了若草山。我对早坂先生心怀仰慕，就跟随他一起上山。

要说若草山，不过是座馒头大的小山包。但肺部有病的早坂先生才爬到一半就已气喘吁吁。我请他在草地上坐下休息，自己也并排坐下。我们一起遥望山下的日月亭和卖刀剑的商店，好像早坂先生还说起了中国墨的话题。

已经爬到山顶的黑泽先生他们转过头来对我们喊："你们两个，都不用上来啦！"想必是为早坂先生的身体着想，叫他不必勉强之意。

早坂先生和我听到喊声，不由得相视一笑。

那天的情景仿佛往日青春电影的一个画面，如灿烂的阳光一般，在我的记忆中复苏。

早坂先生曾经为《七武士》中那段著名的背景音乐《武士的主题》亲自填词。这支歌后来由山口淑子演唱并灌录了唱片。歌词优美，正如早坂先生其人。歌词共有三段，篇幅有限，在这里只引用第二段。

黑泽先生也时常唱起这支歌。

　　武士　疾驰如风
　　掠过　茫茫大地
　　瑟瑟风声　呼啸　呼啸
　　飕飕风声　呼啸　呼啸
　　昨日相见之人　今何在
　　今日相见之人　明不存
　　明日是否来临　未可知
　　为人身在今日　徒伤悲

佐藤胜

《活人的记录》从一开始配乐就很少,早坂先生去世后,佐藤胜根据他留下的草稿"星之音乐"完成了这部片子的配乐。

两年后,黑泽先生请佐藤先生来做《蜘蛛巢城》的音乐。我可以想见佐藤先生得到这个消息时激动的心情。

> 这回总算可以正式说"好"。昭和三十年,波澜起伏的一年终于过去,我开始了没有恩师关照的第一次单独飞行。我感觉自己一跃飞上了广阔的天空。我的昭和三十一年(一九五六)就这样开始了。(佐藤胜,《300/40 其画·音·人》,一九九四年,电影旬报社)

佐藤胜于一九二八年生于北海道留萌市。他从国立音乐大学毕业后,拜早坂文雄为师,学习电影音乐,担任了从《蜘蛛巢城》到一九六五年的《红胡子》为止八部黑泽作品的音乐创作。最后的作品是《雨过天晴》。这部电影由小泉尧史执导,根据黑泽导演的遗稿改编而成。佐藤先生先后为三百零八部电影配乐。小泉尧史是他共事的第九十八位导演。

佐藤先生说，再与两位导演合作，就能凑够一百位，所以在此之前我不能死。但是一九九九年十二月五日，他倒在受勋祝贺会的宴会上，从此离开了我们。

刚刚开始筹拍《雨过天晴》的时候，小泉导演就对我说想请佐藤先生加入，但又担心他的健康。于是我给佐藤先生打了一个电话。

"太好了！真高兴啊。我会把这部作品当我的遗作一样，尽全力去做好它。……健康？……没问题！现在隔天去做透析，有这个就不必担心什么了。总之太谢谢你了！"

佐藤先生在电话那头不停地说"真高兴，真高兴"，他那满怀喜悦的声音至今还萦绕在我的耳边。他还说：

"我这十八年总算没有白等。"

十八年？我吃了一惊。

十八年前，佐藤先生在百般困扰之后，离开了《影子武士》剧组。自那以后，多年来在佐藤先生心里，当时的种种屈辱与悔恨一定曾日夜困扰着他。

事情是这样的。

在《影子武士》之前，选音乐都是由黑泽先生找来几张唱片给作曲家听，只说要的就是这种感觉，具体则不予干涉。

但自从采用了磁带录音之后，古今东西的世界名曲都可以转录到磁带上（著作权的使用则是另一回事）。

于是在剪辑的时候，除了画面的胶片和对白声带之外，音乐磁带也可供剪接。

这下好了。黑泽先生剪辑的兴致日见大涨。此前处于自己势力范围之外的音乐领域,终于可以亲手控制了。

据说黑泽先生回到家里也一直在听 CD。当然不是为欣赏音乐,而是为电影挑选合适的曲目。

若是找到了好曲子,第二天早上黑泽先生走进剪辑室的脚步都不一样。大手里抓着一大把约五六张 CD,一边走一边兴冲冲地招呼我们:"早、上、好——"接着便嘱咐剪辑助手把 CD 的哪些部分转录到磁带上。剪辑助手立刻进录音室忙碌,黑泽先生一根烟的工夫,那录着巴赫或贝多芬的三十五毫米声带就做好放到了剪辑台上。

对于黑泽先生来说,最幸福的时刻到了。

首先,双手戴上手套,在套片机(使画面和声音同步的剪辑设备)前坐下。把画面的胶片套好,然后与之平行套上对白声带、巴赫的音乐声带,就像游泳池的泳道一样平行排列。转动手柄的时候,黑泽先生还哼着歌儿呢。

不过,有人说黑泽先生采用这些名曲其实是为了向作曲家示范自己所需的音乐是什么样的。也就是说,这些录音只是暂时的。

黑泽先生甚至为配合音乐而修改画面的剪辑,以使画面能够合得上曲子的段落。然后再把录了音乐的剪辑样片放给作曲家看,问:"怎么样?我要的就是这种感觉的东西。"

令我深感佩服的是,黑泽先生总能找到恰如其分的曲目跟画面配合。

《红胡子》中有一个场面：二木辉美扮演的阿丰在照顾病中的保本（加山雄三饰），她轻轻打开窗口的隔扇，外面正下着大雪。这个画面之美，足以在电影史上留名。

黑泽先生为开窗的这个瞬间配的音乐是海顿的第九十四号交响曲《惊愕》。这个搭配真是妙不可言，大约找不出比这段音乐更能衬托画面的曲子了。

黑泽先生对担任作曲的佐藤胜说："怎么样？分毫不差吧？佐藤，你也作点儿这样的曲子嘛。"声音里毫无恶意。

佐藤先生的笑容当即僵住了："那，不如直接用海顿吧。"

"可是观众对海顿可能各自有不同的印象，这就不太合适了。所以你一定要写得比海顿还要好！"黑泽先生还是那么毫无机心。连我也忘形地说起大话来："海顿还用说啊，应该没人会不满意吧？"

佐藤先生阴沉着脸，不再说话。

结果是，佐藤先生作了一支跟海顿似是而非的曲子。黑泽先生听完后只说了一句话："这不跟海顿差不多吗？"

这也太苛刻了，长官大人。到底应该怎么办才好呢？佐藤先生的表情越发懊丧。

后来，电影业迎来衰退期，黑泽先生个人也身陷于电影界无情的浪涛之中。让不死鸟黑泽明复苏的，是在苏联拍摄的一部《德尔苏·乌扎拉》。

在日本，因为资金问题搁浅的《影子武士》也于一九七九年在东宝开始了拍摄工作。

音乐：佐藤胜。在黑泽制作组，这一人选就这样理所当然地决定下来。佐藤先生出现在拍摄现场，也参加了筹备会议。

六月二十六日，我们在姬路城开始拍摄。七月，在东宝制片厂进行排练。

七月十八日，突然决定撤换胜新太郎。

七月二十五日，主演替换为仲代达矢，拍摄再度开始。

十月三日起，在北海道开拍外景。十一月十九日大雪，剧组撤回东京。

其后两周，黑泽先生在东宝剪辑影片。

其中包括北海道外景部分，还有武田的军队顺着三州街道[1]撤退的场面。在染得通红的天空背景下，只见长长的队伍安静前行的剪影，画面非常美丽。

黑泽先生为这个场面选择的音乐是格里格的《皮尔·金特组曲》中的《苏尔维格之歌》。在这段美丽而哀伤的旋律的衬托下，电影的抒情场面显得更加感人。

这段配了《苏尔维格之歌》的样片试映之后不久，佐藤先生打来电话，说是无论如何都不能参与这次的工作。

为了说服佐藤先生，我特地登门拜访了他。但最后被说服的是我。

佐藤先生在《300/40 其画·音·人》中写道：

---

[1] 三州是现在的爱知县东部一带的旧称。街道即旧时连通各地的交通要道。

年底（一九七九），我辞去了黑泽先生《影子武士》的工作。也许可以说我这是从黑泽学校中途退了学。黑泽先生的目标与我的想法之间，存在的分歧实在太大。……模仿那些有名的所谓名曲，而且还要优于名曲，这在我是无法想象的。

为了这件事，我拖着沉重的脚步前往黑泽家。一路上，我在脑子里反复思考如何向黑泽先生交代这件事。最后只能说："佐藤先生健康状况不佳，恐怕不能胜任这次的工作。为了避免在半途中给大家添麻烦，所以他决定现在就辞退工作。"

黑泽先生默默听我说完。我知道他是个直觉敏锐的人，一切了然于心。他只冷冷地说了一句："既然是健康原因，那也没办法。"

又问："其他还有谁？武满现在在做什么？"

我答："武满彻先生因为工作，人在美国，不过我可以找他商量一下。"说完就告辞了。

《影子武士》因为天气延误了外景拍摄，公映日已经推迟，再不抓紧就来不及了。

武满先生推荐给我们的，是池边晋一郎。他现在常常在NHK的电视节目上出现，所以大家对这个名字应该很熟悉。

池边晋一郎于一九四三年生于茨城县水户市，毕业于东京艺术大学音乐系作曲专业。除电影之外，他还活跃于戏剧、电视领域。听武满先生说，池边先生对日本音乐的造诣也很深厚。

能够聘请他,黑泽先生也放心了。

我立刻与池边先生相约在新宿的一家咖啡馆见面,把剧本交给他。

池边先生年纪轻轻,相貌清秀,宛如男孩节的武士偶人,而且性格爽朗。我特意提醒他:"黑泽先生喜欢把剪辑样片配上现成的曲子来放映,没关系吧?"

他说:"噢,没关系。我一向不介意的。"坦率得令我大感意外。

如此这般,波澜起伏的《影子武士》终于在新年来临之后完成了。

四月二十三日,我们邀请海外的导演、记者前来参加我们在有乐座隆重举行的首映式。

对于佐藤先生来说,这就是"我这十八年"的开始。

佐藤先生去世后,曾在东宝担任音乐制作的所健二先生给我送来与他要好的佐藤先生的信。是关于《雨过天晴》的部分的复印。读了信,我哭了。

> 这回我终于能够回到曾经中途退学的黑泽学校。十八年来第一次把印着黑泽明名字的剧本捧在手里,我的电影之心激动万分。虽是小题材,却是一个非常好的剧本,字里行间,我仿佛感受到黑泽先生的体温。
> (一九九九年五月五日。私人信件)

十二月五日受勋祝贺会那天的事，我至今想来仍觉得后悔不已。唯一值得安慰的是，那天黑泽摄制组的成员都到齐了。

佐藤先生身体不适，大家一起扶他躺下，这时他突然挣扎着转过头来对我说："我的脸色看起来很糟吗？"

我含糊地点点头，示意他静心休息，哪想那句话竟成了他的遗言。我当时怎么也没有想到佐藤先生会就那样离开了我们。我还以为，他身体不好，躺一会儿就能恢复。

之后我到医院的急救室旁等候。再次见到佐藤先生，是在医院的太平间。那里还没来得及设置祭坛，房间里空荡荡的，佐藤先生盖着白色被单躺在担架车上。

他脸上还带着淡淡的微笑，面容安详。

他的双眼微微睁着，我轻抚他的眼睑为他闭上眼睛。他的眼皮是冰凉的，仿佛橡胶一样的手感至今还留在我的指尖。

我仍然无法从佐藤先生去世的悲哀中走出来。

寂寞深深地渗入我的心里，无法消解。

武满彻

《乱》的剧本，由黑泽明、井手雅人和小国英雄三人在一九七六年二月十五日至三月二十日期间写成，写作地点是黑泽先生在御殿场的别墅。

这只是第一稿。后来由于资金问题，影片搁浅。几番周折之后，拍摄工作终于得以付诸现实。剧本定稿的完成，则是在七年后的一九八三年十二月。

较之《影子武士》的完成时间（一九八〇年四月），《乱》要在四年后才得以跟观众见面。

黑泽先生写剧本时常常一边听唱片。我想，他一定是在构思剧本的同时就已经在借着音乐的力量来增强剧情吧。

写《红胡子》的时候，听的是贝多芬的《第九交响曲》，而《乱》则是一边听武满彻的《十一月的阶梯》一边写就的。

据说武满先生得知这件事后，开心地对黑泽先生说："快拍电影吧！"

实际上，《乱》开拍于一九八四年六月，时间已经过去了九年之久。其间黑泽先生完成了一部《影子武士》。

在这九年时间里，武满先生一定是怀揣着《乱》的剧本，反复酝酿着电影音乐的构思吧。

《乱》的剧本里，三之城陷落是一个重要的场面。在这里除了音乐之外不加入任何声音。黑泽先生说："这里就交给武满了。"

剧本是这样写的。

> 接下来，是城堡陷落时地狱般的惨状。……配合着画面，音乐犹如死者的心声，随着痛楚的节奏，奏出满含哀怨的旋律。初如低泣，仿佛轮回周而复始，然后渐渐高昂，到最后，简直就像无数死者的号啕一般。

面对如此刁钻的描述，身为作曲家想来一定非常为难。而武满先生花了九年时间构思的作品终于交到黑泽先生手中。仅这个场面的音乐就长达六分钟。

武满先生再三叮嘱样片试映的时候千万不要搭配黑泽先生的音乐，我也把这个嘱咐转达给黑泽先生。但黑泽先生丝毫没有让步，他说："可是我这边也想请他听听我的看法。"

黑泽先生配的音乐是马勒的《大地之歌》中的"告别"。在《乱》的制作发布会上介绍演员的时候，背景音乐用的是交响诗《巨人》。自那以后，马勒的作品似乎成了黑泽先生最中意的《乱》的主题曲。

也许在过去的九年里，黑泽先生的心意已从《十一月的阶梯》转向了《巨人》。

武满先生在接受西村雄一郎的采访时曾说：

> 我不知道那个部分要用马勒的音乐，就先作了曲。用合成器做好，样片试映的时候带去了。哪知黑泽先生说："我也配好了。"（笑）他居然已经配合音乐把样片也剪辑好了。（《巨匠的技艺》，FILM ART社）

又发生了和佐藤先生合作时同样的问题。我仿佛看到前途多难的警示灯正在闪烁。

一九八五年二月二十四日，盼望已久的拍摄完工的日子终于来到。要是平常的话，高兴都来不及。可是想到即将开始的后期制作，我只觉得心情沉重。

不出所料，在北海道录制札幌交响乐团的演奏时，两位天才的意见发生了冲突。

若是黑泽先生能够当面表达自己的看法还好，而对方是武满先生，所以意见似乎难以说出口。在北海道的酒店里，我不知有多少次被黑泽先生叫到房间里，去取他写给武满先生的便条。便条的内容我毫无印象，应该是装在了信封里。

时间太早，我不敢吵醒武满先生，所以只能把便条从门缝下面悄悄塞进去。

我只怕门突然打开,一声"干什么?"会叫我不知如何是好,所以总是把便条塞进去就立刻开溜。就这样,天才给天才的密信我送过两三次。

一天早晨,我和黑泽先生正在餐厅里吃早餐,武满先生和经理人一起走过来,在我们桌旁坐下来。

武满先生的表情严峻,宽大的额头下面,炯炯的目光像刀子一样犀利。

"黑泽先生,我到底是哪里不对?不好就请明说,我会走人的。"

开口就把话说绝了。

黑泽先生挨了个冷不防,一时不知如何应对,只说了几句"不,我不是那意思。我没说不好呀"之类的话。后来的话我记不清了,但这次突然袭击可说是武满先生赢了。

天才与天才的激烈斗争一直从北海道持续到东京。然而在影片即将完成的最后关头,又发生了一场决定性的冲突。那是在录音工作的第四天,他们还是爆发了。

录音于四月二十四日至五月八日在东宝录音中心进行。记录上写着:"于第四频道。"

事件发生在二十七日。

那天录制的是"场号 36·大手门"的场面。

被赶出一之城的秀虎(仲代达矢)来到二之城,又被次郎拒之门外。

次郎大声喝道:"把门关上!再也不要让我看见你!"

城内的守兵们在阿铁的催促下,关上了城门。

——这也是黑泽先生最满意的一个场面。

秀虎身后的大门"哐!"地关上。

刚才还傲然挺立的秀虎忽然像是浑身没了力气,脚步也踉跄起来。

秀虎迈出踉跄的脚步的同时,武满式高昂的笛声"嘣——!"地响起,一直持续到下一个阳光闪耀的镜头。

与笛声相重合的,是低音的定音鼓沉重的鼓声。

两种音色的交会,仿佛象征着延绵不绝的争斗。

"能不能再把音调低一些?要低到震撼丹田,要增加厚重感。"黑泽先生说。

武满先生沉默着,就好像没听见黑泽先生说话那样默不作声地坐着。他本来就讨厌定音鼓这种乐器,而这次是应黑泽先生的要求才极不情愿地加上的。

武满先生坐在离银幕最近的沙发上,所以我们只看得见他的背影。

仿佛飞机驾驶舱一样的录音设备前,坐着录音技师和负责音效的三绳先生等人。黑泽先生就在很近的地方直接向技师们提出要求。

技师们把刚才的场面又重放一遍,并把低音调大。

"不行啊,这样还是听不见。要强力地喷薄而出的感觉。"黑泽先生还是不满意。

录音助手后来告诉我,这时候武满先生因为强忍着怒气,连肩膀都在颤抖。

黑泽先生却没有察觉,继续向操作录音带的安藤精八先生直接要求:"把录影带的转速放慢一点怎么样?猛地低下来也没关系。"

安藤君说后来想起来很后悔。当时哪怕只是一句话,也应该征求一下武满先生的意见。然而那位气势汹汹的导演就站在眼前,实在是不敢不从。

这时,武满先生终于站了起来。

"黑泽先生!把我的音乐剪剪贴贴没有关系,你只管随便用。只是请把我的名字从演职员表里去掉。就这一条!我不干了。我走!"

众人愕然,呆呆地目送武满先生愤然退场

武满先生这么说着,拿着乐谱和皮包走了出去。他的经理人宇野君一脸沉痛地跟随其后。我想着应该为他们准备车子，于是急急忙忙地追了出去。

就像一出戏收了场一般。

在录音棚外面，我看到愤懑不平的天才正在等出租车。

我那时开一辆斯巴鲁的小型车，从东宝到成城的车站不过五分钟路程。我把斯巴鲁开过去，请两位上了车。因为我想他们一定想赶快离开这里。

前往车站的这五分钟感觉是那么漫长。他们两个都沉默着，坐在副驾驶座上的武满先生浑身还散发着怒气。

来到车站前的银行附近，武满先生终于开口说话：

"是黑泽先生身边的人不对！"

"实在对不起！"我说着把车停下来。

武满先生一只脚刚伸出车外，突然回头狠狠对我说：

"你也一样！"

然后"嘭！"地关上了车门。

坐在后排的宇野君慌忙跳下车，追随而去。

因为最后挨的这句骂，我返回摄影棚的五分钟也变得非常漫长。心情郁闷极了。

回到摄影棚，却打不开门。反复转了几下门把，才有人从里头为我开了门，面色沉重地把我迎进屋。

室内只开着长明灯，光线昏暗。仔细一看，发现三十多个工作人员抱着膝盖坐在地板上，就像农民起义的前夜一样气氛森然。在他们前方的折叠凳上背朝这边坐着佐仓宗五郎[1]，当然也就是黑泽先生。

我刚走过去，黑泽先生猛然回头，板着脸对我吼道：

"你跑哪儿去了?!"

"我送武满先生去车站了。"我话音刚落，他又吼道：

"完全没有那个必要!"

看来不管向着哪边都得挨骂。我只好走到"起义农民"们身后坐下。

黑泽先生又开始接着跟大家谈话，听得出他是在尽力冷静地说话。

"所以我也考虑到，是否可以采用完全没有音乐的方式，只用特效声音来处理。不管怎样，都得跟三绳君商量，或许也可以全部改用日本乐器。"

我暗想，这可不得了，五月二十一日的首映式是早已定好的。

不仅是日本海拉尔德电影公司的制片人，法国方面还有一位不通融的制作人希尔伯曼。首映式的日程已经不可能再推迟了。

后来听说，我送武满先生离开以后，黑泽先生吩咐工作人员把对讲门铃的电源关掉，还叫人把录音棚的门全部关上，并上了锁。

---

[1] 江户时代前期著名的农民领袖。又名佐仓宗吾。

因为先前发生过胜新太郎的换角事件（参见"黑泽组事件簿"），黑泽先生一定是担心若被媒体觉察到，不知又要被媒体写些什么恶毒的报道。

根据三绳先生的记录，事情发生的当天即二十七日录音中止，但第二天照常在上午九点半开始了录制工作，到下午一点半共完成两卷录音。也许只是先录制了与音乐无关的部分。

那一整天，制片们恐怕都在为了停战的调解工作而四处奔走。

制片人原正人成功地说服了武满先生，并陪同武满先生和经理人宇野拜访了黑泽家。

记得是在夜里，黑泽先生给我打来电话。

"武满来道歉了，说那天是因为身体不舒服。这么说，我当时就觉得他脸色不好呢。总而言之，他明天回来。"

电话里也听得出黑泽先生掩饰不住的喜悦。

我不认为武满先生那天是因为身体不适，不过对于黑泽先生来说，这是最好的解释。当然黑泽先生不见得就真的相信了这个解释。多亏了调解工作的成功。

我在深夜里首先给负责音效的三绳先生打了电话。

"是吗？太好了！太好了！如果只靠特效声音来制作，我正不知怎么办才好呢！这样就太好了！"三绳先生兴奋的声音令人难忘，他一定大大地松了一口气。

终于恢复了和平。

一九八五年六月一日，《乱》如期在全国同时公映。

武满彻,一九三〇年十月八日生于东京。早年师从清濑保二学习作曲。与诗人泷口修造等人成立"试验工房"。曾担任早坂文雄的助理。一九五六年以后,为近百部电影作曲,广获好评。一九六七年发表《十一月的阶梯》之后,在国际上也得到很高的评价,并获得大量奖项。

一九九六年二月二十日,武满先生患癌症去世。

录音的最后一天,我们在录音棚里用啤酒干杯庆祝。黑泽先生对大家说"各位辛苦了。谢谢!",然后一挥手就离开了。而武满先生还在兴致勃勃地喝着罐装啤酒。

他突然走到钢琴前,即兴弹唱了一首歌。爵士乐风格的琴声伴着这样的歌词:

> 昨天有悲伤,今天有眼泪
> 昨天的苦痛,今天的烦恼
> 明天是晴天,还是阴天?

"这首歌献给黑泽先生。"武满先生说着,笑了起来。

那时,武满先生显得那么开心,但或许他心里是悲哀的。

第八章
伤感的回忆

讣告不断

一九九三年,是讣告不断的一年。二月二十八日,本多猪四郎导演突然去世。紧接着,三月十六日笠智众也去世了。六月七日,我的好朋友法兰西映画社的川喜多和子女士又因脑出血猝然而逝。不幸的消息接二连三,我的心情至今不能恢复平静。

同年六月,莫斯科的玛丽亚·多利亚于二十八日突然去世。这个消息是当地的朋友告诉我的。与苏联有过电影合作的日本人无不得到过她的关照。多利亚的父亲是俄国人,母亲是日本人,日俄混血的她擅长两国语言。多利亚身材肥胖,像个典型的俄罗斯劳动妇女。

莫斯科的电影节和试映通常是没有字幕的,于是翻译多利亚得以大显身手。而且每次她都能像无声电影时代的解说员那样绘声绘色,十分卖力。问她"很辛苦吧?",她丝毫不以为意:"不过很有意思呀。做自己喜欢的事还有报酬,多好啊!"

七月十日,上午十一时四十分,井伏鳟二先生去世,享年九十五岁。

对此我已经有了思想准备。事前井伏夫人就对我说过:"就像下台阶一样,情况一天比一天糟。"每次电话铃响都让我心跳加速,然而这一天终于还是来了。

留言电话里传来安冈章太郎夫人低沉的声音:"我听说先生去世了。"我急忙与安冈章太郎及新潮社的人一同,直奔荻窪的东京卫生病院。

我们被带领着来到医院的太平间,开门就看到小沼丹先生及与先生关系密切的两三位朋友,环坐在木棺前的椅子上。大家就好像是来看望病人一般。木棺里,先生紧闭着双眼。我忽然想到,从此不可能再看到先生的笑脸,也不再有机会倾听他幽默风趣的谈话了。

昭和二十三年,在出版社当编辑的我还是个不知天高地厚的新手。为了取稿件,我常常到井伏先生家拜访。

我才进门,先生就说:"出去走走吧。"他带我去的是阿佐谷车站附近的大排档酒馆。住在中央线沿线的法国文学学者青柳瑞穗,作家上林晓、外村繁等人是那里的常客,大家总是聊得热火朝天。

井伏先生对我说:"青柳这家伙,我的小说他一本都没读过。"

青柳先生尴尬地笑着说:"嗯,一本的话应该说还是读过吧。"

那是刚刚从战争中解脱出来的年代,意气相投的文人学者们终于可以在公开场合尽情地谈古论今。

战后,先生的多部小说被改编成电影并获得好评。《本日休诊》(一九五二)、《基金旅行》(一九五七)、《站前旅馆》(一九五八)、《珍品堂主人》(一九六〇)等等。其中《站前旅馆》尤为卖座。甚至有些想乘机谋利的电影公司为招揽观众,纷纷投拍冠以"站前"二字的电影。《站前茶釜》《站前番头》《站前竞马》之类,片名莫名其妙的电影竟有二十三部之多。

说到能够不失井伏作品原味的电影,大概要数松竹的清水宏导演的《簪》及南旺映画最后的作品,即成濑巳喜男导演的《售票员秀子》。两部杰作均拍摄于昭和十六年即一九四一年。《售票员秀子》改编自井伏先生于昭和十五年在杂志《新女苑》上连载的作品《阿驹小姐》。这也是继《啦啦队长秀子》之后,为正当红的高峰秀子特别企划的一部电影。

关于这部电影,井伏先生在《续征用中的见闻》(《井伏鳟二自选全集》第十卷,新潮社)中曾有过详细记述。

在这部电影中登场的,有一位与井伏先生相似的小说家,扮演者是夏川大二郎。其中有一个场面:小说家坐火车从乡下回东京,小秀(高峰秀子)和藤原釜足在铁道口挥手相送。

这个场面的外景地在山梨县酒折。正巧那天井伏先生在等待前往御坂岭茶店的公交车的时候,偶然遇见了夏川先生的车,于是顺道参观了铁道口的拍摄现场。小秀也在那里等着上镜。她低头往腰上系着的售票员皮包里头,看了看说:"这么些钱,叫我怎么数得清啊!"这件事我也曾听先生亲口说起过。

还未等这部电影拍完，井伏先生就于十二月被陆军征兵去了南方战场。但是先生在他出征的新加坡，意外地看到了这部电影。在前面提到《续征用中的见闻》中，井伏先生写道：

> 《售票员秀子》讲的是一个十六岁的女售票员秀子的故事。在翻越山岭的公共汽车上，秀子热心地为乘客们介绍沿路风光。实际上公共汽车公司由于经营不善即将倒闭，年轻的秀子却毫不知情，仍然快乐地工作着。那辆公共汽车外观十分破旧。据说成濑导演为了使它看上去更寒酸一些，特意叫人在拍摄前用掺了红土的铁锈色油漆涂抹整个车身。但这给电影带来了厄运。宣传组的樱井中尉认为这样做有严重问题，说是如果当地的马来人看了这个电影，以为日本国内运行的公共汽车都是这么破破烂烂的，岂不大失国格。问题说出来就成了问题。樱井中尉向宣传组的尾高少佐汇报了如上问题，于是电影遭禁。

每逢黑泽先生的电影完成试映会，我都会邀请井伏先生及他要好的编辑人员们出席。也许先生真正期待的，是放映完毕后与大家一同在新宿或荻窪喝酒。他最后一次出席的是《梦》的试映会。

我在这里一边写一边不断地有讣告传来，宛如身在战场一般。

一个来自巴黎的电话告诉我玛丽·梅森女士于七月十九日去世。她的丈夫是亨利·朗格卢瓦，巴黎的法国电影资料馆的创始人。对于志愿从事电影事业的人来说，法国电影资料馆可说是他们心目中的圣地。我接到电话通知，是因为对方希望我能把这个消息转告给黑泽先生。玛丽女士生前十分照顾黑泽先生，总是亲切地叫他"Akira"。

她与朗格卢瓦先生结识之前的丈夫名叫拉扎尔·梅森。他曾担任雷内·克莱尔电影的美术导演。早年的玛丽女士是著名模特，照片常常登上杂志封面，是一位容貌艳丽的美女。

近年来，她却胖得堪比奥逊·威尔斯。黑泽先生去巴黎的时候，她身穿特地新置的华服，亲自开车到机场来迎接，但那时她已经胖得连上下车都困难。

黑泽先生走到她的车子前问候，她挣扎着要站起来，一边开心地大喊"噢！Akira!"，一边把黑泽先生揽在了怀中。被玛丽女士搂在胸前的黑泽先生这时看起来，就像一个柔弱的青年人。

七月二十一日，曾在《朝日新闻》上撰写辛辣影评的朝日新闻社学艺部编集委员黛哲郎先生去世，年仅五十六岁。他常常打电话向我询问井伏先生和黑泽先生的近况。我仿佛还能听见他那略带鼻音的醇厚嗓音。

然后，这次（七月二十七日夜）传来的是和子的母亲川喜多可诗子女士的讣告。电影的幸福时光似乎正走向终焉。

藤原釜足

最近因工作需要，看了几部黑泽作品的录像带。其中有那么多今已作古的演员，回想往日，我不禁陷入伤感之中。

一九五七年的《低下层》里有这样一个镜头：游手好闲的三井弘次和藤原釜足扮演的戏子正在交谈，站在他们身后的是水桶店的田中春男。躺在他们面前的破被窝里咳嗽的是三好荣子。她的补锅匠丈夫是东野英治郎。戏子把补锅匠的女人叫起来，正要拉着她出门的时候，正碰上房东骂骂咧咧地走进来。房东是中村雁治郎。到这里是一个约两分钟的镜头。出场的演员全都不在人世了。世事无常，那些亲切的面容、令人怀念的声音，都只能留存在银幕上了。

还有志村乔、森雅之、左卜全、中村伸郎、渡边笃，故人的名字多得写不完。当今社会，大概已经不再会涌现这样的演员了。

比如藤原釜足，他自幼生活艰辛，在夜校念书，十六岁那年成为合唱团歌手，后来学会拉小提琴，又当上了电影院的乐师。我想，正是这些经历使他在《放浪记》（一九三五，木村庄十二导演）、《鹤八鹤次郎》（一九三八，成濑巳喜男导演）、《售票员秀子》（一九四一，成濑巳喜男导演）等作品中展现出生动的演技。今天我可以通过录像带欣赏到这些作品，但是那时候我与藤原先生天天见面，却不知道他过往的经历，以至错过了倾听他的珍贵故事的机会。一切都晚了。对自己的无知，我只觉得懊悔不已。

藤原先生在拍摄现场时常爱说一些并不高明的俏皮话，往往才说到一半就叹道："唉！这么说不通，不通！落第落第。"他摆摆手表示收回刚才说的俏皮话。旁边的人就打趣他说："什么？您刚才是在说俏皮话呀？"逗得大伙儿都大笑起来。

藤原先生跟黑泽先生的交情很深，从黑泽先生作为副导演参与拍摄的《马》（一九四一，山本嘉次郎导演）的时候，他们就开始了亲密的交往。黑泽先生的作品从《生之欲》（一九五二）到《影子武士》（一九八〇），藤原先生几乎都出演了。

拍摄间隙的等待时间里，常常看到他们俩坐在炭火炉边烤着火谈论喝酒或美食的话题。那是一幅叫人会心一笑的画面。

有意思的是，不久前刚来过日本的法国女演员弗朗索瓦丝·阿努尔告诉我说，让·雷诺阿和让·迦本在拍摄间隙也总在谈论美食话题。

在拍摄《用心棒》（一九六一）的时候，我多次听到黑泽先生说："还是釜先生的演技好。"藤原先生扮演丝绸商人多左卫门，在影片的最后，他发了疯，敲着团扇太鼓冲出大门去杀德右卫门。那个场面异常壮观。

《影子武士》（一九八〇）中，信玄来到寒原岭，最后遗恨而逝。藤原先生扮演为信玄把脉的医师，镜头很少。黑泽先生自言自语道："还是釜先生的演技好。"或是说："有气质。"我告诉藤原先生黑泽先生对他的评价，他只说："是吗？"然后开心地呵呵笑了。

这位藤原先生曾经有一次把黑泽先生惹得大发雷霆。

那是在拍摄《电车狂》（一九七〇）的时候。

有这样一个镜头：渡边笃饰演的丹波先生家里，来了一位年纪相仿的老人（藤原先生），老人说厌倦了人生，打算一死了之。丹波先生递给老人一包药粉，说："把这药吃下去，只需一个小时就可以死得舒舒服服。"老人吃了药，开始讲自己的身世。丹波先生说："这些都是活人才有的烦恼啊！"老人听了突然后悔起来，大叫道："我不想死啊！救命！"丹波先生告诉他："刚才，您吃下去的那个，其实是肠胃药。"老人震惊，一时愣在那里。这个场面就这一个镜头，长约八分钟。

这场戏对演技的要求高，拍摄的程序也有讲究。更大的问题是有藤原先生最头痛的大段台词，而黑泽先生原则上不容许随意更改剧本的台词。

有一句台词，剧本上是"吃啥都不香"，可是藤原先生总将它说成"啥都不想吃"。导演气得大喊："不对，不对！再来一遍！"黑泽先生尽管是导演，但写剧本的也是他，所以台词一出错，总是当场被"捉"。

黑泽先生开始还和和气气的："釜先生，好好说台词啊。"

重复了几次都不见好，就变得烦躁起来。最后竟对我说："你来读台词！"意思是让我做提词的。可实拍的时候，有个奇怪的声音从旁边插进来，实在荒唐。

带提词人的实拍，这是第一次也是最后一次

我紧靠着拍摄画面的界限蹲下来，手拿着剧本，大声迅速地给藤原先生提词。这项工作是个技术活儿，开口的时机尤其不好掌握，就像给舂年糕的加水那样，要在台词与台词之间见缝插针。我说"老婆瘫痪在床"，藤原先生就说："老婆瘫痪在床半年就死了。"我又说"家里房子遇上空袭"，那边立刻说："家里房子遇上空袭烧得一干二净。"就这样，我只担心自己的声音反倒干扰了藤原先生。但稍有迟疑，导演的炮火马上朝我这边发射过来："给我读清楚了！"

我在心中祈祷着，只求这出戏能顺利演到藤原先生震惊失语的部分。在第八次还是第九次的时候,终于过关,"灭火"成功。

这个镜头长八分钟,用A、B两台摄影机拍摄,样片试映共四次,费时一个小时。

黑泽先生直奔剪辑室,有这么多素材,应该可以剪接出理想的效果吧。等着我们的则是与四盘胶片及成堆录音带的一场战斗。单为了剔出我提词的声音就大费周折,录音带剪了又贴,弄得一片狼藉。

第二天,黑泽先生告诉我,昨夜藤原先生特地打电话给他说:"那个镜头终于OK,我们两口子正干杯庆祝呢!"

黑泽先生怒道:"混账!我们在这里剪辑有多辛苦,你难道不晓得吗?"

我觉得黑泽先生生气是理所当然的,不过藤原先生的心情我也能理解。干杯庆祝,那也是情之所至吧。

藤原先生原定出演《乱》(一九八五)中一个农民的角色。黑泽先生把画都画好了,但当时藤原先生的健康已经恶化。藤原夫人特地打电话给我,说藤原先生的意思是不论什么角色都心甘情愿,请一定让他去外景地看看。黑泽先生担心大热天让藤原先生来九州,只怕出现意外,要我说服藤原先生以身体为重。我夹在中间,两头为难。

此时的我,也一样能够理解他们两位的心情。藤原先生心里肯定清楚这是最后的机会,所以才提出参演的要求。

藤原先生于一九八五年十二月二十一日因急性心力衰竭去世。本名安惠重男,享年八十岁。

伴淳三郎与左卜全

自一九六五年的《红胡子》以后，直到一九七〇年的《电车狂》，五年时间里，黑泽先生一直与阻挡于面前的巨大美国资本恶战苦斗。他被折磨得身心俱疲。

首先是本应于一九六六年开机的《逃亡列车》停拍，而后又在一九六九年与二十世纪福克斯公司合作的《虎！虎！虎！》拍摄途中遇挫。

可以想象，对黑泽先生来说，虚度的这五年时间是多么痛苦。

为收拾《虎！虎！虎！》的残局而四处奔走的，是从意大利归国的副导演松江阳一。一九七〇年，他还担任了《电车狂》的制片人。

黑泽先生一定是想彻底抛开过去的烦扰，早日重振雄风吧。《电车狂》也是他的第一部彩色片。

四月二十三日在东京江户川区的填筑地堀江町开始了拍摄。六月二十九日片头背景拍摄完毕。第一副导演大森健次郎最初设定的计划是四十四天，而实际的拍摄天数仅二十八天，速度快得惊人。

原作为山本周五郎的《没有季节的街》，作品以电车狂阿六为主线，讲述同街区居民们的故事。

伴淳三郎扮演其中的岛先生。岛先生西装笔挺，头戴礼帽，因为左脚是瘸的，拐杖从不离手。此外，面部神经还会不时地抽搐。

六月十七日，场号80。拍摄"岛先生的家"。

岛先生带着三个同事回到家，他朝着厨房里的老婆喊："来客人了。"老婆却不吭声。丹下喜代子扮演的这位悍妻的傲慢态度令三个同事震惊不已。岛先生急忙出来调解气氛。悍妻出门上澡堂去了，同事之一的野本君终于忍无可忍地说道："那个女人是怎么回事？你应该把她赶出去！"

话音刚落，只见岛先生扑过来把野本君按倒在胯下，大骂道："那是我老婆！填不饱肚子的日子她都忍过来了。你有什么权力要我把她赶出去？"

野本君连忙道歉："我说错话了，我赔不是还不成吗？"

于是三人又接着跟岛先生喝起酒来。整个场面到这里结束，像一个小短剧。

这场戏在剧本上有十三页之多，场面持续时间较长，用两台摄影机拍摄，从头到尾一个镜头拍完。

因为前一天排练的时候整个镜头超过了十分钟，这样一来胶片长度不够，只好删减对白。因为摄影机的片盒最多只能装入一千英尺胶片，也就是说只够拍摄十一分钟。再算上空转的部分，实际上最多不能超过十分钟。若是好不容易顺利拍摄到最后几秒，突然"咔嗒"一声摄影机断片的话，那可就一切都白费了。

这个场景由五十毫米的摄影机 A 从横向移动拍摄岛先生一行人进屋的画面，由七十五毫米的摄影机 B 从厨房的方向纵向移动拍摄他们准备喝酒的画面。

伴先生从一大早就开始紧张。在去拍摄现场的路上，我与往洗手间方向去的伴先生擦肩而过。他带着严肃的表情边走边念台词，我没敢跟他打招呼。

长达十分钟的一个镜头，台词不说错就已经很难，四个演员站起，坐下，走动时还得注意不能挡了别人的镜头，否则又要 NG。而伴先生同时还要表现面部抽搐的表情。要兼顾所有因素，越过重重障碍，顺利完成十分钟的拍摄实在是难上加难。

第一次拍摄一分十秒，第二次一分三十一秒，都是因为演员走位不佳导致 NG。第三次一分六秒，第四次一分五秒，因为导演要求"烟斗点着了，要'啪'地弹一下"，而演员"啪"的动作不够爽利，这又 NG 了两次。第五次两分钟，忘记抽搐脸部 NG。第六次三分十八秒，演员位置不对 NG。第七次终于顺利拍摄完八分四十八秒。但是黑泽导演说要再拍一遍试试看。第八次八分四十七秒，终于 OK。

在这段拍摄过程中，幕后的摄影部忙得可谓天翻地覆。如前所述，只能维持十分钟的胶片如果拍了两分钟就 NG 的话，剩下的长度就不够了。所以一旦NG就必须更换暗盒里的胶片。而且摄影机是A、B两台,虽说有备用的暗盒,但每当NG就得更换,光靠备用根本来不及。摄影部的助手们都面色焦虑,就像中途岛海战里为补充炮弹而奔忙的水兵那样,从摄影机转动的布景中轻手轻脚地溜出来,就飞奔进暗室装好新胶片又冲回来,同时还得让制作组的人给柯达公司打电话请求紧急援助。

黑泽导演的一声"OK"消散了摄影棚里紧张的空气,同时伴先生也累得当场瘫坐在地上。黑泽先生对伴先生说"很不错呀!",伸出大手要跟他握手。伴先生却没有回应,只是抬头看着黑泽先生的脸,眨了眨眼睛,一次又一次地点头致谢。

在伴先生漫长的演员生涯中,如此充满喜悦的瞬间一定是罕有的吧。

令人感动的握手背后,是忙乱成一团的摄影部

伴先生第一次出演电影是在一九二五年。在之后的五十三年里，在凭着自创的流行语"AJIAPA——"[1]成名之前，他长年只能在舞台上跑龙套，或在银幕上扮演一些被砍杀或杀手的角色，在最底层尝尽了辛酸。直到最后，他的个人生活也难称得上美满。每当说起伴先生，在我记忆中浮现的犹是他在黑泽先生面前那副感慨万千的面容。

左卜全先生虽被称为喜剧演员，他的人生却充满着苦涩。他生于一八九四年。十岁时就当了学徒，后来靠着送报纸、送牛奶勤工俭学。

一九三五年，他用左卜全这个艺名在新宿红磨坊初次登台，那时起他就为脚部坏疽所烦扰，之后的人生里，他都在与剧痛作斗争。左先生的身影浮现在我脑海的时候，与他同为一体的，还有拐杖，以及不离左右的阿丝夫人的身影。

制片厂有人笑话左先生，说他拄拐杖是假装的，只要公交车一来，他就会扛起拐杖飞奔而去。大概因为左先生平时总爱嘻嘻哈哈，才会传出这样的说法。不过，据说坏疽的苦痛是难以言状的。

对左先生来说，没有比《七武士》更辛苦的工作了，但除了夫人之外，他从未向别人提及这件事。在电影里有个必须手持竹矛在雨里奔跑的交战场面，左先生脚上的血管阻塞，痛得他几乎当场倒地。他的夫人在回忆录中写道：

---

[1] "AJIAPA——"，来自伴淳三郎在1951年的电影《吃七捕物帖》中的一句台词。用于表示惊恐和困惑的语气。

每当回想起他在《七武士》中的那些镜头,我只觉得他的表情像在哭泣一般。当时还无人知道他正在为疾病所苦。(《怪人也不错——我的丈夫左卜全》,文化出版局)

然而左先生从不在人前抱怨,我们也没有觉察。说起左先生,大家都只记得他的倒八字眉以及嘴巴豁成葫芦形,哈哈大笑的容颜。

左先生于一九七一年去世,享年七十七岁。伴先生于一九八一年七十三岁时去世。

志村乔和三船敏郎

昭和十八年，在东宝制片厂的喷水池旁，志村乔与黑泽明初次见面。他们互致问候：

"我叫志村，请多多关照。"

"多关照。"

黑泽先生首次导演的作品《姿三四郎》里有个柔术教练村井半助的角色，志村乔是候补之一。黑泽先生曾在某电影杂志上提及当时的情形。志村先生读了这段记述并将之引用到自己的《我心自叙传》(《神户新闻》，一九七三年) 当中。

> 志村先生穿一身西服站在草坪那边。一开始有些尴尬，因为我没有立刻认出他来。他戴了一顶单薄、破旧且脏，但是很合适的上等帽子。

也许是因为那顶牛仔帽相当不错，志村先生被选中了。把志村先生推荐给黑泽导演的，是志村先生话剧团时期的老朋友森田信义，他是一位制作人。志村先生当时身在松竹的太秦制片厂，双方的合约还未到期。森田先生不惜为他奔走，帮他转到东宝。这为志村先生的演艺生涯带来巨大转机。不仅如此，在志村先生的人生中，森田先生还多次为他创造了改变命运的契机。

昭和九年，日本电影迎来有声电影时代。森田先生在新兴电影公司担任制片人。志村先生也追随他进入该公司。

当时恰逢新兴电影筹拍第一部，也是导演伊丹万作的第一部有声电影《忠次成名记》。志村先生通过了台词考试，得到了他的第一个像样的角色。这也为他出演伊丹先生昭和十一年的杰作《赤西蛎太》打下了基础。

这部电影中，志村先生扮演的角又在不知情的情况下给牢里的刺客送了毒点心。画面上并未出现刺客中毒身亡的情形，而是把镜头放在了目睹这个情形的角又的脸上。志村先生靠表情的变化完成了这段表演。他在前面提到的《我心自叙传》中写道：

> 我这才体会到电影这东西是多么有趣而深奥。所以，《赤西蛎太》对我来说可以说是一部让我真正"领悟电影"的作品，也是我最难忘的作品之一。

志村先生的代表作《生之欲》于昭和二十七年正月早早开始了筹备工作，他却在拍摄开始之前因为盲肠炎住了院。

手术后，到医院探望志村先生的黑泽导演竟然要求说，癌症患者就应该那么瘦,不要再胖起来才好。这导演也够可怕的。

志村先生终于出院,黑泽先生和摄影师中井朝一、录音师矢口文雄等人到位于成城的志村家探望。关于那次探访,黑泽先生的回忆实在有趣,我把它转述在这里。

> 说是探病,人家是刚出院的病人,我们却跑到病人床前喝酒,实在过分。其实一开始并没有酒,因为大叔(志村先生)大婶(志村夫人)都是不沾酒的。大婶给我们端来茶水和点心,却没有人碰。大婶看出其中的奥妙,这才拿出三得利的酒来招待我们。这下好了,大伙儿大白天的就开始像平常一样喝了起来。你知道中井那家伙一喝酒就爱较真儿,嚷着要跟人摔跤。于是大伙儿都跟他到院子里摔跤去了。连大叔都跑出来说,"也算我一个",简直乱了套。小松(矢野口先生)跟他扭在一起,志村家的狗就在旁边不停地吼,像是在为大叔加油。那狗还挺忠心的,看着主人快要输了,竟然跑过去朝着小松脚上咬了一口,把大伙都逗乐了。这时候刚好三船也来了,大家又是一番开怀畅饮。喝到这般田地就停不下来了。不知什么时候,三船忽然提着个包袱从正门进来。都以为是点心或什么吃食,却发现竟然是个小娃娃,大家都吓一跳。三船说孩子出生了,带来让大伙儿也看看。这下又免不了痛饮一场。

电影人谈笑风生的好时光仿佛就在眼前。我喜欢这段回忆。志村夫人曾说，因为害怕志村乔主演的电影不卖座，她担心得晚上睡不着觉。好在《生之欲》于这一年的十月九日首映后，好评如潮，并获得了众多奖项。那时的黑泽导演可谓势不可当，第二年五月，超大作《七武士》的拍摄开始了。

最后要谈谈三船先生的魅力。因为没有三船敏郎就不可能有黑泽电影。

为了写《七武士》的剧本，黑泽导演、小国英雄及桥本先生一同住在热海水口园的时候，三船先生经常露面。

最初的构想是武士六人，预定由三船先生扮演后来由宫口精二先生扮演的久藏的角色。

黑泽先生的意见是，其中要有一个与众不同的人物，这样故事才会有意思。于是，农民出身的假武士菊千代这个角色诞生了，并决定由三船先生来扮演。黑泽先生让他照自己的个性来随意发挥。三船先生不负导演期望，创造出一个活灵活现的菊千代。他还为角色设计提供了很多好主意，其中最有趣的要数那个捉鱼的场面。东宝发行LD[1]版《黑泽明导演作品》的时候，为撰写解说文，我曾采访三船先生。下面的记述就是那时他亲口告诉我的。

1　Laser Disc 的简称，又译激光视盘或激光影碟等。

把要捉的鱼藏在兜裆布里，这也是三船的主意

　　武士们在岩石上吃饭团。菊千代没有吃的，只好去捉鱼。从我走进河里捉鱼，全部动作必须在一个镜头里拍完，所以我得先拿着鱼下水。光着身子，要想把鱼藏住，只能把它藏在兜裆布里，然后再把鱼放到水中，装出刚刚捉到喜出望外的样子。道具师早就提醒过我，鱼抓在手上你越是用力，它越容易挣扎着逃脱，所以一定要轻轻地握着。一开始用的是鲫鱼，因为抓得不牢，一不小心就放跑了两条。重复几次之后，预备的鱼都被我用光了。这样一来，拍摄也无法继续了。那只好把逃走的鱼再钓回来。于是拿来鱼竿使尽浑身解数想把鱼钓起来。可一时半会儿，怎么钓得着

呢？这边手忙脚乱地折腾着，那边赶去沼津买鱼的道具师已经回来了。这回买的是鳟鱼，拍摄起来顺利了许多，于是捉到的鱼就变成了鳟鱼。你想，那鲫鱼怎么会愿意再被放到兜裆布里去，当然是不会再回来上钩了呀！哈哈哈！

我也记得大家当时一听到"OK"，都忍不住大笑起来。

三船先生已经为我们留下了这么多精彩的作品，如今只希望他能安度晚年。

他一度因为过度操劳住进医院，最近听说已经恢复了健康。我向黑泽先生说起三船先生的近况时，黑泽先生听了很高兴地说："那我就放心了。下次看见三船我一定要夸奖他：'三船，你实在很棒！'"

此时此刻黑泽先生记忆中闪现的，一定是三船先生往日在银幕上塑造的那些英伟形象。

往事如烟。

三船先生的羞愧

三船敏郎经历了长达六年的军旅生活之后，在熊本迎来战败。因为双亲已经去世，他只身前往东京，凭着军队的关系来到东宝。他原定用于应征摄影助手的履历书被人有意无意地转到招收新演员的部门，并通过了审考。这是一段有名的往事。

三船先生起初丝毫没有当演员的打算。谷口千吉导演向还在演员培训班受训的三船先生交涉出演事宜时，他说："我终归是要转到摄影部那边去的，我不想当演员。"还说："堂堂男子汉，怎么可以靠脸蛋吃饭？"

昭和二十一年，焦土之上到处插着"拿米来"的旗帜，正是罢工频发的时期。东宝也陷入劳资纠纷，十多位电影明星忍无可忍，发布脱离宣言退出东宝。留下来的导演们抱定"明星不顶用，要比就比实力"的宗旨，拍摄了《银岭之巅》。这部影片由黑泽明、谷口千吉编剧，也是谷口千吉首次执导的作品。演员从新面孔中挑选，并说服三船敏郎出演，同被起用的还有若山节子。新一代电影人的才华汇集于此，为战后日本电影推出了一部清新的佳作。

《银岭之巅》于昭和二十二年首映，讲述三个抢劫银行的强盗逃亡到日本阿尔卑斯山的故事。三船敏郎扮演的是三个强盗中最凶暴的那个青年。在这部出道之作中，他犀利的目光和桀骜不驯的个性给人们留下了深刻印象。

然而三船先生认为当演员只是一时之计，依然不改从事摄影工作的初衷。在白马山的栂池外景地，他总是一个人扛着摄影三脚架和电瓶等重达五十余公斤的器材走在摄影队前列，在雪地里一走就是十个小时。

男子汉怎么能当演员？这种羞愧之心似乎直到最后都困扰着三船先生。

翌年，黑泽先生拍摄《泥醉天使》，正式提拔三船先生担任主角。电影大获成功，三船敏郎一跃成为战后新电影明星的代表，地位无人能及。不论他如何羞于做一名演员，他都无法再回摄影部了。

我第一次见到三船先生本人是在大映的京都制片厂。他和志村乔伴着黑泽先生谈笑风生地走过。我在休息室里听到有人喊："快看！那就是三船呀！""导演个头真大！"隔着玻璃窗，我看到他们三个走起路来都是那么活力四射。

当时东宝正处于停业状态，黑泽先生受到其他公司的邀请，气势昂扬地来到大映京都制片厂。昭和二十五年，《罗生门》开始拍摄。我幸运地成为剧组的一员。

酷暑之中，我们在光明寺后面拍摄一个接吻的镜头。为了拍摄阳光透过树梢的背景，只好让三船敏郎和京町子登上六尺高的高架台，摄像机从下面仰摄。导演喊了声"Test!"。

三船先生突然两脚合拢做了一个军人立正的姿势，说道："那，我就失礼了!"然后面带笑容地对京小姐鞠了一躬。三船先生那腼腆纯真的笑容叫人难忘。

那时，三船先生还没有背负"世界的MIFUNE"的重压，他与同期进入东宝的新演员幸子小姐刚结婚不久，那也许是他一生中最幸福的时期。

即使是在当上大明星、成了"世界的MIFUNE"之后，他似乎仍然，甚至更加对演员这个身份感到羞愧。他没有贴身助理，不带剧本，却可以把台词说得完美无缺，而且时常为工作人员着想。我想，这些都出于三船先生的一种自戒之念吧。他一定觉得，自己愧为演员，就更不应该给周围的人带去困扰。

每次黑泽摄制组从筹备到摄影完毕，三船先生几乎从不离队。没有他的戏的时候，吃饭时间也总能看到他和导演在一起。即使是在开怀大笑的时候，他一定也在磨耗着绢丝般纤细的神经吧。

所以，到了夜深人静的时候，那"绢丝"偶尔会突然断裂。

那还是车子稀少的年代。喝得烂醉的三船先生有时会驾着他心爱的罗孚车去飙车，吓得大家不敢靠近。

这时只有黑泽先生能够阻止他，总有人去把已经就寝的导演叫来。黑泽先生这样描述当时的情景：

只见一个黄色的物体（罗孚车）从我眼前飞驰而过，定睛一看它已经狂飙到远处去了。过一会儿它又"嘭——"地折回来，朝相反的方向飞驰出去。

"三船！还不快睡觉！"黑泽先生走到路中间伸开手臂，就像要拦住狂奔的马那样。到了这地步，纵然是三船先生，见是导演驾到，也只好赶快停车，吓得酒也醒了大半。

黑泽先生苦笑着说："那可真是惊险得要命！我感觉自己就像个驯猛兽的似的。"

然而第二天早上，三船先生仍是最早出现在发型师面前，嘴里说："唔，昨晚好像喝多了点儿。"

志村乔的夫人政子女士被三船先生称为"阿姨"，自三船出道以来，她跟三船家一直是好朋友。三船先生去世的前两天，政子女士赶到医院探望。因为仅靠输液维持生命，三船先生已是瘦弱不堪。他用依然明亮的眼睛直直地望着"阿姨"。政子女士一时情难自禁，大喊道："三船！你一定要坚强呀！"说着，用手拍打三船先生的脸颊。

这时，一股泪水顺着三船先生的右眼角缓缓落了下来。

"阿姨"后来告诉我："交往了几十年，那是我第一次看到三船哭。"

三船先生当时一定有很多话想要说吧，一定有什么东西触动了他的悲伤。我忽然为三船先生感到难过，眼泪湿润了我的眼睛。

哀悼伊丹十三

我第一次见到伊丹十三的时候，他还是个名叫岳彦的十三岁的中学生。那时，他的个头比我还小，剃着一个和尚头。

伊丹万作先生去世后，我去他京都的家中拜访。带岳彦去买东西回来的路上，我们边走边聊。我说："明天，我就要回东京了。要不带你一起去吧！"

岳彦抬头看着我说："Nice！"说着，用右手打了一个响指。

翌年，伊丹先生的遗属搬回故乡松山，岳彦一个人留在了京都。为了照顾岳彦，我与他一起生活了约一年时间。不过，我为了留在京都而找到的一份大映的场记工作需要每天早出晚归，甚至经常熬通宵。加之我对工作还不熟悉，所以更加耗费时间精力，岳彦那边则近乎放养状态。

真不知当初把我称为"女无法松"，让我搬到京都是为了什么。我后来才想到，岳彦之所以坚决要留在京都，大概是因为喜欢上一位女同学的缘故。我与那个叫小A的女孩和她的母亲见过一面。那位母亲给我的印象很不错。我猜，岳彦的饮食生活大概多亏了小 A 家。

因为我们的生活太没有规律，房东要求我们搬走。于是我们搬到了帷子路口站前。

那房子由于电车的震动，像比萨斜塔一样倾斜着。我们租用的是二楼的八叠和六叠大的两间。房租是九百日元一个月，我的月工资大约四千日元。没多久，我们就成了附近当铺的常客。住在楼下的房东是一位五十来岁的寡妇，有个貌似电器商的大叔常常来访，直到深夜还能听到他们的笑声。

岳彦每天上学，我则步行到制片厂上班。搬过来后我们也很少一同吃饭。两个人在家时，我们常常一起听唱片，或是模仿小餐馆在纸隔扇上画些壁画什么的。

一天，正在听收音机的岳彦对我说："哎，说是服部时钟为您报告十点整呢。"那天刚好是私营广播开始的日子。

岳彦告诉我，当时流行的《脂粉双枪侠》[1]的主题歌"其实不是'Battennbo'而是'Buttons And Bows'"，他很得意地哼唱着。

后来，岳彦回了老家，转学到松山东高中，我回东京进入东宝工作。不久，岳彦高中毕业，来东京投奔制片人荣田清一郎。

热心肠的荣田先生让岳彦暂时在新东宝剪辑部安身。想必在剪辑部剪贴胶片的经验对岳彦后来的导演工作也大有裨益。

虽说我这个"做饭的"完全失职，但后来我偶然地当上了

---

[1] 原片名 *The Paleface*（1948 年，美国）。

岳彦的"丘比特",真的是很奇妙。

一九五九年,黑泽制片公司正式成立。这事始于东宝方面的提议。他们大概是想,如果让黑泽明也承担一部分制作费的话,多少可以起到抑制作用。自那以后,拍片无论损益都由东宝和黑泽制片公司平摊。

黑泽制片公司的第一部作品是《恶汉甜梦》。

这时恰逢东和商事社长的独生女川喜多和子从伦敦学成归来,她立志要当一名导演,于是经人介绍,来到黑泽摄制组的拍摄现场学习。

川喜多可诗子夫人曾陪伴和子来制片厂拜会黑泽先生。

黑泽先生说:"这事就交给阿侬吧。"就这样,照顾和子的任务落到了我肩上。自那以后,直到她猝然离世为止的这三十三年时间里,我们一直是最亲密的好友。

那年川喜多和子刚满二十岁,她说眼前最大的目标是考驾驶执照。不久,她就拿到驾照,开一辆希尔曼从麹町到世田谷的东宝来上班。

那时因为私车不多,道路还很通畅。下班回家时,我也常常搭和子的车一同去涩谷,到麒麟啤酒餐厅喝酒。车子就停在正门前,现在说起来大概没人相信。

我们常常一边喝啤酒,一边谈论电影的话题。

《新土》[1]这部电影是川喜多长政[2]于一九三七年邀请德国的阿诺德·范克导演和日本的伊丹万作拍摄的首部合拍影片。这部电影分为德国版和日本版两种版本，拍摄条件非常艰苦。作品内容也倾向于牵强宣扬国策的影片，但票房大获成功。关于此事，伊丹万作不曾有过一句辩解，他的态度非常值得尊敬：

> 《新土》只不过让我认识了自己的愚蠢，此外别无建树。（《伊丹万作全集2》——"读'伊丹万作放谈'"）

我与和子谈起这件事，自然而然地向她介绍了岳彦。起初是三个人一同去喝酒，没多久我显然成了多余的人。常常是岳彦打电话到制片厂给我，询问今天几时下班，或让我转告和子约会的时间地点，我就这样做了他们的中介人。

《恶汉甜梦》于同年八月完成，九月四日公映。

岳彦即池内义弘和川喜多和子也有情人终成眷属。

结婚典礼时，伊丹的夫人阿君来到东京，初次见到了可诗子夫人。记得身着上等和服的两位女士相视而笑，一同感叹："这么多年了，真有缘分啊！"

和子曾一心想当导演，但看了黑泽导演的工作后，觉得这

---

[1] 原片名《新しき土》，1937年，日德合拍。
[2] 川喜多长政（1903—1981），电影实业家、制片人。与夫人川喜多可诗子一起，对日本电影的国际交流事业做出过巨大贡献。川喜多和子之父。

份工作并不适合自己，于是放弃了这个打算。她是个干脆利落的人。

新居安在麹町东和公司的员工住宅。一楼是车库，二楼是卧室和宽敞的西式客厅。川喜多家的大宅在镰仓，为了工作方便，可诗子夫人也经常住在麹町的别墅。

他家客厅的窗户是宽大的玻璃落地窗，窗外是高大茂密的法国梧桐树，风吹过时能听到树叶敲打玻璃窗的声音。

也许是为了让岳彦能跟和子更加般配，制片人荣田先生把他介绍到大映当演员，硬是让他主演了枝川弘导演的《讨厌，讨厌，讨厌》（一九六〇）。那时他的艺名为伊丹一三。

之所以把名字从一三改为十三，我想是因为一九六九年，岳彦和宫本信子再婚的缘故。用本人的话来说，就是"没什么，不过是把负号改成正号而已"。

而我们仍是一如既往地叫他"小岳"或"岳儿"。

住在麹町的那段日子也是他的演员时代，家里就像一个宾客不绝的沙龙。记者、演员、作家、演奏家及导演们喝着酒，热烈地谈论着戈达尔的《筋疲力尽》[1]，或是躺下来反反复复地听 MJQ[2] 的唱片。

岳彦和这些朋友一道，制作了一部十六毫米短片《橡皮枪》，内容是关于日常生活的素描，完成后作为 ATG（日本艺术剧院协会）的附加影片上映。这大概也得力于可诗子夫人的

---

1 原片名 *À bout de souffle*（1960 年，法国），让-吕克·戈达尔导演。
2 Modern Jazz Quartet，现代爵士四重奏。

人情吧。

和子擅长烹饪,是一位非常贤惠的太太。然而岳彦似乎和世间的大多数男人一样,并不甘心被妻子束缚。

结果是由此诞生了优秀的导演伊丹十三,而和子则创办了法兰西电影公司。与往日的东和商事一样,这是一家公正的电影进出口公司。两人也算各得其所。

一九九三年六月七日,和子因为脑出血突然离世,年仅五十三岁。她发病那天上午,我们还通过电话。

和子去世三周年的忌日那天,我和伊丹十三及制片人玉置泰在帝国酒店的酒吧见面。我们在一起商量在松山建立伊丹万作纪念馆的事。闲谈中,我说起今天是和子的忌日。岳彦感慨地对我说:"说起来我最后一次见到她是在威尼斯。我乘坐贡多拉穿过运河的时候,看到她站在一艘与我们擦身而过的贡多拉船头。可是她没有注意到我。那竟成了最后一面。"

而和子大概也想象不到在她去世四年后,岳彦竟以那样的方式结束自己的生命。死神潜伏在何处,没有人能知道。

一九九五年九月,伊丹十三导演完成《安静的生活》之后,为举行父亲伊丹万作去世五十周年的法事,带领家人回到松山。除了伊丹家的成员以外,还有大江健三郎及其家人、吉他演奏家庄村清志和他的母亲。庄村的母亲是伊丹万作的胞妹。另外,还有长年担任伊丹万作的第一副导演的佐伯清导演、制片人玉置泰及其家属,再加上我,总共近二十人参加。我们乘坐中巴前往墓地所在的理正院。

法事开始之前，岳彦在聚居一堂的亲友面前，把一块事先准备好的匾额挂在会场的柱子上，并对我们讲解了匾额的含义。那是他在前一天夜里从父亲的作品中挑选出来，抄写在纸笺上的一段话：

> 予人慰藉，这才是电影所能够完成的最光荣的任务。伊丹万作三十岁记。十三书。

这段话来自伊丹万作创作电影《春风的那一方》时留下的手稿。

岳彦说："这是父亲三十岁时写下的一段话。予人慰藉，这是我们在有生之年能够通过工作所实现的最大的价值。我对此感慨万千。"

岳彦像父亲那样成为一名导演是在五十一岁那年，而伊丹万作去世时年仅四十六岁。岳彦一定非常渴望能与父亲交流关于电影、关于导演的一切吧。我能理解投身于电影行业的伊丹十三导演对这段话的无限感慨。多么希望父子俩能够面对面地共同分享这些感受。

父亲去世那年岳彦才十三岁，自那以后他的家人全是女性，因此我感觉他总是在长辈和文化人中寻找着敬慕的对象。或许这是对父亲的仰慕之情的一种变形。

那天晚上我们在餐馆的包间里聚会，宴会开始前岳彦特地把孩子们叫到跟前，对他们讲述了伊丹万作的往事。出席宴席的都是亲近的家人，所以岳彦对孩子们说的这些话应该是他最真切的肺腑之言。

> 按照通常的说法，父子关系好像总是父亲、儿子，父亲、儿子的两两对应。但是有个叫拉康的法国人说，父子关系应该是父亲，再加上他的父亲，以及他的孩子，是这三者关系的延续。父亲的职责是作为一个中介的存在，来向孩子转达自己父亲的教导。
>
> 今天是你们父亲的父亲的去世五十周年纪念日。所以，我有责任把他的教导传达给你们。
>
> 你们的爷爷伊丹万作，在战争结束后的第二年离开了人世。那年我十三岁。父亲是个诚实的人，待人非常严厉，决不撒谎。但是在战争年代要想活得忠于自己的良心是很困难的一件事。
>
> 在那个讲求集体主义，压抑人的自由与个性的时代里，探寻一个人怎样才能诚实地生活，这个主题始终贯穿在他的作品里。

说完这些，岳彦又把伊丹万作的作品从最初的《复仇轮回》开始，一部部地讲解给孩子们听。

岳彦对父亲的思慕之情深深打动了我的心。

一九九七年十二月二十一日上午七时左右,我被电话铃声惊醒。估计是国外的朋友打来电话,我拿起听筒时,电话却断了。醒都醒了,我想看看新闻,就随手打开电视,那一瞬间我惊呆了。

屏幕的右下角是伊丹十三头像的静止画面,女播音员无动于衷地念着他的简历,最后说道:"伊丹先生六十四岁。"她用的是过去式,我顿时觉得天旋地转,浑身发冷,仿佛掉进了绝望的深渊。

岳彦要是能够再多活几年的话,回想当初一定会嘲笑自己竟然拘泥于那些无聊的小事吧。

要是再多活几年的话,一定会创作出不一样的好作品吧。

你在从空中跳下到落在地上的那两三秒之间,有没有感到后悔呢?岳彦。

荧光屏上,正拍摄电影的伊丹十三面带笑容,不停地说着什么。

(二〇〇〇年七月九日)

第九章
黑泽组事件簿

导演・三船敏郎

三船敏郎于一九六二年设立了三船制片公司。最初的理由我不清楚，但那个时期的三船先生浑身充满着活力。在制片厂见到他时，总听见他干劲十足地说："只要拍出好片子，就不愁没有观众。"

翌年，三船制片公司拍摄了具有纪念意义的第一部作品，是采用菊岛隆三原创的剧本拍摄的《五十万人的遗产》。这也是三船敏郎亲自导演的震惊世人的第一部作品。

三船先生被称作"导演"，这部作品第一次也是最后一次。我不认为当导演是那位为人腼腆的三船先生自己要求的。一定是在制片人藤本真澄及东宝的百般怂恿之下，他才无可奈何地接受了这个任务。

《五十万人的遗产》讲述的是发生在菲律宾的一段故事。传说在日据时代，从日本本土运来相当于七亿日元的金币，这些金币在日本战败时被山下兵团埋在了吕宋岛的深山里。故事围绕这些特制的金币，用惊险和悬疑的手法展现人们的私欲。

宣传文字中有这样的句子："格调高雅的动作剧情片"。剧组成员由摄影斋藤孝雄、美术村木与四郎、录音矢野口文雄组成，其实就是黑泽摄制组的原班人马。包括我，也作为场记加入其中。只有导演助理小松干雄是稻垣摄制组的成员。

当时三船制片公司还没有摄影棚，于是就以东宝属下的宝塚映画为据点进行拍摄。

三船先生每当听到剧组成员称他为"导演"，似乎觉得很难为情，他腼腆地说："别，别，叫我的名字就好。我不过是三船制片公司的老板兼伙计而已。"

事实上，我也觉得三船先生不适合做导演，而且这次是导演、主演、制作公司老板三任集于一身。可想而知，三船先生耗费了多少心血才完成了这部电影。

原本说来，以三船先生这般待人体贴周到的性格是做不了导演的。这么说也许会得罪人，但凡优秀的导演大多不介意别人说什么，只要是为了完成自己的作品，不惜烦扰别人。然而这一切三船先生都不具备。决定一个场面如何拍摄，如何分割镜头，这都是导演的重要工作。可是三船先生担心镜头数太多工作人员会嫌麻烦，总是说："一个镜头一直拍到完怎么样？"叫人拍自己的特写镜头那就更说不出口了。他就是这样的导演。

在菲律宾拍摄外景的时候，刚抵达马尼拉不久，就来了一个当地的裁缝师傅，挨个造访剧组成员的客房。一问怎么回事，才知是三船先生想给全体人员定做菲律宾礼服，所以特地叫人来给大家量尺寸。三船先生大概觉得身穿菲律宾礼服出席当地的宴会会显得更加友善。那是用透明的香蕉纤维布缝制的塔加拉族的上等礼服。我记得曾有一次，剧组全体穿上那身礼服出席过一场宴会。一群跟礼服不相称的人，大家你看我我看你，都觉得尴尬不已。

还不只这些。拍摄即将完成的时候，三船先生又招待剧组成员的家属到宝塚，亲自掏腰包请大家看歌剧，还带着大家去有马温泉游玩。这叫家属们怎能不感激他。直到现在，大家还说起这些事。三船先生绝不是那种只自己带家属的人。

还有一桩 ALINAMIN[1] 广告事件。

就是三船先生出演的那个风靡一时的"你喝了吗"的广告。碍于赞助商武田制药的情面，三船先生说要在电影里加入广告。也就是说，要在剧情中安排 ALINAMIN 的镜头。去探寻"山下将军的秘宝"的日本老兵居然带着 ALINAMIN，我觉得很可笑。顾及三船先生的立场，最后还是拍了。三船先生扮演的日本老兵坐在吉普车上，突然从口袋里掏出了一瓶 ALINAMIN，这真是很奇怪的一个镜头。

后来，三船先生还是因此陷入了窘境。

从一开始就说好请恩师黑泽明导演来协助影片的后期制作。为了影片的剪辑，三船先生从东京请来了黑泽先生及其家属。

剪辑过程中，三船先生可真是操碎了心。他坐立不安地守

---

1 ALINAMIN，武田制药公司生产的保健饮料的品牌。早期电视广告由三船敏郎出演。

候在剪辑室一角，注视着黑泽先生的一举一动，甚至亲自给他倒咖啡。那个ALINAMIN的镜头让黑泽先生也吃了一惊。"这个要不得。"一句话就把镜头剪掉了。"不，这个……"三船先生还想解释。"明摆着不自然嘛！""但是，那个……"三船先生虽试图稍做抵抗，但对手实在太强。几天后，只好在东京重新拍摄ALINAMIN的广告。

黑泽先生还指出，三船先生的特写镜头太少，必须增加，于是又在附近的树林中进行了补拍。

三船先生实在不适合做导演。

《五十万人的遗产》在票房上大获成功。三船先生立刻仿照电影里的金币制作了"丸福金币"分发给全体剧组成员。那金币显然价格不菲，我至今仍保留着。

联名信

电影导演这个职业远远不像看上去那么轻松。以长年置身于拍摄现场的经验，我深知这一点。当导演就好像冒死走在悬崖边上一样。与之相比，我们这些工作人员只需全力死守自己的岗位，倒还不需要在悬崖边行走。

一旦电影有幸得奖，将荣誉集于一身的，理所当然是导演。正所谓一将功成万骨枯。反之，若是一不小心票房失守的话，导演就得独自承受来自四面八方的攻击，"万骨"则平安无事。

《影子武士》是黑泽导演继《电车狂》以来，时隔十年与东宝联袂的作品。东宝把制作费限定在十亿日元，东宝与黑泽先生围绕这个限额的攻防战因此展开。现在看来，那样规模巨大的作品只花费十亿日元，简直便宜到难以置信的地步。最后，制作费敲定在十一亿日元。《影子武士》于一九七九年六月二十七日在姬路开始了外景拍摄。当初东宝大概是想赶在年内拍完，以便作为贺岁影片上映。

但是，各种事件接连不断地袭来，阻挡在我们面前。首先是胜新太郎的换角事件。请来仲代达矢再度开拍时，已是七月底。然后是荻原健一突然病倒。在北海道拍外景时又遇到突如其来的大雪，我们像败给了严冬的德军一样撤回东京。其后，又转往熊本城、伊贺上野，然后再移师京都。我们在御殿场迎来新年。

新年刚过，御殿场就遇上了恶劣天气，我们忙着用外景布景拍摄影子武士泄露真实身份的那场戏。这时二月已接近尾声。想到剩下的部分，不光是导演，连我们也开始担忧起来。那一年是闰年，大家都为多了一天时间感到庆幸。

二月二十六日。为了期待着影片上映的观众们，摄制组在制片厂召开记者会说明计划延迟的原因。记者们蜂拥而至。

第二天，黑泽导演、本多猪四郎导演助理等八位成员组成的外景队乘坐新干线奔赴名古屋。此行的目的地是到终场镜头的候选地熊野川选外景。

在车上，事件再次袭来。黑泽先生打开晚报，只见昨天的记者招待会被写成一篇嘲讽式的报道，说什么"《影子武士》资金无影"，还附带一幅题为"延长、延长"的漫画，画里导演正吃着长长的荞麦面。

导演当然是勃然大怒。这些家伙，不了解情况却瞎说乱讲。我们每天没日没夜地拍摄，你们知道吗？导演可是比谁都想早点拍完。太不像话！导演的心境可想而知。昨天记者会上解释了那么多，想想怎能不生气呢？

我们前往名古屋车站前的格兰德酒店时，高个子的黑泽先生一身牛仔裤加运动鞋的打扮，横穿马路时，他骂道："无聊透顶！"一脚把石块踢得老远。我至今仍记得他的那个背影。

当天夜里，我们忙到很晚。担任制作的桥本利明大概是想用饭局消解一下导演的怒气，特意安排大家去吃黑泽先生最喜欢的牛排。日式装修的餐馆里灯光昏暗，叫人情绪越发低落。大家围坐在矮桌前，却没有人开口说话。空气里弥漫着沉重的气氛，我们都知道导演心中的怒火正越烧越旺。

导演先开了口，从他的声音里听得出他正努力克制自己。导演的意思是，首先要求报社刊登道歉信，而且必须登在显眼位置。原本也是东宝不对，才会让报纸登出这种诬蔑人的报道来。他们不正式道歉的话，我们就按兵不动，明天的外景拍摄取消。

"大家都同意吧？"黑泽先生环视大家的表情，又一一向几个重臣征求意见，"怎么样？本木、小孝？"最后还要求在座的各位同人联名上书东宝表示抗议。

事已至此，凭着战后多次经历劳资纷争的经验，黑泽先生抱定了强硬的态度。我觉得似乎不必如此激动，但身为下级的我也只能赞同。据说黑泽明先生考虑到桥本身为制作方，不便署名，于是没有要求他。大概是出于一种武士的情义吧。但这件事我早已没有印象了。

我们是否当场写下那关键的联名信，我已经记不清了。我甚至连那天是否吃了牛排都不记得了。摄影师上田说："那种气氛怎么吃得下？我啥都没吃。"桥本却说大家都吃了很多。

看来人的记忆是靠不住的。

桥本立刻通知东宝情况发生突变。当晚,本应出发前往外景地的日程也中止了。

第二天早晨,我们正在饭店的餐厅里谈论接下来长滨的外景怎么办才好,黑泽先生突然背着挎包出现了。"要出发?!"我们都震惊地跳了起来。

"那么生气好像太幼稚了。"黑泽先生说着,在上田摄影师旁边的座位上坐下来。其实,导演才是最为这件事忧心的人。

《影子武士》于一九八〇年四月二十六日正式公映,票房收入二十六亿日元。

胜新太郎《影子武士》换角真相

我到现在还清楚地记得，那是在与黑泽先生搭乘他的奔驰前往东宝总部的时候。

汽车开上用贺收费站的坡道即将进入三号线的时候，黑泽先生突然兴致勃勃地对我说："胜新太郎和若山富三郎不是两兄弟吗？两个人长得多像！让哥哥演信玄，让胜演影子武士会不会很有趣？"

说实话，两位的电影我几乎没看过，只好说："演员的形象好像挺有趣的。"我想，黑泽先生应该也没怎么看过胜新太郎演的电影，他的选择大概是一种直觉吧。

然而东宝似乎非常赞同这个提议，之前一直争论不休的十亿日元的预算限额终于谈定为十一亿。《影子武士》开拍了。

后来若山先生因为健康原因辞退了角色，只好由胜新太郎一人分饰两角，扮演武田信玄和他的影子武士。信玄的弟弟信廉由山崎努扮演。

剧本里的第一个镜头的开篇写着："长相相近的三个人。"

也就是说，山崎努也必须像胜新太郎。黑泽先生为了构思角色的装扮，画了一张又一张肖像画。由于需要胜先生的照片做参考，我找到胜先生的经纪人真田正典，请他把胜先生的近照寄来。

真田先生被我们戏称为"啊！忠臣"，有着忠贞不贰的性格，特别是对胜先生的献身精神简直到了催人泪下的程度。

不久，从正在京都拍片的胜先生那里寄来一包沉甸甸的照片，还附有胜先生的留言，说是"请使用背后画了圆圈的照片"。黑泽先生拿着副导演递过来的画了圈的照片，兴味索然地说："这叫什么话？用哪张不是该我们说了算吗？"

回想起来，那时就已经显示出不祥的预兆了。如果是演歌舞伎的话，这时应该配上阴森的鼓点。

在京都拍外景的时候，胜先生说要请黑泽先生去吃黑泽先生喜欢的牛排，特地邀请黑泽先生、摄影宫川一夫和我一道吃晚餐。

店名已经忘记了，不过胜先生请客当然是在位于烟花巷的高级店。推门进去，就听到老板娘沙哑的招呼声："哎呀，先生大驾光临。"说着，深深地行礼，排场十足。胜先生叫我们无须拘谨，他自己更是随便得像在自己家一样。胜先生显得兴致勃勃，他说："我真是开心得不得了。"然后开始谈论他的艺术心得，不时地开怀大笑。

谈笑间听得一声"晚上好！"，只见两个舞伎提着裙裾姗姗走进来，脸上的白粉厚得看不出原本的模样。她们露出黄牙笑问黑泽先生"来一杯吧!",说着就要凑上前去斟酒。黑泽先生吓得往后缩的样子,把我们都逗乐了。

在回去的车上,黑泽先生说:"我可不喜欢那样的。看着多怕人哪,连脖子都抹得煞白。阿胜到底是怎么想的?他家不是说还背着债吗?你看那老板娘一脸的不耐烦。这我一看就明白,做导演的嘛。"

难得人家一番好意,却落得个不欢而散。

总之两人完全格格不入,就像清水次郎长[1]和二宫金次郎[2]凑不到一起那样。

一九七九年六月二十七日,影片正式开拍。外景拍摄从没有胜先生出场的姬路城的场面开始。

七月十七日,在东宝搭建的武田宅邸的特大布景下,胜新太郎的影子武士即将登场排演。预定拍摄的场面是这样的:山崎努扮演的信廉给匆忙装扮起来的信玄的影子武士介绍宅邸的内部构造。

胜先生的台词不多,信廉说:"干得漂亮。"他只需答:"干得漂亮也好,不漂亮也好,也没有其他选择。"胜先生不可能记不住这么点儿台词,但他每次的说法都不一样。他大概是想,我可不是导演的傀儡,自由自在地演戏才是我的特色。

黑泽先生起初还笑着订正说:"胜君,不对。"渐渐地怒气

---

[1] 清水次郎长(1820—1893),明治时代的侠客。
[2] 二宫金次郎,即二宫尊德(1787—1856),江户时代末期的农政学家和思想家。

就上来了："胜君，不是跟你说不对吗？"我仿佛听到那阴森的鼓点又敲响了。

就这样，迎来了命中注定的告别。

排演的第二天，从早上就开始下雨。

听说胜先生提早一个小时到了，我伞都没拿，沿着屋檐跑到化装室。还在走廊上，远远地就听到山田假发店的老板——通称"山田大叔"的尖厉的说话声，但是听不出他在说什么。山田大叔身材不足五尺，却是个有名的大嗓门。

化装室里除了胜先生之外其他人还没来。胜先生身穿戏服坐在镜子前，山田大叔正在为他戴假发。山田大叔在镜子里看到我立刻大声说道："你来评评理，胜先生说想在拍摄现场录像，我正劝他还是不录为好。导演肯定不会同意的。你帮忙去问问导演吧。看看我说的对不对，导演肯定说不。"

"我向来都录的。我又看不着你们拍的片子。我录像是为了研究演技啊。"胜先生对着镜子里的我说。

山田大叔不断地催我去征求导演的意见。

"算了吧，我自己去问。导演已经进棚了吗？"胜先生问我。

我说要先到摄影棚里去确认一下才知道。

出了化装室，我顺便到服装室看了看。根津甚八已经在那里，说是刚才去过化装室，因为胜先生已经坐在那里，就先到服装这边来了。甚八还感慨地说，平时都是自己最早来，今天却让胜先生抢了先，看来干劲不小啊。日后我特地为这天发生的事采访过甚八。据他回忆，那天胜先生对他说："喂，根津，我今天可是要录像的。"

我来到摄影棚，胜先生已经在跟导演交谈。照明人员大声招呼着在做准备。棚里依然光线昏暗，胜先生的背影只能辨认出大概的轮廓，看手势就知道他们在谈论录像的事。导演斜着身子坐在椅子上，一边抽烟一边看着胜先生的脸。

黑泽先生日后这样说起当时的情形："一开始我完全听不懂阿胜在说什么。他的妆太浓，所以我光顾盯着他的脸了。"

终于弄清胜先生的意图之后，黑泽先生的脸色立刻变了。

"不行！这玩意儿只会分散大家的注意力。你只管集中精力演戏就够了，干吗多此一举？"

黑泽先生这几句重话在我们这些工作人员看来，不过是小菜一碟，程度中偏下，震级二左右而已，但这足以把还不了解他的演员气得晕头转向。胜先生一时愣在那里。导演说："还不快去好好准备了再来。"他这才回过神来，愤然一转身，大步走出了摄影棚。

"这家伙，到底是怎么想的？"黑泽先生好像也生气了，"快去看看怎么回事儿。"导演对我扬了扬下巴。

摄影棚外面下着雨，道路和房屋沉浸在一片灰暗之中。远远地可以看到胜先生黄色的短褂左右摇晃着，在雨里非常醒目。胜先生大步流星地走着，他的背影渗透着愤怒的情绪。突然，只见他突然把手里的油纸伞往路边狠狠地摔了出去。这之后的事都是从前文提到的根津甚八那里得知的。

突然,胜先生噔噔地走进服装间。他满脸的怒气,一言不发地就开始把衣服一件件地往下脱。我还想,他大概是要去小便。

接着,只见他猛地把假发套也拽了下来,往衣服堆里一扔,就气冲冲走了出去。要是去洗手间也不至于要摘假发套,我估计恐怕是录像的事情出了什么问题。(一九九三年七月二十六日谈话)

胜先生生气离开的消息传来,制作组一片哗然。"到底出了什么事?""说是导演正大发雷霆呢!""不对不对,是胜先生生气走了。"有的人忙着去打电话,有的人四处奔走。我向大门口门卫询问,得知胜先生的车子还没出来。那时,我仍然抱着挽留的期待。

就在这时,一直随同摄制组采访的 NHK 的车子准时开进了制片厂,制作人渡部清朝我悠然地道了一声"早上好!",并微笑着点了点头。

我连忙对他说:"今天出了点儿事,不方便摄影。"渡部很机灵,没等我把话说完就说:"明白。那我就撤了。"说完立刻倒车走了。后来他还为此向我抱怨过,说我害得他没有拍摄到历史的瞬间。

我看见胜先生的车开了过来,原以为车子会立刻开出去,但那辆面包车在办公楼前的喷水池旁停了下来。一个演员科的工作人员跑过去敲着车门大声喊着,车门却没有开。演员科的人只好放弃，冒着雨往办公楼那边跑去。这时听到消息的制作人田中友幸开车赶来了。

我为田中撑着伞，一同往面包车那边走。我乘机把事情的大概告诉了他。

车里负责开关门的是司机，胜先生一个人坐在后头。他一定是在等待"忠臣"真田。后来"忠臣"为了这天不在场后悔不已。但是我想，就算"忠臣"在这里，事情也很难挽回了。因为早已有了前兆。就算这天能够勉强讲和，命中注定的对立也是迟早的事。

我回到摄影棚，大家正若无其事地做拍摄准备。副导演在替演员走位，摄影师正练习使用移动车。黑泽先生表情平静地指挥着大家，但显然他很关心胜先生的动向，我刚走近他就回过头来。我告诉黑泽先生，胜先生似乎去意已决，田中友幸正试图说服他。

黑泽先生站起来说："好，我这就去。"然后又对着摄影师那边说："你们接着做准备！"走出摄影棚，我正要为他撑伞，却被他一摆手回绝了。他沉思着快步走向那辆面包车。我小跑着跟了上去。

此时黑泽先生内心里也许在想，做决断的时刻到了，时机正好，是对方先翻的脸。这样的想法一定占据着他的脑海。

黑泽先生走近面包车，车门立刻开了，高个子的他弓着腰上了车。我跟在黑泽先生后面往车里看，正面对面交谈的胜先生和田中一起转过脸来看着黑泽先生。田中小心翼翼地笑着说：

"我正在求胜先生消消气,给个面子跟我回摄影棚呢。"

即使黑泽先生出面,胜先生似乎还是一时难以采取软化态度。他抱怨道:"我就是这样的演员,这样的心情没法演戏。"

瞬间的沉默之后,黑泽先生用异常冷静的声音说:"既然这样,那就只好请胜君辞演了。"

说完一转身下了车。他从我身边经过的时候,胜先生猛地站起来,目眦欲裂地要扑上来打黑泽先生。

"胜先生!胜先生!使不得啊!"田中比胜先生个子小,这时涨红着脸紧紧抱住胜先生,被他拖出几步,但总算拉住了。简直就像松之廊下[1]的争斗一样。

也不知黑泽导演是否知道,车里正上演着"松之廊下"

---

[1] 松之廊下,指江户城内的一条绘有青松图的走廊。1701年,赤穗藩主浅野长矩在这里砍伤了幕臣吉良义央,从而引发了惨烈的赤穗事件。日本家喻户晓的侠义故事《忠臣藏》讲述的即这段历史。

黑泽先生听见了身后的骚动，却头也不回地大步走回摄影棚去了。看着他的背影，我仿佛听得见他在心里说："这下咱们两清了。这样的事可别再让我撞上了！"

我回到摄影棚一看，剧组成员围着黑泽先生，正听他训话呢。黑泽先生让大家在危机之中不要慌乱，一定要坚守自己的岗位做好准备工作。

那是七月十八日。

当时媒体的过热报道虽不及今日，但这件事还是很快被媒体察觉了，一时间舆论大哗。我们必须先下手为强。胜新太郎那边也打算抢先发布消息。

七月二十日下午六点，我们在东宝制片厂新楼二层的会议室举行了"关于胜新太郎换角事件"的记者招待会。

当天一大早，因为需要做摄影、摄像的准备，记者们争先恐后地拥进会议室。

记得胜先生也是在当天中午举行了记者招待会。

我们始终保持着冷静的态度，摄影棚那边也在继续进行照明的准备工作。

黑泽先生在记者招待会开始之前，把我叫到身旁低声说："仲代现在，日程有空吗？"

"你找个机会把这件事告诉他，问问他的意思。只是临时顶替的角色对不住他了。"

要在如此紧急情况下进行如此重大的交涉，我感到紧张极了。

招待会的会场里挤满了记者,挤不进来的只好站在走廊上。还有的人站在脚架上往里张望。我走进走廊对面的小房间,把门打开一道缝,在看得见会场的位置上坐下来准备打电话。

从会场里断断续续地传来宣传部的人介绍事情经过的声音,然后是记者们连珠炮一般的提问声。他们说了些什么却听不清楚。

我望着吵闹的会场,拨通了仲代达矢家的电话。

那边,会场传来黑泽先生充满自信的声音。

"这对于胜君来说应该是个损失吧。是他自己请辞的嘛。"

这时仲代先生接起了电话。我对他说:

"您大概已经知道了,关于这件事现在正开记者会呢。"我用手捂着话筒,跟他谈了顶替角色的事。

会场传来阵阵笑声。我用手指塞住一边耳朵,把听筒紧贴在耳朵上才听得见仲代先生低沉的声音:"好啊。请告诉黑泽先生,只要有用得着我的地方,我愿意接受。"

我把记录着电话内容的纸条握在手里走出房间,只盼着记者会一结束就把这个消息告诉黑泽先生。

《巨人的足音》

东宝最近发行了一部把黑泽电影的预告片汇集在一起的录像带,名为《巨人的足音》。我有幸看到了这部录像带。

我是其中收录的十一部电影的剧组工作人员之一。无论哪一部作品都令我怀念不已。更让我感慨的是,这些预告片都非常有吸引力,让我忍不住立刻想去看这些影片。

这些预告片有吸引力是理所当然的,因为全部都是黑泽导演亲自制作的。虽然没有在片中标记,其实从剪辑到画外音的文稿,从音乐到宣传文字无一不经导演之手(制作预告片通常是第一副导演的工作)。换言之,这部《巨人的足音》就像是黑泽导演的短篇集。

《用心棒》预告片的末尾,三十郎与卯之助就像西部片里那样,步步逼近对方。卯之助叫道:"你小子有胆再走近一步?"三十郎笑而不答,扭了扭肩膀。紧随"乓!"的一声枪响,银幕上闪现出"超弩级大作"[1]几个大字,手法极为巧妙。

看到这个画面,我不禁想起摄影师木村大作说过的一句玩笑话。

当时,大作(请允许我略去敬称)是有名的"对焦员",即第二摄影助手。

在黑泽电影中,每逢类似这部预告片末尾的回切镜头,原则上两组镜头中的人物必须是同样大小。拍摄这组镜头时,黑泽先生问大作:"三船距离(摄影机)是多远?"在当时,对焦靠的是摄影师的目测功夫,问他具体有多远,却答不上来。大作说"不知道"。导演又问:"仲代那边距离是多少?"还是"不、不知道"。导演一听火了,吼道:"距离都搞不清楚怎么拍回切镜头?"面对大作含糊其词的作答,导演不耐烦地说:"算了,我来量。拿卷尺来!"本应立刻拉着尺子一端去量距离的助手大作,这时却吓糊涂了。他抱着卷尺呆呆地站在摄影机旁,让导演拉着尺子头一直跑到三十郎面前。

如今已是名摄影师的木村大作仍在吹嘘说:"天下之大,能让黑泽明打下手的大概就我一人吧!"

《生之欲》的预告片开头,昏暗的公园,只有两架秋千隐隐浮现,缓缓地交错起伏。一个沉痛的画外音:"一个人如果接到死亡的预告,他应该以何种方式度过剩余的时间呢?"声音的切入点恰到好处。

---

1 原为描述超强军舰的军事用语。此处意在强调黑泽明作品规模极其宏大。

《蜘蛛巢城》的预告片则采用一个象征性的场面：一口棺材上放着一副头盔。同时传来画外音："权力的交椅及权力交椅的争夺者。"话音刚落，武时和身着铠甲的武将同时出现，暗示围绕棺材即将展开一场激烈的争斗。

这些镜头并不是特地为预告片拍摄的。大多是在准备期间的试拍镜头，或是在拍摄宣传用的剧照时在摄影棚里顺便拍摄的。

大多数导演认为宣传影片并非自己的工作，大都把这个工作交给别人去做。而黑泽导演连宣传工作的细节都非常热心。原因之一，大概是因为他期待着在做这类工作的过程中可以逐渐酝酿情绪吧。

预告片的作用本是介绍和宣传影片，通常在影片基本完成之后才开始动手制作。影片中没有用上的剩余胶片、剪辑时剪下来丢弃的部分（也叫剪辑余料），预告片用的就是这些材料。黑泽作品几乎都用两台摄影机，所以有充分的剩余胶片。只是要在成堆的胶片中迅速找出导演需要的片段可不是件容易的事。

剪辑组的工作在接到导演写着"预告片笔记"的纸条之后开始。比如《八月狂想曲》的时候，纸条上写着：

・风琴

"有些<u>滑稽</u>的夏天的故事"

"可爱的祖母和可爱的孙子"

（这是字幕的方案）

·夏威夷来信

·月夜下的祖母和孙儿们

于是剪辑组就参照上面的笔记准备胶片。

总之，导演的记忆力着实惊人，不容许我们有丝毫的差错。我们来不及翻开剧本查找，导演的怒吼就已劈头盖脸地砸过来："喂！那不是有吗？移动车故障的时候不是有过一次 NG 嘛！"或是"不就在上次剪辑的余料里吗？"担任剪辑的大坪隆介头脑敏锐，他可不是完全不抵抗，不时也敢反驳导演："不对，那已经用在影片里了，没有剩下。"

导演剪辑之迅速恐怕堪称世界第一，真是快刀斩乱麻，快得令人目不暇接。只需两三个小时，就能轻松完成一部三分钟或一分钟的预告片。然后试映给大家看，最后只来一句"不错吧？大家辛苦了"。

当然在剪辑之前他一定是深思熟虑过的，甚至在头脑里就已经剪辑好了，堪称专业的"黄金手"。

《红胡子》的预告片里有个在东宝的录音棚里录音乐的画面。当时东宝的录音棚拥有日本最先进的录音设备。

这也是黑泽导演的主意。为了拍预告片，特地在录音棚里打了灯光。把所有的声带片都装进机器一齐运转的那个镜头别有新意。画面中的银幕上出现的《红胡子》的片名也非常醒目。

《椿三十郎》末尾的那个决斗场面那么有名，却未在预告片中出现。

为了拍摄鲜血从仲代胸口喷薄而出的镜头，负责为此安装压缩氧气瓶的是神保昭治。他现在是东宝映像美术的专务董事。我向神保先生询问了当时的详情。他说："我担心如果仲代先生知道了装置的秘密，会影响他专心演戏，所以我什么都没说，只告诉他装置绝对安全。"神保先生的良苦用心可见一斑。

实际上，据仲代达矢回忆，管子从地面顺着衣服里面一直往上延伸，管口正好安在胸口处。鲜血从管口突然喷出的时候，他的确被吓了一跳。更令他吃惊的是，血往外喷的压力太大，他竭尽全力才没让自己的身体跟着浮起来。

我当时是场记（记录员），必须把画面里两个人对峙的时间告知神保。我在离演员最近的地方，盯着秒表大声报时，"三秒、四秒……"，我已不记得约定的是第几秒，只记得时间一到，仲代的血水突然从我头上喷下来。

因为是实拍，我也不敢站起来，只好慌忙跳到一旁躲避。我的头上、外衣上被血浆溅得一片血红。仲代跟三十郎比画着长刀，一边从眼角瞄到我仓皇躲避的身影，知道我被血浆弄脏了衣服。他真是一位游刃有余的演员。

这次拍摄导演喊了"OK"，神保却要求重拍一次。理由是由于管子的接口被压力挤开，渗了一些血浆在地上。导演说："应该不要紧，等看了样片再说。"最终没有重拍就过关了。这类镜头常常是重拍也不见得能拍好。在这一点上，黑泽导演的直觉极为敏锐。

在这部预告片里，我看到的是贯穿于黑泽先生作品中的豪爽的节奏、明快的主题，以及蕴含其中的善意。

我想，这些都源于黑泽先生的个性。

惜别 黑泽明导演

"丞相病笃"——接连不断的预感让我想去见导演一面。九月五日，我写信向第一副导演小泉询问合适的日期。六日是星期天。晚上我回到家，电话里有近三十条留言。我听到黑泽先生的大女儿和子的声音："请立刻到老爷子（即黑泽先生）这里来一下。"后面的录音一个比一个紧急。后半部分，我听到小泉的声音说："黑泽先生于十二点四十五分去世了。"我眼前一黑，只感到自己的身体痛苦地抽搐着。一切都结束了。

我把手里的提包往地上一扔就冲出了家门，直奔黑泽先生家。

我被带到安放遗体的病房，床边坐着两个人，是小泉和另一个副导演。

黑泽先生就像处于安静的睡眠中。唯恐惊醒他，我轻轻地凑近。他的下巴上绑着一块防止嘴巴张开的棉三角巾。那三角巾在他的头上打了一个结，像得了腮腺炎正在养病那样。他的面容很安详。

我还记得他说过："我啊，可以想见自己的葬礼。我是导演嘛。那时小侬（即我）应该在忙前忙后吧。"不知黑泽先生是否想象过现在的情景。

枕边还放着费多谢耶夫托我送来的"幸运鸟"。那是西伯利亚农民用白桦木雕刻而成的。费多谢耶夫是《梦》的片尾曲即易波里托夫-伊凡诺夫的组曲《高加索素描》的指挥。像这样来自世界各国友人的慰问礼品常常通过我转交给黑泽先生。每一件礼品都凝聚着希望他早日康复、再创新作的祝愿。

去年为黑泽先生祝寿的时候，他坐着轮椅出现在客厅的时候还对大家说："希望明年可以开始工作。"

我们也说："坐着轮椅执导也没问题嘛。"我向黑泽先生说起安东尼奥尼，并鼓励他说："他比您身体更加不便，还不是照样拍电影。"

这天，黑泽先生的一句话给我留下深刻的印象。

"电影这东西，我还没能掌握好。最近，我感觉在镜头与镜头的接点上似乎隐藏着电影的秘密。"

很少听到黑泽先生用这么抽象的话来谈论电影。遗憾的是，我没能向他讨教更多。

黑泽先生总是说："我除了拍电影之外什么都不会。不工作的时候最难熬。"这三年来，卧病在床的生活对他来说一定是最痛苦的煎熬。现在他终于得到解脱，可以安心入眠了。

黑泽先生的三十部作品之中，自《罗生门》起，我参加了其中十九部的拍摄。对此我深感幸运，我在心中长久地感谢着。

九月十三日,我们在横滨的黑泽工作室举行了"告别会"。人们从清晨就开始聚集,前来吊唁的人群源源不绝,一直延续到晚上。

呜呼!巨星终究陨落,正是"星落秋风五丈原""流芳百世黑泽明"。

于《用心棒》拍摄现场等云到（野上照代 绘）

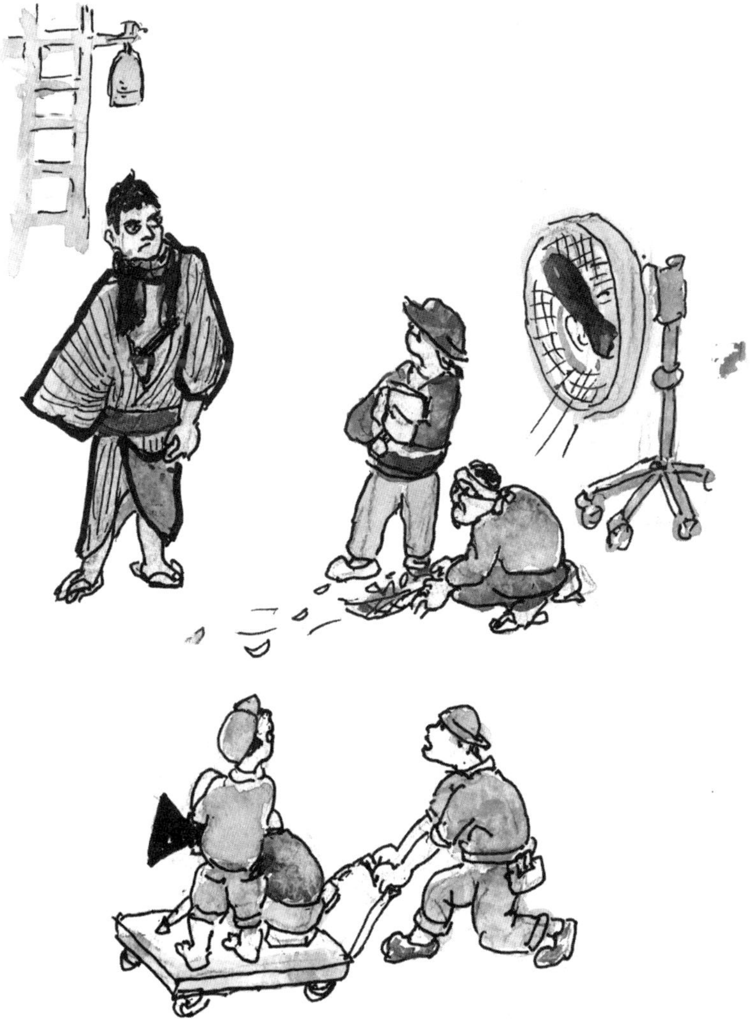

后记一
——《等云到》

本书收录的，是我的一些随笔。其中大多数是一九九一年七月至一九九七年十月的六年间，连载于影像制品销售机构"电影俱乐部"的会报的随笔《等云到》。还有一些刊登在其他杂志上的文字，加在一起经过修改，集为一册。内容多少会有重复之处，还请予以谅解。

会报的责编是曾在电影旬报社工作的岛地孝麿先生。他对我说："电影俱乐部的会员里很多是上了年纪的资深影迷，你愿不愿意写点儿过去拍电影的趣话呢？"于是就有了这本书。

连载刚写到《罗生门》那一段时，也是会员之一的文艺春秋的照井康夫先生首次向我提出了出版的事。那封信的日期是一九九四年九月七日。迄今为止漫长的六年里，照井先生竟一直没有放弃我这个懒惰之人。

在这六年时间里，黑泽先生没能再次开始拍片，他于一九九八年九月六日永远离开了我们。

孤独寂寞中我回望四周，发现黑泽摄制组的强将们尚在人世的已寥寥无几。就像《七武士》的结尾，一阵风吹过插着刀剑的坟头那样。

想来没有人像我这么幸运。自《罗生门》以来近五十年的时间里，我得以一直在黑泽先生身边工作。

话虽如此，即便我认为我非常了解黑泽先生，我所知道的也许只不过是巨象之尾的一端罢了。但哪怕只是巨象之尾的一端，我也认为值得记录下来。

本书收录的首次发表的文字，是在黑泽先生去世之后完成的。说实话，黑泽先生在世的时候，大概我也不会那么写。黑泽先生若是读了这本书，他一定会说："那时的艰辛可不是这么回事，你还是不明白！"

的确如此，拍摄《德尔苏·乌扎拉》的时候，黑泽先生的身心可谓遍体鳞伤。我为当时没能理解他的苦衷而懊悔至今。

新增加的内容中还有关于黑泽先生和作曲家们的往事。当事者们当下都已不在人世，写这些也许很不应该。但人看事物的角度各有不同，所思所感也自然不同。我写的只是我眼中看到的风景，我并没有把自己未曾看到的东西写在其中。

"总之，发生了各种各样的事。"这是黑泽先生曾经爱说的一句话。好像是在清水宏的电影里，一个老人停留在桥上，说完这句话就哈哈大笑起来。现在的我也是同样的心境。

多么希望能再有一次机会，跟黑泽摄制组一起在外景地一边等云到，一边在铁皮火炉旁烤着火听黑泽先生闲谈。多么希望跟大家一起为微不足道的小事开怀大笑。然而那已是不再复返的幸福时光。

本书的装帧是和田诚先生，井上厦先生特地撰写了推荐文章。能得到不同凡响的两位先生的支持，我想这是托了黑泽先生的福，但我仍然十分感激。

最后，我要向给予我关照的岛地孝麿先生，还有在搜集资料方面为我提供大力协助的黑泽摄制组的各位成员，以及不断给予我鼓励的黑泽和子女士、永六辅先生、佐藤爱子先生、安冈章太郎先生表示深深的感谢。

二〇〇〇年十一月九日
野上照代

后记二
——《再一次，等云到》

本书由两部分构成。第一部即第一章至第三章为新撰稿，第二部为《等云到》（将二〇〇一年文艺春秋出版发行的《等云到——与黑泽明导演在一起》的一部分割爱后的旧稿）。

拥有原先的文艺春秋版的读者也许会觉得亏了一半，但那本书绝版已久。若能一读这本《再一次，等云到》，身为笔者，将感到分外欣喜。

那是距今三年前的事。草思社的木谷东男先生对我说："在我这里再版吧。"这提议难能可贵。

但木谷先生的意见是，再版的话，新写的内容最好能占一半左右，希望新加一些有关黑泽摄制组的内容。"说得也对啊。"我未加熟虑便接受了。然而此时我已是八十三岁的老人，三年的岁月流走，原稿却迟迟没有进展，给草思社平添了麻烦。

而今带有"电影"之名的东西，随着胶片的消失已宣告终结。

如今凭借数码技术制作的"作品"据说被称为"CONTENTS"。

听说还有写着"CONTENTS 部"的门牌。

不用说,凭借电子技术,拍摄应该能显现更加精密的影像。可是触摸不到的东西,就没有心意。不过,从中一定会出现新的"CONTENTS 才能",由此向新时代过渡吧。

《罗生门》已经是六十三年前的事了。我有幸自那时起,一路体验了黑泽导演的拍摄现场。

我目睹了黑泽导演如何挣扎,如何拼死拼活地努力。

然而此刻已经没有了可以一同回忆往事的伙伴。我的记忆虽然不尽准确,但在此写下应当也不算徒劳吧。

在感谢予以再版之决断的木谷东男先生的同时,还要向在资料提供方面给予协助的东宝株式会社、黑泽制片公司、三船制片公司、仲代达矢先生、角谷优先生、寺尾次郎先生致以真挚的谢意。

另外,与上次同样,仍然是用我拙劣的插图做素材,由和田诚先生负责装帧,特在此表示感谢。

平成二十五年十月

野上照代

后记三
——《等云到：完全版》

前不久，我迎来八十九岁高龄，在这个已经往人生出口之门探出半个身子的岁数，对人生做了一番回顾。并且深感，这是多么被幸运眷顾的人生啊！

这次承蒙草思社将旧版《等云到——与黑泽明导演在一起》（文艺春秋）和新版《再一次，等云到》合为一册，由草思社文库出版。

看来总算能赶在我在世的时候付梓，这或许也是幸运女神最后的恩惠吧。

细说从头，旧版《等云到——与黑泽明导演在一起》的文艺春秋版如该书后记中所写的那样，是从一九九一年到一九九七年之间，在一个名为"电影俱乐部"的录像销售机构的会刊上连载的文字。

该机构的会员中，有一位照井康夫先生曾经是文艺春秋出版社的资深编辑，他写信给我，表示想出版正在会刊上连载的《等云到》。信的日期是一九九四年九月七日，可见是多么久远的事了。

在当时，大概也是读了"电影俱乐部"会刊，草思社的木谷东男先生好像也计划出版《等云到》。后来，经山田宏一先生介绍，我见到了木谷先生。

木谷先生身为草思社的社长，是一位超级影迷。

当我告知木谷先生，《等云到》的出版已经和文艺春秋约定时，他甚至表示："那样的话，文春那边就让我去谈吧。"

文艺春秋的《等云到——与黑泽明导演在一起》出版了英译本、葡萄牙语译本和中译本，获得了好评，二〇〇四年还出了文春文库版，记得发行了约两万册。但这一版已成绝版，从书店消失了。

就在这时，又是草思社的木谷先生主动提出，愿意再版《等云到》。

但是木谷先生说："仍希望有新写的内容啊。关于黑泽摄制组，没有什么还没写的故事吗？"

然而能说的事几乎都写下了。磨磨蹭蹭中，三年过去了。

木谷先生还说，为了把新写的部分作为卖点，将不得不相应地割舍一部分旧稿。

书的页数增加，定价也上涨。当今的实情是，单行本超过两千日元就很难卖得动。

我提议将旧稿开篇的"第一个师父·伊丹万作"的章节割爱，直接从京都制片厂的见习场记那部分开始。

因为我觉得，现今的读者大概并不知晓伊丹万作的名字吧。

于是，新版《再一次，等云到》的页数总算敲定为三百六十八页，定价压缩在一千九百日元＋税的范围内。

压缩不了的是我的心情。

我的良心呵责着我："你的人生若没有伊丹万作还能剩下什么？从《赤西蛎太》这部电影开始，到与黑泽导演的相遇，这些幸运难道不都是多亏了伊丹万作吗？"

我再次尝试向出版社提出，能否有机会再次复刊旧版的《等云到》。

就这样有一天，意外地接到了草思社的木谷先生的电话。他说："我们有出版完整版的计划。不过，是文库本。"文库版很是便利，只是担心那么大的分量是否放得进去。

这次负责此事的藤田博先生也精通电影，他告诉我，文库完全能够收录，让我放了心。

幸运女神依然没有将我放弃。

虽然如此，如今的电影从业者们大概无法理解当时的拍摄现场充满着怎样的紧张和惊险吧。数码时代无所不能，人脸突然变成妖怪的特技也易如反掌，不过小菜一碟。只是，这似乎没有能力在观众心里落下哪怕一丝的"感动"。

书腰上的推荐文继井上厦先生（旧版），弗朗西斯·F.科波拉先生（再版）之后，这次又有山田洋次导演爽快地承担了这项任务。当然是因为各位都与黑泽明导演有着深情厚谊，才特地给予我如此难能可贵的好意。

进一步承蒙好意，装帧又请到了和田诚先生。

对一边苦笑着说"又来了"一边将我那拙劣的插图改造为漂亮封面的和田诚先生，在此表示衷心的感谢。

我还要向十多年来一直对《等云到》给予了大力帮助的草思社的木谷先生致以感谢和歉意。另外，编辑藤田博先生将所有内容收录进这次的文库版，感谢他的辛劳。

二〇一六年六月九日
野上照代

图书在版编目（CIP）数据

等云到：完全版 /（日）野上照代著；吴菲，张嫣雯译 . -- 北京：北京联合出版公司，2021.7
ISBN 978-7-5596-4968-3

Ⅰ. ①等… Ⅱ. ①野… ②吴… ③张… Ⅲ. ①黑泽明（1910-1998）—生平事迹 Ⅳ. ① K833.135.78

中国版本图书馆 CIP 数据核字 (2021) 第 015184 号

等云到：完全版

作　　者：[日] 野上照代
译　　者：吴　菲　张嫣雯
策划机构：雅众文化
策　划　人：方雨辰
出　品　人：赵红仕
策划编辑：简　雅　陈希颖
特约编辑：马济园
责任编辑：夏应鹏
装帧设计：尚燕平

北京联合出版公司出版
（北京市西城区德外大街83号楼9层　100088）
北京联合天畅文化传播公司发行
山东临沂新华印刷物流集团有限责任公司印刷　新华书店经销
字数277千字　1092毫米 × 787毫米　1/32　15印张
2021年7月第1版　2021年7月第1次印刷
ISBN 978-7-5596-4968-3
定价：78.00元

版权所有，侵权必究
未经许可，不得以任何方式复制或抄袭本书部分或全部内容
本书若有质量问题，请与本公司图书销售中心联系调换。电话：64258472-800

KANPON TENKIMACHI
KANTOKU KUROSAWA AKIRA TO TOMONI
Copyright©2016 TERUYO NOGAMI
Published by arrangement with SOSHISHA CO., LTD.
Simplified Chinese Translation copyright©2021
by Shanghai Elegant People Books
Co.Ltd., through Pace Agency Ltd.
All rights reserved